U0457109

长 白 山 学 术 文 库

The Academic Library of
Changbai Mountain

第二辑

天人·人际·身心
——中国古代"终极关怀"思想研究

韩东育 著

吉林人民出版社

出品人：常　宏
选题策划：吴文阁
统　　筹：孟广霞
责任编辑：王　斌
装帧设计：尤　蕾

图书在版编目（CIP）数据

天人·人际·身心：中国古代"终极关怀"思想研
究 / 韩东育著. -- 长春：吉林人民出版社，2023.12
　　（长白山学术文库. 第二辑）
　　ISBN 978-7-206-20759-4

　　Ⅰ.①天… Ⅱ.①韩… Ⅲ.①哲学－研究－中国－古
代 Ⅳ.①B21

　　中国国家版本馆CIP数据核字（2023）第232218号

天人·人际·身心——中国古代"终极关怀"思想研究
TIANREN·RENJI·SHENXIN——ZHONGGUO GUDAI "ZHONGJI GUANHUAI" SIXIANG YANJIU

著　　者：韩东育
出版发行：吉林人民出版社
　　　　（长春市人民大街7548号 邮政编码：130022）
咨询电话：0431-85378007
印　　刷：吉林省吉广国际广告股份有限公司
开　　本：710mm×1000mm　1/16
印　　张：19.5
字　　数：270千字
标准书号：ISBN 978-7-206-20759-4
版　　次：2023年12月第1版
印　　次：2023年12月第1次印刷
定　　价：78.80元

出版说明

习近平总书记在全国哲学社会科学工作座谈会上明确指出："一个没有发达的自然科学的国家不可能走在世界前列，一个没有繁荣的哲学社会科学的国家也不可能走在世界前列。"同时强调，"哲学社会科学具有不可替代的重要地位，哲学社会科学工作者具有不可替代的重要作用。"两个"不可替代"充分阐明了建立高水平学术队伍、出版高水平学术著作的重大意义，为新时期学术出版工作指明了前进方向。

吉林历史文化源远流长，学术研究亦早发轫。中华人民共和国成立以来，在党和政府的亲切关怀和指引下，吉林哲学社会科学研究队伍不断发展壮大，涌现出一大批具有理论高度、学理深度、学术厚度的专家学者，有些专家学者不但驰名全国，而且饮誉世界。这支生机勃勃的研究队伍，坚持以辩证唯物主义和历史唯物主义为指导，在哲学社会科学的各个领域孜孜矻矻，上下求索，推出了一大批填补历史空白、具有当代价值，亦能产生历史反响的学术著作。研究队伍为吉林文化大省、理论大省、学术大省建设做出了积极贡献，研究成果是吉林一笔宝贵的精神财富，是吉林人文化自信的一种重要凭倚。

多年来，吉林人民出版社一直以出版学术著作和理论著作为工作的主基调，出版了一大批具有创新性的学术著作，受到学术界的一致好评，尤其是主题出版更是可圈可点，受到社会的广泛赞誉。新时期，新使命，新担当，本社决定投入人力、物力和财力，编辑出版大型丛书《长白山学术文库》（以下简称《文库》）。《文库》分辑推出，每辑收入哲学社会科学和人文学科等学术著作10—15部。通过《文库》出版，荟萃吉林学术经典，延续吉林文脉，弘扬创新精神，增强文化自信，为建设吉林文化高地和学术高地贡献力量，为以中国式现代化实现中华民族伟大复兴做出吉林出版的贡献。为保证《文库》的特色和质量，收入著作坚持如下原则：

——收入吉林籍专家学者的学术著作。

——收入具有正高级专业技术职称专家学者的学术著作。

——收入作者独立完成的学术著作。

——收入已由国内正式出版机构出版过的学术著作。

——收入各个学科有代表性的学术著作，优先收入国家哲学社会科学研究项目、教育部哲学社会科学研究项目以及入选《国家哲学社会科学成果文库》的学术著作。

——收入的学术著作一仍其旧，原则上不做修改。

——适当考虑收入学术著作的学科分布。

——收入的学术著作符合国家的出版规定和要求。

编辑出版一部大型学术丛书，是本社面临的一个全新课题。本社将秉持对历史负责、对人民负责的精神，认真听取各方面意见，不断优化编辑思路，努力编辑出版一部思想精深、学术精湛、做工精美的学术文库。

编　者

韩东育

　　东北师范大学学士、硕士，东京大学博士、博士后。教育部长江学者奖励计划特聘教授，中国日本史学会会长，中国史学会副会长。研究方向为日本史、东亚思想史和东亚国际关系史。出版《从"脱儒"到"脱亚"——日本近世以来"去中心化"之思想过程》《从"请封"到"自封"——日本中世以来"自中心化"之行动过程》《从"道理"到"物理"——日本近世以来"化道为术"之格致过程》等专著多部，发表论文多篇，主持中外研究项目多项，先后荣获教育部第七、第八、第九届高等学校科学研究优秀成果奖（人文社会科学）一等奖。

序

一年前，我发表过一篇短文，名字叫《中国哲学关于终极关怀的思考》。我认为，终极关怀的问题就是精神生活的最高追求、学术研究的最高目标的问题。古今中外，关于终极关怀的思想可以说有三个类型，即是：（1）归依上帝的终极关怀；（2）返归本原的终极关怀；（3）发扬人生之道的终极关怀。

归依上帝是宗教家有神论的终极关怀。基督教以上帝为世界的最高主宰，信仰基督教的思想家也以上帝为最后的精神寄托。康德认为上帝的存在是不能从理论上加以证明的，但是仍然坚持上帝存在是实践理性的必要设定。佛教把佛置于天帝之上，但其对于群众的宣传，仍然是"惧以阿鼻之苦、欣以兜率之乐"，以三世轮回、因果报应作为"诸法皆空"的补充。这些是以宗教信仰为基础的终极关怀。

哲学史上，许多思想家把终极关怀与世界本原联系起来，老子提出道的学说，以道为天地万物的本原，认为人生的准则就是"从道"，"孔德之容，惟道是从"（《老子》二十一章）。"故从事于道者同于道"（《老子》二十三章）。老子将道置于上帝之上，从而否定了宗教信仰的权威，宣称："道冲而用之或不盈，渊兮似万物之宗，湛兮似或存，吾不知其谁之子，象帝之先。"意谓如有上帝，上帝也是从属于道的。老子以抽象的道代替具有形象的上帝，作为人类精神生活的最高寄托。

庄子亦以道为世界的唯一本原，以"得道""闻道"为最高的精神境界。《庄子·大宗师》云："夫道有情有信，无为无形，可传而不可受，可得而不可见，自本自根，未有天地，自古以固存。"又设为寓言述"闻道"的程序说："叁日而后能外天下，……七日而后能外物，……九日而后能外生，已外生矣，而后能朝彻，朝彻而后能见独。"遗忘了天下，遗忘了物，遗忘了生，而后能大彻大悟，见到绝对。所谓独即唯一的绝对，亦即道。"见独"是道家的终极关怀。

古代儒家与宗教及道家都不同，而以发扬为人之道为终极关怀。孔子虽然承认天命，但怀疑鬼神，以为人生最重要的是实行道德。孔子尝说："务民之义，敬鬼神而远之，可谓智矣。"（《论语·雍也》）所谓义即道德的准则。义的主要内容是仁。（孔子还没有把仁与义并列为两个道德规范，其所谓义指道德的准则，所谓仁指最高的道德规范。）孔子认为："仁，具有最高的价值""好仁者无以尚之。"（《论语·里仁》）又说："志士仁人，无求生以害仁，有杀身以成仁。"（《论语·卫灵公》）为了实行仁德，可以牺牲生命。这就是说，道德具有比生命更高的价值，道德的提高才是人的终极关怀。

孟子提出"人之所以异于禽兽者"，认为人生最重要的事情就是保持并发展这"人之所以异于禽兽者"，而这"人之所以异于禽兽者"就在于人具有"恻隐之心""羞恶之心""辞让之心""是非之心"等道德意识。因为人具有道德意识，所以人具有内在价值，孟子称之为"良知"。因为人具有内在价值，所以都具有人格尊严。孟子特别强调人格尊严，认为保持人格尊严比保全生命更重要。他说："生亦我所欲，所欲有甚于生者，故不为苟得也；死亦我所恶，所恶有甚于死者，故患有所不辟也。……是故所欲有甚于生者，所恶有甚于死者，非独贤者有是心也，人皆有之，贤者能勿丧耳。一箪食，一豆羹，得之则生，弗得则死。嘑尔而与之，行道之人弗受；蹴尔而与之，乞人不屑也。"（《孟子·告子》）这"所欲有甚于生者"，孟子称之为"义"。"义"的内容就是坚持自己的人格尊严，也承认别人的人格尊严。孟子认为这比生命更高贵更重要，也就是人所应有的终极关怀。

荀子提出"人之所以为人者"，认为"人之所以为人者"在于明辨礼义。荀子完全否定了宗教迷信，断言自然变化与人间祸福毫无关系，他说："天行有常，不为尧存，不为桀亡。""星坠木鸣，国人皆恐。曰是何也，曰无何也。是天地之变，阴阳之化，物之罕至者也，怪之可也，而畏之非也。"（《荀子·天论》）荀子强调，最应关心的乃是为人之道："道者，非天之道，非地之道，人之所以道也。"（《荀子·儒效》）荀子反对关心天道，认为人只应考虑人生之道。这是荀子的终极关怀。

宋代周敦颐著《太极图说》，以"无极而太极"为世界本原，以"人极"为人生的最高准则。太极分而为阴阳，阴阳生出五行，五行生出万物。"二气交感，化生万物，万物生生而变化无穷焉。"万物之中，最灵者为人，"惟人也得其秀而最灵"，然后"万事出矣"，于是"圣人定之以中正仁义、而主静、立人极焉"。人极是人类生活的最高准则，乃是圣人所规定的。太极是天地万物的本原，人极是圣人所设立的人生最高准则，二者属于不同的层次。周子又著《通书》，以"诚"为最高的精神境界，他说："诚者圣人之本。大哉乾元，万物资始，诚之源也。乾道变化，各正性命，诚斯立焉。纯粹至善者也。"以"万物资始"的乾元为"诚之源"，显然乾元与诚有层次之别。"诚"即真实无伪、言行一致。周子以为这是德行的基本。"圣，诚而已矣。诚，五常之本，百行之源也。……故诚则无事矣。"周敦颐以"诚"为终极关怀。

张载所著《西铭》，实为他们哲学思想的扼要表述。《西铭》云："天地之塞吾其体，天地之帅吾其性。民吾同胞，物吾与也。"所谓"天地之塞"指气而言，气充塞于天地之间，故云天地之塞。所谓"天地之帅"指气之本性而言，气之本性是气变化的主导，故云天地之帅。这就是说我与人与物都是气所构成的，气的本性也即是我与人、与物的本性。人民是我的同胞，万物都是我的朋友。这是以形象的语言表述"天人合一"的要旨。张子虽讲天人合一，但也肯定天道与人道的区别。《易大传》论天道，曾说"鼓万物而不与圣人同忧"。张子《易说》云："鼓万物而不与圣人同忧，此直谓天也。……圣人则岂忘思虑忧患？""圣人所以有忧者，圣人之仁也。不可以忧言者，天也。"人道与天道还是有所区别的。（天人合一不是说天人无分，而是说天人有区别而又统一。）《西铭》的结束语是："存，吾顺事；没，吾宁也。"意谓生存则努力从事，死则安然宁息。这表示生必有死，不考虑死后问题，表现了儒家的基本态度。张横渠自述为学宗旨说："为天地立心，为生民立道，为往圣继绝学，为万世开太平。"（"为生民立道"，宋本《张子语录》及《近思录》引俱作"立道"，《宋元学案·横渠学案》引作"立命"，今从《近思录》。）天地本来无心而人有心，人是天地所产生的，人对于天地的认识也就是天地的自我认识，故云"为天地立心"。"为生民立道"，立道即建立人生的最高准则，与周濂溪所谓"立人极"意同。横渠所立之道也就是"民胞物与，顺有没宁"之道。横渠自以为孔孟的继承者，故云："为往圣继绝学。"他所努力从事的是寻求长治久安之道，故云："为万世开太平。"这四句表述了张横渠的终极关怀。

周濂溪圣人"立人极"、张横渠"为天地立心，为生民立道"是中国古典哲学中以建立人道为终极关怀的典型。"立极""立道"的观念都蕴含对于上帝的否定。如果上帝是世界的最高主宰，上帝的心就是天地之心，用不着人为天地立心了。上帝为人民制定生活准则，更用不着为生民立道了。周、张的学说是以无神论为基础的人文主义的终极关怀。

朱熹推崇周敦颐的《太极图说》，并做了注解。但朱子的《太极图说解》是以自己的观点进行解释的，与周子的原意不尽相合。周敦颐以阴阳为"二气"，以五行为"五气"，虽未说太极是气，亦未说太极是理。"太极动而生阳，静而生阴，有动静可言，应亦是气。"朱子则以太极为理，他认为："总天地万物之理，便是太极。"（《朱子语类》卷九十四）这理是天地万物的本原，也即是人伦道德的最高准则。"太极只是个极好至善底道理，是天地人物万善至好的表德。"（《朱子语类》卷九十四）"其中含具万理，而纲领之大者有四，故命之曰仁义礼智。"（《文集·答陈器之》）太极之理的主要内容就是仁、义、礼、智四项道德规范。这就把道德准则与世界本原二者统一、结合起来。周子区别了太极与人极的不同层次，实较朱子以为太极的内容就是仁义礼智更为深刻。

终极关怀的问题是近现代西方思想家提出来的，中国以前并无终极关怀的名词。但是，中国古典哲学中确有许多思想可以说是关于终极关怀的思考。东北师大历史系的韩东育同志，对中国古代终极关怀思想做了进一步的研究，所著《天人·人际·身心——中国古代"终极关怀"思想研究》一书比较全面地把握了终极关怀的基本精神，颇有心得。我希望这一关乎全人类之前途命运的大问题，能够引起足够的重视与关心。谨序。

张岱年
一九九四年七月于北大中关园

5

目　录

争霸战争杀了太多的人。对刀剑血泊的背景透视："上
下交征利"和"贵诈力而贱仁义"。纵横家写真。人性退化
与极端性恶论的登场。烧书运动和人文世界的凋零。生存、
道德意义上的终极境遇："杞人忧天"与"杨朱悲衢"。

历史的发展已被单纯理解为物的增长。文化的根本危机
引发了"人兽"标准问题的大讨论。人性的本质是社会性而非
生物性。本质为特异性所规定：物质需要属人兽共有之本能，
精神追求却为人类所独具。精神与物质的关系表现为内在价值
与外在价值有层次的对垒：人类与禽兽之防，君子与小人之
别，德力之争，义利之辨。真善美是人类社会的内在价值和终
极价值，是"天爵"，具有永恒性；而权钱物，只是人类社会
的外在价值或工具价值，是"人爵"，只具有暂时性。人类的
"终极关怀"体现为永恒意义和内外价值的统一。

"道"是诸子共通而层次有别的最高哲学认同。"道"
的原始抽象意义源于《易经》，"道"的全部抽象衍生义始
辑于老子。作为宇宙最高本体的"道"是老子的创造。就其

大者，"道"分两种：一个是本体或存有；一个是道德或伦常。两大道门的形成："孔孟之道"与"老庄之道"。孔孟之道重视人本身的素质高下和人际关系的礼让和谐，讲求独立人格和修、齐、治、平。儒家说不清楚的理论极限——"天命"，是制约"孔孟之道"的道上之道，它在孔孟和老庄之间搭上了一座浮桥。老庄之道三昧：先天的特征；本根的意义；规律的特质。产生于近代西方的两元分立哲学认识论，无法对"无对"的老庄之道做出合理解释。庄子是道家"内圣外王"原则杰出的理论家和实践家。庄子的"灵肉"关系哲学，揭示了人的主体认识存在着受客观对象的无穷与人生之有涯所制约的人生认识能力的有限性与宇宙时空的无限性的矛盾；也揭示了人的理智的认识能力的有限性与非理智的直觉能力的无限性的矛盾。在以精神来实现对客观世界之反吞没的过程中，复原了认识论与本体论合和为一的万物本然。儒道两大极端的各自偏颇："蔽于人而不知天"和"蔽于天而不知人"。张岱年"一本多级"理论的启示。

天人关系诸家说。作为天人关系之要义的"天人合一"理论，经历了以下三个发展阶段：人合于天（老庄）；天合于人（孟荀）；天人相合（儒道合一）。老庄的"道"不是自然，却包涵自然。"道法自然"之"自然"，意为"本然"，包括原理之本然与万物之本然。前者为哲学本体，后者为天地万物。原理之本然提取于万物之本然，却制约着万物之本然；大自然支撑着文明，却能因来自文明的摧残而毁灭文明。"人合于天"原则的唯一切实可行者，乃是对大自然和合乎自然规律的事物的关怀和保护。"万物有灵"与"图腾禁忌"的文化人类学意义。具有永恒价值的"食物链"理论。对董仲舒"天人感应"说的同情理解。人类不是自然的奴隶，亦非自然的杀手，而是自然的朋友。"青春"所隐涵的生命意义。老庄天人关系理论的三大悖论。儒家道德本体意义上的"天理"对道家自然本体意义上的"天理"之矫正，创造了"天合于人"理论。与道家主张"人化为物"从而反对一切人间伦常的理论不同，儒家强调"物从乎人"并赋予仁义道德以先天特质。在珍视自然、万物一体的理论前提下，道家的"人合于天"堪称为宇宙间的最高原则（一本）；就人类社会中的实践价值和现实意义着眼，儒家的"天合于人"又不愧为人生之道的终极关怀（多级）。人间伦常与宇宙原则的相互渗透，呈现出真正意义上的"天人合一"——"天人相合"趋势。

人际关系哲学的理想状态是"有序亲和"。上下失序，令人产生"克己复礼"之心；左右疏离，使"仁者爱人"原则日益重要。"仁"是儒家人际关系哲学的最大概念，也是中心概念，其他所有名目均是"仁"的派生。"忠""恕"唤回了两大美德，超越了两种恶行。"礼"在向世人呼唤着秩序。"知耻"的本根意义。"义"乃人间正道，是治乱盛衰的判官。"政"者"正"也，"正人"先"正己"，"治人"在"自治"。稠密人际关系的方法论原则——"和"。"和"的条件附加——"中"与"正"。"中庸"的智慧价值。绝对功利主义学派和绝对超越主义学派对"中和"的反动。理想主义者所奉行的现实实践准则。"有序亲和"原则肯定

"革命"的作用，但认为革命只是手段，而不是目的。

"百家争鸣"的句号——《吕览》等数部杂家经典的问世。"一"的理论趋势与政治要求：天下一统前，思想一统促进政治一统；天下统一后，政治一统要求思想一统。整合的主旋律——儒道互补。自然法则社会化——儒对道的矫枉；社会法则自然化——道对儒的匡正；天人法则一体化——儒道合一。与先秦不同，秦汉时期的"一"，是指在天道自然向人类回归和令社会原则顺应天道的双向交流过程中所形成的中和的"一"。儒家"天"与道家"天"在意义上的交汇与叠合。《淮南鸿烈》对"道"和"一"做位置调换的重大理论意义。"一"与"天"格位的相同，成为首次实现必然而超越的形上世界与应然而具体的形下世界的分离后统一的哲学标志。天人关系哲学与人际关系哲学相与联袂之准则定型："与世浮沉"加"与化游息"。

极端哲学的葬礼——秦朝专任法家，招来"二世而亡"；汉家崇尚"无为"，导致"无政府"。儒家道统与武帝政统的一时契合。汉末世风急转直下。公正日失导致党人奋起。"党锢之祸"与"黄巾起义"的诱因形二实一。大规模军事屠杀，使海内死伤枕藉，万不存一。贵利贱义，是魏晋时期所有不幸的总根据。价值尺度大转换：政治品质——宁我负人，毋人负我；伦常标准——凡今之人，惟钱而已；操行定式——洁言污行，举国造假。时代变了，境遇和问题却原貌复现并重新提出。与东周相似，魏晋时期是出现于中国文明史上的又一度绝境——生存与意义的终极境遇。人类朝自身本质的反面——生物属性做大跨度滑坡。最原始的问题被重新提起，意义与价值理论再度走上中国思想史的讲坛。

二、人性的再度复苏与意义的痛苦履践

魏晋时期，人性的社会性已退堕至生物性原点。人的必然与应然问题的再度提出。刘劭的"五常不易"理论与锺会的"才性合"呼号。名教的堕落与正名——"名不准实"与"综核名实"。直士被诛所形成的白色恐怖，使"清议"变为"清谈"。玄学不过是中国历史上以抽象思辨的形式所表现出来的一股综核名实的时代思潮。价值履践的艰难与玄学四阶段论。"正始名士"阶段——把道家系统落入儒家系统里的何晏与把儒家系统落入道家系统中的王弼。何晏被杀，王弼从死。"名士少有全者"。"竹林名士"阶段——精神的"抑"与形体的"放"。任诞与酗酒。嵇康精神境界重描。"中朝前期名士"阶段——裴颜的"贵有论"。"假作真时真亦假"与"真作假时假亦真"；"无为有处有还无"与"有为无处无还有"。综合的偶然与必然——"中朝后期名士"郭象的登场。

三、综合、超越与美的升华

对自然原则的肯定——"自然""天然""自尔"乃万物之"极""正"。对社会原则的肯定——真名教的"有序亲和"原则在人类社会里具有永恒意义。"率性而动，动不过分"的"无为"理论，超越了两极对立，实现了儒道两家在哲学上的新合一。"物质不灭"理论的最早提出者。玄

学的伟大意义在于，它是继"百家争鸣"后中国历史上又一次思想解放运动。其特点是：荡涤芜秽、净化心灵，是真善美的综合与升华。"玄冥之境"与"惚恍之庭"的美学世界对"声色犬马""纸醉金迷"之恶浊现实的超越，使天人无际、友善亲和的天人、人际关系获得了真善美的定型。

在宋儒眼里，五代不啻为中国历史上又一度终极境遇。对社会现象的身心关系发掘，已超越了以往的外在伦理纠缠。以程、朱、陆、王为代表，以三家合流为内容的宋明道学的至高体现。发生在中国宋明前后的"文艺复兴"——孟子身心关系学的复苏与隆盛。身心关系要在"身心合一"，可分为两个不同层次的"合一"：一种是本能层次的合一，包括生物本能和社会本能这两个不同的发展阶段；另一种是理智层次的合一，要求"身"或"行"要符合天理与人心的最高原则和终极价值——真善美。与动物唯利害是瞻不同，人类的身心合一乃奠基于是非之上。道学家赋予了孟子心性学以本体论意义。心性浪潮的诱因：将本体论落脚于真名教的玄学所造成的身心关系理论真空和佛性理论的乘势填充——先秦后思想界缺憾的大暴露。身心关系的新表述——"修心化人"，打开了佛教心性论与儒家伦理学间长期形成的纠结。"心"与"性"。从最广泛的意义上讲，理学亦心学，心学亦理学。"心性之学"，不过是对"终极关怀"哲学两大基础门类的提炼与升华。"心"与"身"。"身心合一"亦即"知行合一"。人际关系哲学的心性本体化过程，周敦颐"纯心"说所诱发的思考。朱子"心、性、情、欲"

层次论对身心学的重大贡献。对"天理人欲"说的同情理解。天人关系哲学的心性本体化过程。"身"已成为全部实存世界的同义语：与天地万物为一体。从"万物皆备于我"到"吾心即是宇宙"。天下无无物之心，亦无无心之物。心即宇宙，故"心外无物"；身同此心，故"身外无心"。现代生物全息理论对"身心合一"至理性的科学证明。

　　"内圣外王"是中国古代社会的文治理想，是本体论、认识论和道德观、政治学的有机结合与统一，是身心关系哲学的重要表述。"圣王—身心"模式的形成。"三纲领"与"八条目"的身心理论意义——本真一元论的内化与外化。"修身"与"圣人"的人格标准意义。"圣王—身心"学与"道势之争"。"从道不从君"的道统至上原则。"心外无物"的弦外之音——体道之心对恶政合法地位的否定宣言。"圣王—身心"学的历史遗恨——"内圣"多闻，"外王"罕见；身从心动者固有，心为身役者实多；"道"恒于"心"中至高无上，"势"常在事功上得胜抢先。"禅让""兵谏""清君侧"和农民起义所透露出的理论与体制上的无奈。"内圣开出新外王"与"自我坎陷"说的热诚与缺失。对自身优秀道德的无知否定所带来的中国唯物论者浅薄的"天问"。在对西方文化进行肢解的同时，也肢解了我们自己。民族文化中越是微妙的地方，就越具有不可替代性。

　　佛教理论中的关键性问题是身心关系问题。佛教的产生背景几乎与春秋战国同。佛性本义溯源。"三教合流"与"三家合流"。慧远承前启后的佛学理论——"烛火""薪火""形神",其实"身心";"佛性""法性""实相",归极"佛心"。《大乘起信论》对佛性所作的愈加深刻的内心归缩:佛法即心法,个体之心即宇宙之心,心乃宇宙本体。禅宗——最高权威来源于发自内心的声音:心即佛。心为"自性",是"至善"本体。禅宗修行的终极目的是"明心见性":教外别传,不立文字,直指人心,见性成佛。"酒肉穿肠过,佛祖心中留"——禅宗重心而轻身的身心关系准则。道教学者陆修静对佛学身心理论的研习与吸纳。儒家哲学新崛起的古典启示:我心自有佛,自佛是真佛。真正在文化与哲学上首次肯定和接纳佛教的,是表面上的排佛悍将——韩愈。"原道"、"复性"与"真儒"。儒道释三家对"身"的不同处理与对"心"的殊途同归——真可和尚体得的真谛。"理一分殊"、"月印万川"与"因陀罗境界"。"身心合一"哲学,涵摄了有限与无限。三家之"乐",归极于盈天地之"心"。

第一章 "终极境遇"与"终极关怀"

一、对春秋战国的再认识

这里所要讨论的，既不是春秋战国的社会性质问题，也不是生产斗争和阶级斗争问题，更不是"群黎"或"庶民"是奴隶抑或平民的争讼问题。我们所要探讨的，是如何在远隔了近两千五六百年的今天，尽力依本来面目将春秋战国的时空特征做一符合史实的把握，并在真与实的基础上重新认识这段历史的功过与是非。

应该说，从生产方式和政治制度的不断变化来审视历史发展的进化史观，的确能使人从一个全新的角度重新认识一遍东周史的来龙去脉，从而得出地主阶级代替奴隶主阶级、封建社会代替奴隶社会是一个了不起的进步这一令人鼓舞的结论。然而，如果说这种以某一新的理论模式为框架而进行的研究，只有很少的结论与几千年来的中国人史观不相一致似乎还可以差强人意的话，那么，某种已经推翻了大部分中国史家之评说的理论，其本身的正确性问题便自然要引起人们深刻的怀疑甚至否定。当然，能够引起人们做如是观的根本依据，便是那些客观存在的、不曾被人阉割的历史事实。

春秋战国时期，无论从哪个角度看，战争均构成其政治生活的中心内容。《左传》成公十三年称:"国之大事,在祀与戎。"说明崇武备,尚征伐,嗜杀成性,乃是该时代的第一个社会特征。

春秋,是五霸争雄的时代。那么,这二百多年间,究竟打了多少次仗?仅据《春秋》之记载可知,在二百四十二年当中,列国发动的战争共四百八十三次,朝聘盟会四百五十次,而盟会当中,又有近乎半数的"兵车之会"。在这种以杀戮为手段,以吞并他人的土地、财产和人口为目的的战争中,到底有多少部族和国家"堕姓亡氏",已无法详明。根据一些子书和史籍的记录,我们大致可以得到以下数字概念。即:齐吞掉了三十个小国及一些部落(《荀子·仲尼》),楚灭掉了四十余及一些部落(《吕氏春秋·贵生》),秦灭掉二十余国(《史记·李斯列传》)等。《韩非子》中所记载的数字略有些保守:《有度篇》——齐桓公并国三十,启地三千里;《非难篇》——晋献公并国十七,服国三十八;《有度篇》——荆(楚)庄公并国三十六,开地三千里;《十过篇》——秦穆公并国十二,开地千里。另有一种记法,即:"春秋之中,弑君三十六,亡国五十二"(《说苑·建本篇》)、"弑君三十六,亡国五十二"(《春秋繁露·灭国上篇》)、"春秋二百四十二年,亡国五十二,弑君三十六"(《淮南子·主术篇》),等等。《史记·太史公自序》和刘向于所上封事(《汉书·楚元王传》)中,亦有类似的记述。而后人顾栋高所辑之《春秋大事表·列国爵姓及存灭表》中所列,恐怕是此类记载中最为详备者。

以"三家分晋"为标志,历史进入战国。战争非但未能消歇,反呈现愈演愈烈之势头。具体可分为魏齐大战时期、秦齐对峙时期、秦赵大战时期和秦统一时期四个阶段。当然,名义上的周天子,也在这个时期被彻底铲除。

战争年代是崇尚杀人的。《左传·宣公二年》称:"杀敌为果,致果为毅。"秦晋殽之战,秦师竟"匹马只轮无反者"[1](《穀梁传》"只"

---

[1] 何休解诂,徐彦疏:《春秋公羊传注疏》,载阮籍校刻《十三经注疏》(清嘉庆刊本),中华书局,2009,第4916页。

作"倚"），致使痛彻肺腑的复仇秦军"封殽中尸，为发丧，哭之三日"[1]。而"麋"之战，楚方"父兄亲暴骨焉，不能收"[2]。又《左传·哀公元年》谓："吴日敝于兵，暴骨如莽。"当天灾人祸相与交乘之时，交战之国竟屡屡有"易子而食，析骸以爨"[3]者。战国时期，范雎提出了以"毋独攻其地而攻其人"为指导方针的"远交近攻"之策，秦昭王以为善，遂将杀伤三晋的有生力量当成近期内最主要的目标。[4]于是，韩魏两国在秦国的进攻后，"刳腹折颐，首身份离，暴骨草泽，头颅僵仆，相望于境，父子老弱系虏，相随于路"[5]。而秦赵"长平之战"，则使该政策登峰造极："括军败，卒四十万人降武安君。……乃挟诈而坑杀之，遗其小者二百四十人归赵。前后斩首虏四十五万人。赵人大震。"这一暴行，竟使白起本人亦杀怯了手，最后则引咎自裁。[6]其实，在这以前，诸侯间的杀戮行为就相当严重。《孟子·离娄上》篇记："争地以战，杀人盈野；争城以战，杀人盈城"，并在《梁惠王下》篇中状"杀其父兄，系累其子弟，毁其宗庙，迁其重器"行为所造成的社会现实为"如水益深，如火益热"。而这种以"杀人"为上的行为，在秦国却是有法律做倚托的。《商君书·境界》篇载商君之法曰："能得甲首一者，赏爵一级，益田一顷，益宅九亩，一除庶子一人，乃得人兵官之吏。"今人之所谓"首级"概念，即本此而来。

那么，终东周一代，到底因兵荒马乱死掉多少人？据晋皇甫谧《帝王世纪》估算，夏禹之时，曾有人口一千三百五十五万三千九百二十三人，

---

① 司马迁：《史记》，中华书局，1982，第194页。

② 杜预集解，孔颖达等正义：《春秋左传正义》，载阮籍校刻《十三经注疏》（清嘉庆刊本），中华书局，2009，第4646页。

③ 杜预集解，孔颖达等正义：《春秋左传正义》，载阮籍校刻《十三经注疏》（清嘉庆刊本），中华书局，2009，第4097页。

④ 刘向：《战国策》，上海古籍出版社，1998，第200页。

⑤ 刘向：《战国策》，上海古籍出版社，1998，第248页。

⑥ 司马迁：《史记》，中华书局，1982，第2335页。

周成王时人口略有增长，为一千三百七十一万四千九百二十三人；但到了周庄王时，人口则骤减了近二百多万，为一千一百八十四万七千人。至于秦兼并诸侯时，"秦及山东六国戎卒，尚存五百余万。推计民口数，尚当千余万。及秦兼诸侯，……其所杀伤，三分居二。犹以余力，……北筑长城四十余万，南成五岭五十余万，阿房、骊山七十余万"。就是说，七国相争，至秦统一时，士卒死伤者在三百四十万以上，而"百姓死没，相踵于路"①。王玉哲先生仅根据《史记·秦本纪》及《世家》《列传》中所记，计算出：秦自献公二十一年至始皇十三年，七十年对外战争中，折敌兵首级共计一百七十余万。②

显然，这是依实力来进行经济政治权力再分配这一通行于春秋战国时代的原则所造成的结果。而所谓的"实力"原则在诸侯各国间畅通无阻这一现象本身，已无异于宣布迄今为止的伦常价值观念和准则的无用与无力。韩非子力图让人们承认并顺应这一现实，想给血肉横飞、弱肉强食的当代历史以合理化的说明："上古竞于道德，中世逐于智谋，当今争于气力。"③理由似乎很简单，即："力多则人朝，力寡则朝于人。"④而当这"力"与"诈"结合在一起的时候，春秋战国便普遍呈现出政治秩序混乱和商业行为泛滥的现象，它构成了东周时期的第二个社会特征——"礼崩乐坏"和"贵诈力而贱仁义"。

与从前不同，春秋战国时期有一个十分刺目的现象，即下层政治势力对上层支配集团异常迫切的超越和取代的心理及行为，例如诸侯独立、大夫专权、陪臣执国命等。它的过程和结果，往往与顺理成章没有关系，

---

① 参见徐宗元：《帝王世纪辑存》，中华书局，1964，第118—120页。

② 王玉哲：《有关西周社会性质的几个问题》，《历史研究》1957年第5期。

③ 王先慎：《韩非子集解》，载国学整理社编《诸子集成》，中华书局，2006，第341页。

④ 王先慎：《韩非子集解》，载国学整理社编《诸子集成》，中华书局，2006，第354页。

"破"得有余,而"立"得不足。卫大夫石碏认为,与"君义、臣行、父慈、子孝、兄爱、弟敬"这"六顺"完全相反,当时的情形是"贱妨贵、少陵长、远间亲、新间旧、小加大、淫破义",由于相反,故亦称之为"六逆"①。但"礼"作为社会秩序的主要表现形式,在春秋时代并没有从政治舞台上消失。据《左传·闵公元年》载,齐桓公因鲁国发生了"庆父之乱",问大夫仲孙湫说:"鲁可取乎?"仲孙湫回答道:"不可,犹秉周礼。周礼,所以本也。臣闻之,国将亡,本必先颠而后枝叶从之。鲁不弃周礼,未可动也。"但是,到了战国时期,情况则发生了完全的变化,其时代特征,乃如顾炎武所归结者:"春秋时犹尊礼重信,而七国则绝不言礼与信矣;春秋时犹宗周王,而七国则绝不言王矣;春秋时犹严祭祀,重聘享,而七国则无其事矣;春秋时犹论宗姓氏族,而七国则无一言及之矣;春秋时犹宴会赋诗,而七国则不闻矣;春秋时犹有赴告策书,而七国则无有矣。邦无定交,士无定主。……不待始皇之并天下,而文武之道尽矣。"②说明以精神的价值"义"为根本的时代已经结束,同时也预示了以物质的价值"利"为上的牟"利"时代的必将到来。

商业活动的空前盛行,使东周时期出现了"上下交征利"③的社会局面。从大的方面看,"举国而争利"者可谓比比皆是,这种"争",每每成为大国间大规模军事行动的主要原因。宋国的定陶,乃当时中原最富庶的都市之一。在齐灭宋前,齐、秦、赵三国都试图夺取定陶,并围绕此邑的归属问题而展开了一系列合纵连横的战争。苏秦曾劝说齐湣王废东帝之称号,合纵摈秦,以取宋国;齐灭宋后,旋有五国联手攻齐与乐毅克齐之战。战争中,秦首取定陶。及秦攻赵不克,魏信陵君无忌和楚春申君黄歇

---

① 杜预集解,孔颖达等正义:《春秋左传正义》,载阮籍校刻《十三经注疏》(清嘉庆刊本),中华书局,2009,第3743页。

② 顾炎武:《日知录》,上海古籍出版社,2006,第749—750页。

③ 焦循:《孟子正义》,载国学整理社编《诸子集成》,中华书局,2006,第22页。

救赵，胜秦后亦速取定陶，并灭亡了卫国。另如楚国的宛、叶以北之地，韩魏两国所以要夺取之，一方面是因为此乃当时著名的冶铁基地，但更为要者，则因为那里是以商业繁荣而著称的"方城膏腴之地"①。从小的方面看，有以下两种人在商业活动中身手不凡：一是官员逐利；一是学者经商。前者如范蠡，而后者当以端木赐等人为尤。

范蠡，原是越王勾践的谋臣，曾帮助越王卧薪尝胆，奋发图强，灭亡吴国，建立霸业。如此显赫的身份和居高临下的社会关系，使他在日后的商业活动中如履平地般轻取巨金。范蠡活动之地，即赫赫有名的陶邑，他号称陶朱公，"候时转物，逐什一之利"②，"十九年之中三致千金"，子孙承业，家产竟富至"钜万"③。

端木赐，字子贡，孔子弟子，以善辞令著称。从"子贡一出，存鲁、乱齐、破吴、强晋而霸越"④的政治才能中，孔子独具慧眼地发现了他的经商本领。子贡以囤积居奇、相时而动的经营之道，"与时转货赀"，终至"家累千金"⑤，且"连驷结骑"，穿梭聘问于各国之间，致令"国君无不分庭与之抗礼"⑥，成为孔子门徒中的首富。

长期的商业活动，终于结晶出了带有兵法性质的经商理论。这就使富商大贾间的贸易往来，成为名副其实的"商战"。这里有两个重要代表人物：一个是越王勾践的谋臣计然；一个是魏惠王的相国白圭。计然的基本贸易诀窍是"待乏"⑦。据说，范蠡就是依此理论而数致千金的。而白圭则公开主张，经商要以兵法为指导，要"人弃我取，人取我与"，要善

---

① 刘向：《战国策》，上海古籍出版社，1998，第178页。

② 司马迁：《史记》，中华书局，1982，第1753页。

③ 司马迁：《史记》，中华书局，1982，第3257页。

④ 司马迁：《史记》，中华书局，1982，第2201页。

⑤ 司马迁：《史记》，中华书局，1982，第2201页。

⑥ 司马迁：《史记》，中华书局，1982，第3258页。

⑦ 左丘明：《国语》，中州古籍出版社，2010，第339页。

于静中察变，平素长于伪装，而"趋时若猛兽挚鸟之发"，故曰："吾治生产，犹伊尹、吕尚之谋，孙吴用兵，商鞅行法是也，是故其智不足与权变，勇不足以决断，仁不能以取予，强不能有所守，虽欲学吾术，终不告之矣。"司马迁至此慨叹曰："盖天下言治生祖白圭。"[①]

　　显然，这已经形成了一种新的社会风尚——逐利的风尚。一般说来，一个社会的风尚是自上而下的。《周礼·夏官》疏"风俗所尚"云："风，谓政教所施""俗，谓民所承袭"。后世的王安石讲："京师者，风俗之枢机也，四方之所面内而依仿也。"[②]司马光直接说："上行下效谓之风。"[③]说明上层集团的行为，作为一种导向，对社会风俗的影响是巨大而深刻的。因为"上弗以为政"者，"士不以为行"[④]。商业文化，从来都具有能够瘫痪其他所有价值体系的特质。此风流行之快，"速于置邮而传命"。所以，司马迁所谓"天下熙熙，皆为利来；天下攘攘，皆为利往"的以"天下"为单位来审视"逐利"现象的概括，盖非诬枉。《史记·苏秦列传》即称："周人之俗，治产业，力工商，逐什二以为务。"梁惠王和孟子一见面，劈头就问："叟！不远千里而来，亦将有以利吾国乎？"[⑤]当这种风俗流布到广大农村时，商业资本及其文化对小农经济的侵蚀便随即发生了。这一方面体现为诈巧者富、诚实者贫的"商富民困"现象，另一方面则造成高利贷的横行不禁。

　　按道理讲，"民事农则田垦，田垦则粟多，粟多则国富"，但实际上，以下情况却异常普遍："今为末作奇巧者，一日作而五日食。农夫终

①　司马迁：《史记》，中华书局，1982，第3259页。

②　王安石：《临川先生文集》，载张元济主编《四部丛刊》初编，商务印书馆，1922，第71页。

③　黄淮、杨士奇编《历代名臣奏议》，上海古籍出版社，2012，第1536页。

④　孙诒让：《墨子间诂》，载国学整理社编《诸子集成》，中华书局，2006，第66页。

⑤　焦循：《孟子正义》，载国学整理社编《诸子集成》，中华书局，2006，第21页。

岁之作，不足以自食也。"①此亦如《战国策·秦策四》所怨艾者："有其实而无其名者，商人是也。无把铫推耨之势，而有积粟之实，此有其实而无其名者也。无其实而有其名者，农夫是也。解冻而耕，暴背而耨，无积粟之实，此无其实而有其名者也。"所以，很多人都认为，商贾之风泛滥，已给社会带来了普遍的损害。荀子说"工商众则国贫"②，主张要"省工贾，众农夫"③；韩非子也认为，工商之民的本质和发财的秘密无非是"蓄积待时，而侔农夫之利"，主张"使其商工游食之民少"④，而反对"为末作者富"⑤。

这种情况的产生，主要是由于商人在流通领域的投机取巧所致。商人通过事实上并不能使国民生产总值增长毫厘的交易活动，与农民做不等价交换，于是，憨实的农民便自然要出现"终岁之作而不足以自食也"的现象，与"一日作而五日食"的商人形成了强烈的反差。亦由是，社会上的贫富悬殊现象逐渐严重起来，穷困潦倒的农民便不得不向那些聪明的商人借债，但可怕的是这种债是高利的，于是便产生了中国历史上的高利贷，即所谓"行贷而食人"⑥。孟轲在谈到当时农民的生活状况时指出："为民父母，使民盻盻然（朱熹释云：'恨视也。'），将终岁勤动，不得以

---

① 戴望：《管子校正》，载国学整理社编《诸子集成》，中华书局，2006，第261页。

② 王先谦：《荀子集解》，载国学整理社编《诸子集成》，中华书局，2006，第126页。

③ 王先谦：《荀子集解》，载国学整理社编《诸子集成》，中华书局，2006，第156页。

④ 王先慎：《韩非子集解》，载国学整理社编《诸子集成》，中华书局，2006，第350页。

⑤ 王先慎：《韩非子集解》，载国学整理社编《诸子集成》，中华书局，2006，第315页。

⑥ 王先谦：《荀子集解》，载国学整理社编《诸子集成》，中华书局，2006，第80页。

养其父母，又称贷而益之，使老稚转乎沟壑，恶在其为民父母也？"①战国四君子之一的孟尝君，就是一个大高利贷者，他曾在封邑薛地大放高利贷，一次就收至"息钱十万"②。他的门客冯谖在替他催债时，竟装了一车债券。③

商品经济在农村的泛滥，至少带来了以下三个后果：1. 造成了农民的普遍贫困，所谓"农夫……常困"④、"三老冻馁"和"庶民罢敝"是也⑤；2. 使失去土地和负债的农民大量流亡。《史记·孟尝君列传》称："息愈多，急即以逃亡。"3. 农民的一部分见经商即可"一日作而五日食"，远远强于"农夫终岁之作，不足以自食也"的现实，遂弃耕而经商，使大片土地撂荒弃置，即"民舍本事而事末作。舍本事而事末作，则田荒而国贫矣"⑥。最终必然使国民经济陷于瘫痪。

这种"以诈巧为实力"的社会氛围，使社会各界普遍受到了一种特殊的训练，即：为求得荣华富贵而不择门径。什么是当世之所急就来什么，什么可立致禄位就攻什么，至于其是否符合天理人道，一般不在考虑之列。与此相应的是，投机之术甚嚣尘上，而道义之学，则式微沉沦，它已经构成了东周一代的第三个时代特征——读书人的政治钻营运动和学术无用浪潮。

不少知识分子，在中原逐利的政治经济大潮中，迅速学会了抖动口条以谋稻粱利禄的大本事。《论衡·答佞》篇载有这样一则故事：

① 焦循：《孟子正义》，载国学整理社编《诸子集成》，中华书局，2006，第200页。
② 司马迁：《史记》，中华书局，1982，第2360页。
③ 刘向：《战国策》，上海古籍出版社，1998，第397页。
④ 班固：《汉书》，中华书局，1962，第1125页。
⑤ 杜预集解，孔颖达等正义：《春秋左传正义》，载阮籍校刻《十三经注疏》（清嘉庆刊本），中华书局，2009，第4411页。
⑥ 戴望：《管子校正》，载国学整理社编《诸子集成》，中华书局，2006，第261—262页。

> 传曰：苏秦张仪从横，习之鬼谷先生，掘地为坑，曰："下说令我泣出，则耐分人君之地。"苏秦下说，鬼谷先生泣下沾襟。张仪不若苏秦，相赵并相六国。张仪贫贱往归，苏秦座之堂下，食以仆妾之食，数让激怒，欲令相秦。仪忿恨遂西入秦，苏秦使人厚送。其后觉知，曰："此在其术中，吾不知也；此吾所不及苏君者。"

关于张仪的"奋斗"历程，《史记·张仪列传》中记述了以下的片段：

> 张仪已学而游说诸侯。尝从楚相饮，已而楚相亡璧，门下意张仪，曰："仪贫无行，必此盗相君之璧。"共执张仪，掠笞数百，不服，释之。其妻曰："嘻！子毋读书游说，安得此辱乎？"张仪谓其妻曰："视吾舌尚在不？"其妻笑曰："舌在也。"仪曰："足矣！"

这说明，纵横游说之学在当时已经形成了一个"学科"，一门最有实惠的"显学"。一部《战国策》，几乎都是对"纵横家"们的言行跟踪，里面充斥着的是奸邪斗狠的权谋诈术，其中有几点特别值得注意。仅以苏秦第一次游说的成功经验为例：一曰恐吓。谓不成纵约，而西事秦，则有不可避免之危险。二曰利诱。谓纵约一成，甚至不待纵约之成，只要听取说客的意见，凡欲求的东西，均可使别人送至。三曰夸大。每至一国，必夸大其词，天花乱坠，口若悬河，使听者心悦诚服。其夸大之点，不外是地势优越、武力雄厚、蓄积丰饶、当局贤明等，即"顺人主之心，以取信幸之势"。四曰熟计。即纵约之计了然于怀，成竹在胸。①但是，无论游说之辞如何动听，又如何花样百出，有一点却是明确的，即游说之士的所有心机、招数，一言以蔽之曰手段，都是围绕着"利禄"这个目的轴而旋转的，都是被当时的时尚所左右的。王充认为，当时，"知深有术，权变锋出，故身尊崇荣显，为世雄杰"②。而且，令人瞩目的是，这种时尚，已经渗入民间很深很深。在苏秦的游说生涯中，有一段充满了戏剧性的插曲：

> （苏秦出游数岁，大困而归）归至家，妻不下纴，嫂不为炊，父母不与言。苏秦喟叹曰："妻不以我为夫，嫂不以我为叔，父母不以我为子，是皆秦之罪也。"乃夜发书，陈箧数十，得太公阴符之谋，伏而诵之，简练以为揣摩，……曰："此真可以说当世之君矣。"……（及佩六国相印）将说楚王，路过洛阳，父母闻之，清宫除道，张乐设饮，郊迎三十里。妻侧目而视，倾耳而听；嫂蛇行匍伏，四拜自跪而谢。苏秦曰："嫂何前倨而后卑也？"嫂曰："以季子之位尊而多金。"苏秦曰："嗟乎！贫穷则父母不子，富贵则亲戚畏惧。人生世上，势位富贵，盖可忽乎哉！"③

看得出，苏秦的家人是极其看重他仅凭"三寸不烂之舌"所邀至的恩宠的。古人拜不过三，但苏秦的嫂子竟令人惊奇地做出了"四拜"的动作，连顾炎武也只能姑妄作解说："盖因谢罪而加拜，非礼之常也。"④这还属其次，重要的在于，苏秦本人并没有什么诸如正义感、使命感等坚

---

① 参见《史记·苏秦列传》及周谷城：《中国通史》上册，上海人民出版社，1982，第157页。

② 王充：《论衡》，载国学整理社编《诸子集成》，中华书局，2006，第117页。

③ 刘向：《战国策》，上海古籍出版社，1998，第85—90页。

④ 顾炎武：《日知录》，上海古籍出版社，2006，第1580页。

定执着的政治信仰和方向，他"大困而归"①，是因为在秦碰了钉子，后来的身佩六国相印，则只能归因于他投机式的转向，而支配他这种趋炎附势之行为的，却无过于"势位富贵"四个字。荀子曾给这种人画了一幅不太好看的像："今之所谓士仕者，污漫者也，贼乱者也，恣睢者也，贪利者也，触抵者也，无礼义而唯权势之嗜者也。"②唯其如此，稍加利诱，即可改弦易辙。《战国策·秦策三》中的刻画，堪称惟妙惟肖：

> 天下之士，合从相聚于赵，而欲攻秦，秦相应侯曰："王勿忧也，请令废之。秦于天下之士非有怨也。相聚而攻秦者，以己欲富贵耳。王见大王之狗，卧者卧，起者起，行者行，止者止，毋相与斗者；投之一骨，轻起相牙者，何则？有争意也。"于是，唐雎载音乐，予之五十金，居武安，高会相与饮，谓："邯郸人（谓适才合从之士）谁来取者？"于是其谋者固未可得予也；其可得与者，与之昆弟矣。③

这样一来，东周时期以争贤、争士或思贤若渴等面目出现的明君圣主的真实目的便昭然若揭了："夫贤人在而天下服，一人用而天下从"④；而所谓的"贤士"，在其"入楚楚重，出齐齐轻，为赵赵完，畔魏魏伤"⑤等倾危行为背后的动力原因也就不言而喻了。秦孝公的求贤令，把同利相求的主仆牢牢粘在了一起："宾客群臣有能出奇计强秦者，吾且尊

---

① 司马迁：《史记》，中华书局，1982，第2241页。

② 王先谦：《荀子集解》，载国学整理社编《诸子集成》，中华书局，2006，第63页。

③ 刘向：《战国策》，上海古籍出版社，1998，第203页。

④ 刘向：《战国策》，上海古籍出版社，1998，第88页。

⑤ 王充：《论衡》，载国学整理社编《诸子集成》，中华书局，2006，第130页。

官，与之分土。"①

这种以"利"来衡量一切的社会风气及由此给全社会造成的仅依权谋诈术即可富至公卿的时代氛围，对东周时期的政治原则和统治思想产生了具有转型力量的巨大影响，这一影响，甚至延至秦王朝政治体制的确立。

东周时期有很多在政治理论上提出过前无古人之原则的政治学家。他们的理论，恰恰是对当时的政治活动者具体行为的批判和总结。其中，对两个方面的特征把握得比较准确：一是进退众生要以"利"为轴；二是君臣上下均以计谋术数相待。对此，韩非的两句话堪为代表，其一曰："若如臣者，犹兽鹿也，唯荐草而就。"②其二曰："君以计畜臣，臣以计事君，君臣之交，计也。"③

韩非作为当时政治学理论的代表人物，对春秋战国时期的人性好利特征揭示得入木三分。比方说："父母之于子也，产男则相贺，产女则杀之。"同出于父母之怀，为什么一贺一杀呢？原因就在于"虑其后便，计之长利也"④。另如，"医善吮人之伤，含人之血，非骨肉之亲也，利所加也。故舆人成舆，则欲人之富贵，匠人成棺，则欲人之夭死也。非舆人仁而匠人贼也。人不贵则舆不售，人不死则棺不买。情非憎人也，利在人之死也"⑤。韩非眼里的人情世故是，无论有无血缘关系，王公大人与庶民百姓、交利兼爱与爱有差等，统统都围绕着"利"这个中心轴旋转，一

---

① 司马迁：《史记》，中华书局，1982，第202页。
② 王先慎：《韩非子集解》，载国学整理社编《诸子集成》，中华书局，2006，第170页。
③ 王先慎：《韩非子集解》，载国学整理社编《诸子集成》，中华书局，2006，第93页。
④ 王先慎：《韩非子集解》，载国学整理社编《诸子集成》，中华书局，2006，第319页。
⑤ 王先慎：《韩非子集解》，载国学整理社编《诸子集成》，中华书局，2006，第83—84页。

切都只是利害关系，"利"是人们一切行为的出发点和最终归宿。既然如此，韩非认为，政治就应该从这个实际出发，将全部政治统治原则都自觉地建立在"利"的基础上，并以此来进退众生："明主之所导制其臣者，二柄而已矣，二柄者，刑德也。何谓刑德？曰：'杀戮之谓刑，庆赏之谓德。'"①而"二柄"，则正是依"利害"而定。显然，这种理论是在社会现实当中提炼出来的，同时也以极大的能量塑造了未来的政治原则。如果说，商鞅时代的秦孝公政治和韩非时期的韩昭侯现象是该理论的素材的话，那么，秦王朝的政治，便是该理论的忠实的复制品，这可谓"上下交征利"之世态在政治上的自然反应。

与此相适应，为了牟利而屡现于君臣上下间的计谋和手段，便具有了在此种政治体制下谋生所必需的方法论意义，即术数理论。按法家的解释，"术者，因任而授官，循名而责实，操杀生之柄，课群臣之能者也"，是"人主之所执"。②

但实际上，广义的"术"应包括两个方面：一个是臣子攀附君主的"干君之术"；一个是君主控制臣下的"御臣之术"。关于前者，主要是针对那些"谏说谈论之士"的行为而做出的总结。其中，最为典型的表述，要数《韩非子》中的《说难》篇了。韩非指出："凡说之难，在知所说之心。"倘使你的对象是一位自命清高的君主，可你却"说之以厚利"，则"必弃远矣"，反之，亦"必不收矣"。由于君心难测，因此，有的话说不好，极可能招致杀身之祸，韩非无数次强调的"如此者身危"，就是警告那些不识"时务"，不知进退的臣子，在不解君心的情况下，千万不要多语，其如"贵人有过端，而说者明言礼义以挑其恶，如此者身危"等，即此类也。韩非举例道："昔者弥子瑕有宠于卫君，卫国之

① 王先慎：《韩非子集解》，载国学整理社编《诸子集成》，中华书局，2006，第26页。

② 王先慎：《韩非子集解》，载国学整理社编《诸子集成》，中华书局，2006，第304页。

法，窃驾君车者罪刖。弥子瑕母病，人闻有夜告弥子。弥子矫驾君车以出，君闻而贤之曰：'孝哉！为母之故，忘其犯刖罪。'异日与君游于果园，食桃而甘，不尽，以其半啖君。君曰：'爱我哉！忘其口味，以啖寡人。'及弥子色衰爱弛，得罪于君。君曰：'是固尝矫驾吾车，又尝啖我以余桃。'"对此，韩非感叹道："故弥子之行，未变于初也，而以前之所以见贤，而后获罪者，爱憎之变也。"继而总结说："故有爱于主，则智当而加亲；有憎于主，则智不当见罪而加疏。故谏说谈论之士，不可不察爱憎之主，而后说焉。"否则，一旦婴人主之"逆鳞"，轻者见斥，重者加诛，令人毛骨悚然。所以，臣下诚欲说致公卿，就不能不以揣摩君心之术为要务，否则身危命殆。

"臣以计事君"的结果，必然导致"君以计畜臣"。"御臣之术"的基本要领是国君的"去听""去视""去智"。申不害告诫君主说："慎而言也，人且知女；慎而行也，人且随女；而有知见也，人且匿女；而无知见也，人且意女；女有知也，人且臧女；女无知也，人且行女"①，故曰"善为主者，倚于愚，立于不盈，设于不敢，藏于无事"②。这等于直言不讳地向人们宣告了政治运营的诡秘性。韩非在《主道》篇中进一步深化了这一诡秘性理论："道在不可见，用在不可知。虚静无事，以闇见疵。见而不见，闻而不闻，知而不知。"具体说来，则是"函掩其迹，匿其端，下不能原。去其智，绝其能，下不能意，保吾所以往而稽同之，谨执其柄而固握之，绝其望，破其意，毋使人欲之"，进而指出不奉行该原则可能导致的后果："不谨其闭，不固其门，虎乃将存。不慎其事，不掩其情，贼乃将生。弒其主，代其所，人莫不与，故谓之虎。"而以权谋诈术著称的《鬼谷子》，则在这可怕的内容上又增添了几分阴森。《反应》篇云："己审先定以牧人，策而无形容，莫见其门，是谓天

---

① 王先慎：《韩非子集解》，载国学整理社编《诸子集成》，中华书局，2006，第238页。

② 申不害：《群书治要》，商务印书馆，1936，第630页。

神。"《摩》篇称:"圣人谋之于阴,故曰神;成之于阳,故曰明。"《谋》篇则公然宣称:"圣人之道阴,愚人之道阳","智用于众人之所不知,而能用于众人之所不能见","故先王之道阴,言有之曰天地之化在高与深"……

　　这便是典型的"御臣静因之术"。掌握了这种方法,君主就变成了一个神秘而可怕的存在。他没有感情:"去好去恶,臣乃见素。"[1]也不矜智慧:"去旧去智,臣乃自备。"[2]可就是这个表面看上去要"去言""去听""去视""去智"的君主,一旦需要见分晓时,他就要"独视"、"独听"且"独断"。韩昭侯等君主"成功"的政治实践,已经令韩非得出了这样一个在当时来说具有普遍性意义的结论:"无术以任人,无所任而不败。"[3]这样一来,稠密人际关系、以道义为目的、以仁爱为指归的伦理政治原则,均成为软弱无力且可嗤可笑的存在,特别是在权力高于一切(势)和律令冷酷无情(法)的时代氛围中,除了掌握统治大臣的"术"以外,国君还应懂得"抱法处势,则治;背法去势,则乱"[4]的治民道理。因此,韩非认为,作为明君,对老百姓不应培养"恩爱之心",而要增强"威严之势"[5]。因为实际情况是:母亲爱儿子加倍于父亲,而父亲命令实行的可能性却十倍于母亲;官吏对于人民没有爱,但其命令实行的可能性却万倍于父母。慈母有败子,而暴君寡逆臣,所

---

[1] 王先慎:《韩非子集解》,载国学整理社编《诸子集成》,中华书局,2006,第18页。

[2] 王先慎:《韩非子集解》,载国学整理社编《诸子集成》,中华书局,2006,第18页。

[3] 王先慎:《韩非子集解》,载国学整理社编《诸子集成》,中华书局,2006,第325页。

[4] 王先慎:《韩非子集解》,载国学整理社编《诸子集成》,中华书局,2006,第300页。

[5] 王先慎:《韩非子集解》,载国学整理社编《诸子集成》,中华书局,2006,第320页。

以，"圣人之治国也，固有使人不得不爱我之道，而不恃人之以爱为我也"① "明主者，不恃其不我叛也，恃吾不可叛也；不恃其不我欺也，恃吾不可欺也"②。法术势兼施的结果，便是"臣下闭口，左右结舌"③的政治局面，而这也正是当时的统治者所欲追求的理想的政治秩序。

看来，从原则到方法，从形式到内容，在东周时代政治舞台上扮演主角的是以"利"为全部根据的政治制度，而自西周以来的、以仁义为基础的德政以及诸子百家所积极倡导和努力实践的政治理论则基本上被排斥在上述政治原则及其制度以外，这种排斥，在法家那里表现出了令人惊异的一脉相承的特征。商君——"诗、书、礼、乐、善、修、仁、廉、辩、慧，国有十者，上无使守战；国以十者治，敌至必削，不至必贫。国去此十者，敌不敢至，虽至必却"④。韩非——"明主之国，无书简之文，以法为教；无先王之语，以吏为师"⑤。李斯——"臣请诸有文学诗书百家语者，蠲除去之"，"若有欲学者，以吏为师"。⑥这种排斥的极端形式就是曾经发生过的两次大规模的焚书运动：一次是商君时代的"燔诗书而明法令"⑦；另一次则是秦始皇时期的"焚书坑儒"⑧。效果怎样呢？

---

① 王先慎：《韩非子集解》，载国学整理社编《诸子集成》，中华书局，2006，第70页。

② 王先慎：《韩非子集解》，载国学整理社编《诸子集成》，中华书局，2006，第221页。

③ 钱熙祚校《慎子》，载国学整理社编《诸子集成》，中华书局，2006，第10页。

④ 严万里校《商君书》，载国学整理社编《诸子集成》，中华书局，2006，第6页。

⑤ 王先慎：《韩非子集解》，载国学整理社编《诸子集成》，中华书局，2006，第347页。

⑥ 司马迁：《史记》，中华书局，1982，第2546页。

⑦ 王先慎：《韩非子集解》，载国学整理社编《诸子集成》，中华书局，2006，第67页。

⑧ 司马迁：《史记》，中华书局，1982，第258页。

据李学勤先生通过考古发掘之研究可知，这几回烧书，烧得的确很有效，因为从墓葬中出土的简牍及其文字材料，大体上与李斯所开列的书种相一致①。即"医药卜筮种树之书"这些"所不去者"②。

战国与秦统一伊始的焚书，是抑制文化发展的恶性政策，是罪不容诛的空前暴行。但是，仅仅凭后人这几句义愤之辞，就能给如此重大的历史事件画上句号吗？显然不能。司马迁曾经说过，战国时代的社会风气是"贵诈力而贱仁义，先富有而后推让"③；清代学者王棻亦认为，战国时，"举世皆趋利慕势之徒"④。这样看来，烧毁那些与"诈力"、"富有"和"趋利慕势"的观念行为相抵忤或至少是无关的仁义礼让之书，就不单单是执政者一方的要求了。争名夺利的社会风气和围绕名利而展开的揣摩术数"实学"，早已把与此毫无干系的仁义道德弃置道旁，而从事往圣之学的学者也早已被排挤出政治支配圈，商君和秦始皇的所作所为，只不过是用刀与火来承认这一事实的极端措施而已，因为具有典型意义的例证是日后掀起秦末农民大起义的口号，是陈胜吴广的"王侯将相宁有种乎"⑤这种贪求富贵的声浪；项羽造反的原因也仅仅是要对秦帝"取而代也"⑥；而从刘邦见到始皇时"喟然太息"之"嗟乎，大丈夫当如此也"⑦的艳羡之辞中，又哪里有一点能证明他日后起兵的原因是"书焚秦火"或"儒坑秦兵"呢？唐人章碣的诗，倒也中肯："坑灰未冷山东乱，刘项原来不读书。"

那么，春秋战国时期官方学术之不景气乃至出现空白的原因，是否可

① 参见李学勤：《东周与秦代文明》第二十六章，文物出版社，1984年。
② 司马迁：《史记》，中华书局，1982，第258页。
③ 司马迁：《史记》，中华书局，1982，第1442页。
④ 王棻：《柔桥文钞》，载《清代诗文集汇编》第707卷，上海古籍出版社，2010，第719页。
⑤ 司马迁：《史记》，中华书局，1982，第1952页。
⑥ 司马迁：《史记》，中华书局，1982，第296页。
⑦ 司马迁：《史记》，中华书局，1982，第344页。

以从中得到一点儿启示呢？

春秋战国时期在学术上有一个重要的特点，即"学在民间"。西周时期不然，乃"学在官府"。中国古代学术中最要紧的部分是人类精神道德的建设。儒家是当时的"显学"①，由于后世儒家的学术思想主要由西周之学而来，所以西周时期的学术具有很多儒家之学的胚胎特征。如"六德"：知、仁、圣、义、忠、和；"六行"：孝、友、睦、姻、任、恤；等等。既然人类精神道德的建设乃古代学术之根本，因此，教育本身便成了最直接的，也是唯一的道德传授方式。任时先著的《中国教育思想史》中有"儒家教育思想系统表"，颇得承自周公的儒家学术思想之真谛（见表1）。②

可是，当时的社会风气和政治体制，又怎能容许这种学术的存在呢？而那些以道义为己任、笃信"士穷不失义，达不离道"③的"直士""悫士""正身之士"们，也只能离开曾经是学术殿堂和道义实施机关的官府，而走向民间。当年，周守藏史老子的"骑牛出关"、曾为鲁司寇的孔子的辞官设教、欲"平治天下"的孟子的周游列国、视富贵为"吮痈舐痔"的庄子的颠沛流离等，是不是可视为由学术日渐衰亡而社会良知又不甘其衰亡的矛盾所酿激出来的带有历史必然性的社会现象呢？当然，他们都不得志。原因很简单，即："义之所在，不倾于权，不顾其利，举国而与之不为改视，重死，持义而不挠"④——而这与功利主义甚嚣尘上的社会时尚完全是两回事。可见，"官学私学化"局面的出现原因，一方面是功利政策发布者及保护者的官府的排斥，另一方面则是由于道德之士的

---

① 王先慎：《韩非子集解》，载国学整理社编《诸子集成》，中华书局，2006，第351页。

② 任时先：《中国教育思想史》，上海书店，1932，第67页。

③ 焦循：《孟子正义》，载国学整理社编《诸子集成》，中华书局，2006，第525页。

④ 王先谦：《荀子集解》，载国学整理社编《诸子集成》，中华书局，2006，第35页。

"从吾所好"。值得注意的是，来自官方的排挤并没有因学术转入民间而罢手，李斯认为，对那些"不师今而学古""道古以害今"的搞"私学"的人，要焚其书，戮其身，要赶尽杀绝。[①]其恶果似乎早已被当年的孟子预料到了，《孟子·离娄上》称："上无礼，下无学，贼民兴，丧无日矣。"然而，这种大胆的政策之所以敢出台，并能毫不犹豫地予以执行，却不能不说与当时的社会环境及风气有着内在、本质和必然的联系。

表1　儒家教育思想系统表

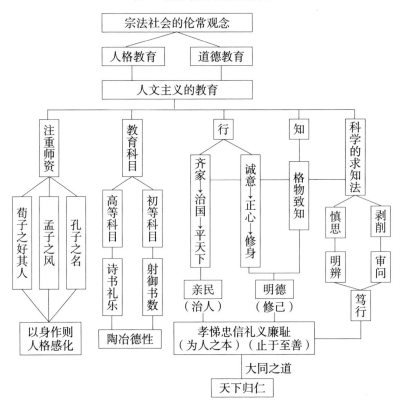

至此，有必要对春秋战国时代的社会面貌做些概括性总结了。

首先看战争。不管有如何堂皇的理由，以人民的无辜死难和大量杀伤为代价的行为，总是可咒的。孟子认为，"行一不义，杀一不辜，而得

---

① 司马迁：《史记》，中华书局，1982，第2546页。

天下，皆不为也"①。正是在这个意义上，当他耳闻目睹了东周时期"盈野""盈城"的杀人狂潮后，便得出了"春秋无义战"②的著名结论。也是在这个意义上，他更进一步指出："五霸者，三王之罪人也；今之诸侯，五霸之罪人也；今之大夫，今之诸侯之罪人也。"③《吕氏春秋·谨听》篇认为，战国是弱肉强食的乱世，具体说来，"强者胜弱，众者暴寡，以兵相残，不得休息"，遂发出了"振乱"的呼号。④北宋大史学家司马光，在回视七雄火并时代时竟也有如下感慨："乌乎！君臣之礼既坏矣，则天下以智力相雄长，遂使圣贤之后为诸侯者，社稷无不泯绝，生民之类糜灭几尽，岂不哀哉！"⑤

　　其次看社会的物质层面。司马迁曾经说过："用贫求富，农不如工，工不如商，刺绣文不如倚市门。"但据他观察，一个国家或地区，倘濒临衰没之际，商业活动都是空前活跃的。他举例道："邹、鲁滨洙、泗，犹有周公遗风，俗好儒，备于礼，故其民龊龊。颇有桑麻之业，无林泽之饶。地小人众，俭啬，畏罪远邪。及其衰，好贾趋利，甚于周人。"经过分析他得出了如下结论："是故本富为上，末富次之，奸富最下。"⑥战国时期的荀子，则直接将乱世之根本归给了"利"："故义胜利者为治世，利克义者为乱世。"⑦

---

① 焦循：《孟子正义》，载国学整理社编《诸子集成》，中华书局，2006，第128页。

② 焦循：《孟子正义》，载国学整理社编《诸子集成》，中华书局，2006，第562页。

③ 焦循：《孟子正义》，载国学整理社编《诸子集成》，中华书局，2006，第494—495页。

④ 高诱：《吕氏春秋》，载国学整理社编《诸子集成》，中华书局，2006，第132页。

⑤ 司马光：《资治通鉴》，中华书局，2011，第6页。

⑥ 司马迁：《史记》，中华书局，1982，第3272页。

⑦ 王先谦：《荀子集解》，载国学整理社编《诸子集成》，中华书局，2006，第330页。

第三看社会的道德层面。从大的方面把握，春秋战国的时代特征是："礼废乐坏"①。《战国策·魏策三》是这样描述秦风的："贪戾好利而无信，不识礼义德行。苟有利焉，不顾亲戚兄弟，若禽兽耳。"刘向在《校战国策书录》中则讲"至秦孝公捐礼让而贵战争，弃仁义而用诈谲"，以至"道德大废，上下失序"。章学诚在谈及"诸子争鸣"时认为，"周衰文弊，六艺道息"，乃社会混乱、道德沦丧以及由此而来的百家喋讼的主要原因。②顾炎武曾谓："春秋时犹尊礼重信，而七国则绝不言礼与信矣。"对此，原注所解尤确，即："文薄之弊，渐于灵景；辩诈之伪，成于七国。"

最后看社会的政治层面。孔子主张："天下有道则见，无道则隐。"③"邦有道，则仕；邦无道，则可卷而怀之。"④"邦有道，贫且贱焉，耻也；邦无道，富且贵焉，耻也。"⑤从他对颜回"一箪食，一瓢饮，在陋巷。人不堪其忧，回也不改其乐"⑥的精神赞不绝口和虽见困于陈蔡之间，"七日不火食，面有菜色"，但对"怡然自乐""弦歌于室"⑦等情形看，孔子是视当世为无道的；至于孟子，则公开骂梁惠王

---

① 司马迁：《史记》，中华书局，1982，第1159页。

② 章学诚：《文史通义》，叶瑛校注，中华书局，1985，第60页。

③ 刘宝楠：《论语正义》，载国学整理社编《诸子集成》，中华书局，2006，第163页。

④ 刘宝楠：《论语正义》，载国学整理社编《诸子集成》，中华书局，2006，第335页。

⑤ 刘宝楠：《论语正义》，载国学整理社编《诸子集成》，中华书局，2006，第163页。

⑥ 刘宝楠：《论语正义》，载国学整理社编《诸子集成》，中华书局，2006，第121页。

⑦ 王先谦：《庄子集解》，载国学整理社编《诸子集成》，中华书局，2006，第192页。

"不仁哉"①；而荀子的"从道不从君"②，则与孔子所云并无二致。他还重点指出，"利"能否成为社会的导向进而成为乱世之本，关键在于统治者的好恶取舍，即"上重义则义克利，上重利则利克义"③。而刘向的话更印证了先秦诸子的判断："夫篡盗之人，列为侯王；诈谲之国，兴兵为强。""上无天子，下无方伯，力政争强，胜者为右，兵革不休，诈伪并起。"④类似的评价，俯拾皆是。李学勤在谈到春秋时期的社会状况时指出，和周室的衰微一样，不少诸侯国的公室也走了下坡路。政权被一批卿大夫的家臣所把持。结果有的诸侯国的君位被卿大夫取代了，有的由于几家卿大夫势力相当，被分割成几个政权，诸侯与诸侯之间，卿大夫与卿大夫之间，有时联合结盟，有时纷争颉颃，更增剧了局势的复杂混乱。古人说："'春秋无义战'，意即指此。"⑤詹子庆认为，在战国时期，世风状况有四大表现：表现之一是"贵诈力而贱仁义"；表现之二是"重利而忘义"；表现之三是"重言谈而不务实"；表现之四是"尊贤礼士"的风气得到进一步发扬。⑥这种把握，对于春秋战国时期社会状况的重新认识，确实具有尊重事实的还原意义。

显然，春秋战国时代，并不是那般美好，那么让人振奋。非但如此，当人们本着实事求是的原则走进东周的社会时空时，才惶恐地发现，先祖们曾经面临过一个在中国历史上空前可怕的"终极境遇"，即人类社会在中国历史上有过一个全面崩溃并濒临灭绝的历史阶段。这种实况，既可

---

① 焦循：《孟子正义》，载国学整理社编《诸子集成》，中华书局，2006，第561页。

② 王先谦：《荀子集解》，载国学整理社编《诸子集成》，中华书局，2006，第347页。

③ 王先谦：《荀子集解》，载国学整理社编《诸子集成》，中华书局，2006，第330页。

④ 刘向：《刘向书录》，《战国策》，上海古籍出版社，1998，第1196页。

⑤ 李学勤：《东周与秦代文明》导论，文物出版社，1984，第5页。

⑥ 詹子庆：《战国时代世风问题散论》，《史学集刊》1990年第3期。

以从"当今之世浊甚矣,黔首之苦不可以加矣"①的记录中得到反映,也可以通过天下归一后"元元黎民得免于战国,逢明天子,人人自以为更生"②等由过度兴奋而流露出的过誉之辞中得到印证。而我们久已熟视无睹的古典寓言像"杞人忧天"③"涸辙之鲋"④等,是不是隐含着未曾身临其境的今人所无法体会的更深刻的意义?孔子曾萌生过的携子路逃离无道社会的念头——"道不行,乘桴浮于海"⑤和庄子"以生为附赘悬疣,以死为决疣溃痈"⑥的"生不如死"理论所透露出的,是不是当时人们对生存空间乃至生存本身的深刻绝望?荀子在《礼论》篇中讲过这样一段话:"人生而有欲,欲而不得,则不能无求,求而无度量分界,则不能不争。争则乱,乱则穷。""穷"者,终极境遇之谓也。它最清楚地点明了春秋战国的社会发展模式,已经把人类引至穷途末路。这种模式就是:"挈国以呼功利,不务张其义,齐其信,唯利之求。内则不惮诈其民,而求小利焉;外则不惮诈其与,而求大利焉。内不修正其所以有,然常欲人之有。如是则臣下百姓莫不以诈心待其上矣。上诈其下,下诈其上,则是上下析也。如是则敌国轻之,与国疑之,权谋日行,而国不免危削,綦之而亡。"⑦能说荀子的把握是无稽之谈吗?显然不能。而"杨朱悲衢"这一

---

① 高诱注《吕氏春秋》,载国学整理社编《诸子集成》,中华书局,2006,第68页。

② 司马迁:《史记》,中华书局,1982,第2958页。

③ 张湛:《列子注》,载国学整理社编《诸子集成》,中华书局,2006,第8—9页。

④ 王先谦:《庄子集解》,载国学整理社编《诸子集成》,中华书局,2006,第176—177页。

⑤ 刘宝楠:《论语正义》,载国学整理社编《诸子集成》,中华书局,2006,第90页。

⑥ 王先谦:《庄子集解》,载国学整理社编《诸子集成》,中华书局,2006,第44页。

⑦ 王先谦:《荀子集解》,载国学整理社编《诸子集成》,中华书局,2006,第133页。

意旨深刻的寓言,更使人切身感受到了社会所面临的深刻危机:"杨朱哭
衢涂曰:'此夫过举踬步而觉跌千里者夫!'哀哭之。此亦荣辱安危存亡
之衢已,此其为可哀,甚于衢途。呜呼哀哉!"①从诸子一律的舆论看,
这是可信的。

二、关于意义与价值的首次思考

从总体看来,历史是发展的。但是,其发展的内容应该是全面的。
既不能以一方为主,一方为次,更不能以一方绝对压倒甚至取代另一方为
原则。传统的发展观,仅仅把发展理解为经济物质层面的增长和变化,而
忽视了社会、生态、文化、意识等方面积极的或消极的反映,即把人的基
本需求仅仅理解为同衣、食、住、行有关的物质需求,而忽视或无视同知
识、教育和文化有关的精神需求。它的直接后果是:助长了人们对物欲的
不恰当的追求,最终将人沦为庸俗的经济动物。而为了满足其贪得无厌的
物质等实惠的需求,对外在世界(包括自然和人)的掠夺和盘剥甚至杀人
越货等行为便自然产生了②。它必然使人本身的质量大大下降无疑。罗素
反对"物质"是人类社会"根本的实在"的观点,同时,对于在物欲的驱
动下所造成的"政治冲突的结局就应该总是建立某种更为先进的制度"这
一论断表示怀疑。由于"那些衰颓和倒退的例子在历史上至少是和发展的
例子一样多而且一样重要",因此,从历史事实中去把握历史发展的标准

---

① 王先谦:《荀子集解》,载国学整理社编《诸子集成》,中华书局,2006,第
142页。
② 参见尹希成:《困扰人类的全球问题》,《哲学研究》1993年第3期。

或尺度的研究似乎才显得更有意义①。

韩非是把物的进化视为历史发展的根本标志的。他认为，有巢氏之所以被民众拥戴为王，是因为他能"构木为巢"，使人民避开"群害"；燧人氏称王，也是因为他发明了化解腥臊，使民食物而不坏腹胃的"钻燧取火"②。同时他认为，"当今争于气力"之"争"，主要是对物质利益的争夺，自然，国君之所治其臣者，便应该是以物质利益为轴的赏与罚，于是，政治便当然地要进化为利害政治。③所以，"今有美尧舜汤武禹之道于当世者，必为新圣笑矣"④。《五蠹》篇中的"中世"所指虽不明确，但有巢、燧人时代，却是韩非所说的"人民少而禽兽众"的"上古"。然而他竟把"上古竞于道德"的"上古"完全以物的进化与竞争这一"当今之世"的标准来描述，更表现出了他历史进化观中"唯物为大"的特征。管子说过："仓廪实而知礼节，衣食足而知荣辱。"⑤荀子也曾满怀天真地相信过这一论断并着实认真地提倡过："财货浑浑如泉源，汸汸如河海，……天下何患乎不足也！"⑥可是他随即发现，在物欲横流的战国时代，人们不仅日益堕落为仅具"饮食男女"、吃喝玩乐之功能的贪财好色之辈，而且，为了达到不知餍足的耳、目、口、心、身的欢娱目的，竟不

---

① 参见伯特兰·罗素：《辩证唯物主义》，《现代西方历史哲学译文集》，张文杰等译，上海译文出版社，1984，第123页。

② 王先慎：《韩非子集解》，载国学整理社编《诸子集成》，中华书局，2006，第339页。

③ 王先慎：《韩非子集解》，载国学整理社编《诸子集成》，中华书局，2006，第26—29页。

④ 王先慎：《韩非子集解》，载国学整理社编《诸子集成》，中华书局，2006，第339页。

⑤ 戴望：《管子校正》，载国学整理社编《诸子集成》，中华书局，2006，第1页。

⑥ 王先谦：《荀子集解》，载国学整理社编《诸子集成》，中华书局，2006，第121页。

惜"去顺效逆",践踏一切人类秩序和伦常①,乃知仓廪实未必知礼节,衣食足未必知荣辱的社会真实。而当政治也为人这种不知足的根性——"性恶"饰以堂皇色泽并推波助澜的时候,人类社会便有可能整个地蜕化为"动物世界"。其实,这并不是危言耸听,因为孟子讲,当时,"人之所以异于禽兽者几希"②;《墨子·尚同上》也称"天下大乱,若禽兽然",说明了问题的极端严重性。方东美先生指出,周初道德革命所开创的道德文化之繁荣,在春秋战国之际,由于社会动乱而开始衰落。这是中国文化史上一次巨大的"衰变";它意味着在文化上已出现了"根本的危机"。但是,不能容忍"春秋以来整个中国精神的衰退"的哲人们纷纷起而拯救,于是产生了"哲学的革命"③。

显然,"文化的根本危机",源于社会生活的根本危机。东周的社会动乱,已经把人们逼至这样的境地,以至"是生存还是毁灭"已经成为人们无法绕行并亟待解决的最根本的现实问题。当然,这种"生存"或"毁灭"是指人类社会而言,它是建立在人兽大防基础上的"生存"或"毁灭"。由于"逐利"大潮几乎把人类还原成了仅具耳目感官之需的本初状态,因此,这场"哲学的革命",便不能不从最原始的问题入手,来探讨人生的归趣和宇宙的归趣。而这最原始,但同时也是终极和永恒的主题就是:人和动物的本质区别是什么?人怎样活着才算有意义?历史进步的根本标志是什么?宇宙间有没有永恒而终极的真理?人类社会与天地宇宙间有无关系?物我人际之间应该怎样相处?等等。

所谓"人",一般说来,是自然属性与社会属性的统一体。自然属性是指人在生物学、生理学方面的特点;而社会属性则是指人在社会生活

---

① 王先谦:《荀子集解》,载国学整理社编《诸子集成》,中华书局,2006,第291页。
② 焦循:《孟子正义》,载国学整理社编《诸子集成》,中华书局,2006,第334页。
③ 方东美:《原始儒家道家哲学》,黎明文化事业公司,1983,第81—82页。

方面的特征，是一定的社会关系的产物。人所具有的这种特点，早在中国的神话中就有过形象性的反映。迟至东汉末年，伏羲、女娲的形象在整个中国文化圈内均具有普遍、恒定的半人半兽、即"人兽同体"特征①。而《山海经》中无数个人兽同体的神话传说，是否可视为人类之初对自身所具有的生物性与社会性相互杂糅之特征的形象化追忆呢？但是，应该特别指出的是，在人类社会中，人的本质总是体现为人的社会属性，而社会属性则主要表现在政治、经济、法律、道德等诸方面的个体需要与社会约束上。董仲舒认为，人之所以需要政治，乃是补人性中社会性之不足。由于人性不能称之为全善，故需要政治等外在手段的管制，即："天生民性有善质，而未能善，于是为之立王以善之，此天意也。民受未能善之性于天，而退受成性之教于王；王承天意以成民之性为任者也。"②显然，董仲舒突出人的社会属性的目的就在于克服或利导人的自然属性，即生物性和生理性，使之向社会性方向改进。正是在这个意义上，董仲舒所提出的"大本"说教，与今日理论中"社会属性乃人之本质"的理论非同步偶合："天令之谓命，命非圣人不行；质朴之谓性，性非教化不成；人欲之谓情，情非度制不节。是故王者上谨于承天意，以顺命也；下务明教化民，以成性也；正法度之宜，别上下之序，以防欲也。脩此三者，而大本举矣！"③

以此观春秋战国之世，既乏"圣人"，亦无"教化"，更少"制度"。《史记·周本纪》载："西伯阴行善，诸侯皆来决平。于是虞、芮之人，有狱不能决，乃如周。入界，耕者皆让畔，民俗皆让长。虞、芮之人未见西伯，皆惭，相谓曰：'吾所争，周人所耻，何往为，只取辱耳。'遂还，俱让而去。"这种能移风易俗的良好的社会风气，到东周已丧失殆尽。孟子所说的"人"的基本行为规范，即所谓"父子有亲，君臣

---

① 参见谢选骏：《空寂的神殿》，四川人民出版社，1987，第68—69页。

② 苏舆：《春秋繁露义证》，中华书局，1992，第302页。

③ 班固：《汉书》，中华书局，1962，第2516页。

有义，夫妇有别，长幼有序，朋友有信"①等极自然的道德标准，也随着"礼废乐坏"而影迹难寻。孔夫子对世界的变化似早有感伤，即："吾未见好德如好色者也。"②《十三经注疏》释云：此"孔子疾时人薄于德而厚于色，故发此言也"。其实，时人又哪里仅仅是好色，根据荀子的观察，当时，"目好色，耳好声，口好味，心好利，骨体肤理好愉佚"③，已经发展成为社会的普遍现象，人的生物属性已经超过并驱逐了人的社会属性，人已经失去了他的本质。于是，春秋战国时期那场看似难解的社会思潮，就容易得到理解了，即中国历史上曾经发生过的规模空前的"人兽"标准问题大论辩。④

子游向孔子问"孝"，孔子回答说："今之孝者，是谓能养。至于犬马，皆能有养；不敬，何以别乎？"⑤显然，他是把"孝"和"敬"画了等号的。而懂得孝敬父母这一点，恰恰是人别于兽的标准。孟子也有同样的认识："食而弗爱，豕交之也；爱而不敬，兽畜之也。"⑥他还抨击杨、墨道："杨氏为我，是无君也；墨子兼爱，是无父也。无父无君，是禽兽也。"⑦认为有无君、父，也是判别"人兽"的标准。至于荀子，则明确提出要"辨人兽"："人之所以为人者，非特以其二足而无毛也，以

---

① 焦循：《孟子正义》，载国学整理社编《诸子集成》，中华书局，2006，第226页。

② 刘宝楠：《论语正义》，载国学整理社编《诸子集成》，中华书局，2006，第188页。

③ 王先谦：《荀子集解》，载国学整理社编《诸子集成》，中华书局，2006，第291页。

④ 韩东育：《诸子的人兽理论与学说分合》，《东北师大学报》1989年第6期。

⑤ 刘宝楠：《论语正义》，载国学整理社编《诸子集成》，中华书局，2006，第26页。

⑥ 焦循：《孟子正义》，载国学整理社编《诸子集成》，中华书局，2006，第552页。

⑦ 焦循：《孟子正义》，载国学整理社编《诸子集成》，中华书局，2006，第269页。

其有辨也。夫禽兽有父子而无父子之亲，有牝牡而无男女之别，故人道莫不有辨。"①对此，《礼记·郊特牲》篇从家庭到社会给予了外推式的概括，即："男女有别然后父子亲，父子亲然后义生，义生然后礼作，礼作然后万物安。无别无义，禽兽之道也。"而《仪礼·丧服》则更多地从伦常等级的角度来谈"人兽"之辨："禽兽知母而不知父。野人曰：父母何算焉！都邑之士，则知尊祢矣。大夫及学士则知尊祖矣。诸侯及其太祖、天子及其始祖之所自出。尊者尊统上，卑者尊统下。大宗者，尊之统也，大宗者，收族者也，不可以绝。"孟子认为，人朝禽兽的蜕变，有时会在政治上明显地表现出来。他援譬引喻，指出："狗彘食人食而不知检，涂有饿莩而不知发；人死，则曰：'非我也，岁也。'是何异于刺人而杀之，曰：'非我也，兵也。'""庖有肥肉，厩有肥马，民有饥色，野有饿莩，此率兽而食人也。兽相食，且人恶之；为民父母，行政，不免率兽而食人，恶在其为民父母也？"②"率兽而食人"的国君，在这里已经成为"百兽之王"，那么如此政治又如何不是禽兽政治？

　　显然，"人兽"问题的论辩，是人的生物性与社会性在变乱时代相互冲突的反映，它比较集中地体现在人们的价值观上。而且看得出，儒家诸子及其舆论是比较强化"人兽"之别的。在他们的价值观中，起码有以下三大原则：一是以"孝悌"为中心的情感原则；二是以"仁"为中心的心理原则；三是以"礼"为中心的社会原则。某种意义上可以说，符合这些原则的，便进入了"人"的范畴，否则就是"禽兽"。因为人类社会有一个终极而永恒的基本事实，即世界上无论发生了怎样的变化，只要人类及其社会组织还存在着，就永远要有亲子、兄弟、夫妇、长幼等天然关系和秩序，古人把它称为"天伦"。既为天伦，彼此之间就存

① 王先谦：《荀子集解》，载国学整理社编《诸子集成》，中华书局，2006，第50页。
② 焦循：《孟子正义》，载国学整理社编《诸子集成》，中华书局，2006，第37页。

在有一种天然的无条件的权利和义务关系。而人类之所以为人类，就在于它能够给这种关系赋予并非牵强的"伦理属性"①。而当这种伦理属性一旦走进上述关系并被视为不容怀疑的"天理"时，人类社会与"动物世界"的区别便迈出了具有决定性的第一步。根据在于，"人类决不满足于存在世界的本然性、自在性，而是力图赋予一切进入人类既有视域的对象以意义性和价值性"，从而，"一切关于意义的对象、事物、状态、规范、原理之和组成了人所特有的并与之相对待的'意义的世界'"②。显然，子女来到人世后，父母要哺于怀衽三年的行为，是产生于世界本然性原理的自然现象，但受此启发，父母故去后儿女也要服"三年之丧"的观念和行为，便具有了伦理意蕴的意义性和价值性。儒家哲学的根本意义也就在于，它能够在不失人类自然属性的前提下很自然地提取出人的社会属性，即能够给亲子兄弟间那种生物学的关系赋予一种社会学的自觉含义，并以此为出发点，来外推它的全部理论——人生的意义与价值哲学。

这种既不折损人的自然属性，又能从自然属性中提取社会属性并以此来逐步克服自然属性中近乎禽兽之性的行为、使人类具有更高的文化意义特征的过程，乃是自然伦理主义向社会伦理主义递续发展和演进的过程。儒家哲学的这一行进轨迹表明，"人兽"之辨，有一个从低级到高级，从情感到心理再到政治等多阶段的发展顺序，孔、孟、荀，便是诸阶段发展过程中的各自代表人物。

孔子说："宗族称孝焉，乡党称悌焉。"③甲骨文中已经出现了"孝"字（金·四七六·一期），但以周代铭彝中次数为多（曶鼎·周

---

① 参见爱德华·奥斯本·威尔逊：《新的综合——社会生物学》，阳河清译，四川人民出版社，1985，第1页。

② 方同义：《本体与境界》，《哲学研究》1993年第3期。

③ 刘宝楠：《论语正义》，载国学整理社编《诸子集成》，中华书局，2006，第293页。

中；颂鼎·周中；散盘·周晚；陈侯午敦·战国）。从字面上看，仿佛是一个童子在搀扶一耄耋老人行走状。《说文》是这样解释的："孝，善事父母者，从老省，从子，子承老也。""悌"，则是善事兄弟以及和兄弟辈分相等的亲朋好友的伦理关系。《说文新附》云："悌，善兄弟也。""悌"既有上述意义，故有时亦被写作"友"。《诗·小雅·六月》谓："侯谁在矣，张仲孝友。"基此，《新书·道术》篇总结道："子爱利亲谓之孝，兄敬爱弟谓之友。"

孔子是极端重视"孝悌"情感的。弟子转述他的思想道："君子务本，本立而道生。孝弟也者，其为仁之本与？"[1]而在"孝悌"这对并列结构中，他似乎更强调"孝"，而"孝"又以"敬爱"为上。《礼记·檀弓下》载有孔子师徒的一段对话："子路曰：'伤哉贫也，生无以为养，死无以为礼也。'"但孔子却认为，即便是吃稀饭，喝清水，但能使老人家精神上得到满足，这就是"孝"了，即："啜菽饮水，尽其欢，斯之谓孝。"又子夏问"孝"，孔子曰："色难。"朱熹注曰："盖孝子之有深爱者，必有和气；有和气者，必有愉色；有愉色者，必有婉容。故事亲之际，惟色为难耳，服劳奉养，未足为孝也。"[2]《礼记·内则》云："孝子之养老也，乐其心不违其志。"这也正是孔子所总结的"敬"。

曾子是孔子的学生，他把孔子的"孝"的天然情感从血脉关系的角度给予了更形象的说明："身也者，父母之遗体也。行父母之遗体，敢不敬乎？"[3]我们发现，儒家的"孝"的情感，明显地带有人的自然属性与社会属性相互杂糅而又力图强化人的社会属性的特征。儒家首先从自然属性上

---

① 刘宝楠：《论语正义》，载国学整理社编《诸子集成》，中华书局，2006，第4页。

② 朱熹：《论语集注》，载《朱子全书》，上海古籍出版社、安徽教育出版社，2010，第77页。

③ 郑玄注，孔颖达等正义：《礼记正义》，载阮籍校刻《十三经注疏》（清嘉庆刊本），中华书局，2009，第3469页。

肯定了"尊亲"的现实："凡有血气者，莫不尊亲。"①但只有人才能有意识而且是无条件地孝敬自己的父母，即："有血气之属者，莫知于人，故人于其亲也，至死不穷。"②这也是以下舆论的基本根据："为人子，止于孝"③；"仁者人也，亲亲为大"④；"未有仁而遗其亲者也"⑤；"仁之实，事亲是也"⑥；"孝子之至，莫大乎尊亲"⑦；等等。

但是，"孝"并不能完全视为儿女对父母的单方面义务，这种自然情感的产生，某种程度上也决定于父母对子女的相应行为。《论语·为政》载："孟武伯问孝。子曰：'父母唯其疾之忧。'"对此，朱熹注曰："言父母爱子之心，无所不至，唯恐其有疾病，常以为忧也。人子体此，而以父母之心为心，则凡所以守其身者，自不容于不谨矣，岂不可以为孝乎？"父母对于子女这种"无所不至"的爱，甚至细微到对儿女走向的担心上。《论语·里仁》篇称："父母在，不远游，游必有方。"朱熹注："范氏曰：'子能以父母之心为心，则孝矣。'"可见，子女对父母的孝敬，实际上也是对于父母那发乎自然的爱子之心的一种回报，这种相互间的自然亲情关系，被儒

---

① 郑玄注，孔颖达等正义：《礼记正义》，载阮籍校刻《十三经注疏》（清嘉庆刊本），中华书局，2009，第3548页。

② 郑玄注，孔颖达等正义：《礼记正义》，载阮籍校刻《十三经注疏》（清嘉庆刊本），中华书局，2009，第3609页。

③ 郑玄注，孔颖达等正义：《礼记正义》，载阮籍校刻《十三经注疏》（清嘉庆刊本），中华书局，2009，第3632页。

④ 郑玄注，孔颖达等正义：《礼记正义》，载阮籍校刻《十三经注疏》（清嘉庆刊本），中华书局，2009，第3535页。

⑤ 焦循：《孟子正义》，载国学整理社编《诸子集成》，中华书局，2006，第26页。

⑥ 焦循：《孟子正义》，载国学整理社编《诸子集成》，中华书局，2006，第313页。

⑦ 焦循：《孟子正义》，载国学整理社编《诸子集成》，中华书局，2006，第378页。

家总结为四个字，即"父慈子孝"①，亦今所谓"尊老爱幼"是也。

"忠""孝"之间，在国家形成后，造成了很大的纠结。"忠"是统治者对老百姓的要求，但如何能博得民众的忠心，却是统治者自身的问题："季康子问：'使民敬忠以劝，如之何？'子曰：'临之以庄则敬，孝慈则忠，举善而教不能则劝。'"②《集注》解"孝慈则忠"谓："孝于亲，慈于众，则民忠于己。"就是说，"忠"乃是为政者尽孝尽慈的效果，为政者如欲人民忠于自己，就必须以自己能孝亲爱民为先决条件，说明"孝悌"原则对统治者亦不例外。这种自然伦理主义的原则，经过孔子后学们的提升和扩大，逐渐得到确立并广布于天下。提升，是指亲亲原则的确立："事孰为大？事亲为大"③；"亲亲，仁也"④。扩大，是指把原本有限的原则，予以普遍应用："亲亲，仁也；敬长，义也。无他，达之天下也"⑤；"人人亲其亲，长其长，而天下平"⑥。

问题是，为什么"孝"是那样合乎"仁"，"仁"又能这样包容"孝"？《论语·颜渊》说："为仁由己，而由人乎哉！"它表明，不仅"孝悌"来源于人的天良，作为更高层次价值尺度的"仁"的建立，也绝不是以戕害人性为前提和代价的，它基本上是出于自愿的。这种"由

① 郑玄注，孔颖达等正义：《礼记正义》，载阮籍校刻《十三经注疏》（清嘉庆刊本），中华书局，2009，第3080页。

② 朱熹：《论语集注》，载《朱子全书》，上海古籍出版社、安徽教育出版社，2010，第80页。

③ 焦循：《孟子正义》，载国学整理社编《诸子集成》，中华书局，2006，第308页。

④ 焦循：《孟子正义》，载国学整理社编《诸子集成》，中华书局，2006，第530页。

⑤ 焦循：《孟子正义》，载国学整理社编《诸子集成》，中华书局，2006，第530页。

⑥ 焦循：《孟子正义》，载国学整理社编《诸子集成》，中华书局，2006，第298页。

己之仁"，到了孟子那里，则发展成为一种纯粹内在的道德自觉和心理原则。所以孟子说："仁义礼智根于心。"①他认为，"人皆有不忍人之心"，这就是"恻隐之心"，而"恻隐之心"乃"仁之端也"，其他诸如"义""礼""智"等，则均由"恻隐之心"推出，和"仁"一道，即所谓"四端"，实即孟子的"性善说"。值得注意的是，孟子认为，人的上述良知是与生俱来的，先天就有的。其所以能以"四端"行诸世，乃"性"使之然。这种认识，把孔子通过自然伦理主义来把握和提炼的"孝""忠""仁""义"等价值标准赋予了一层"本该如此"的先验色彩。这种道德自律的天然本领，皆"存乎一心"，所以孟子认为应该"由仁义行，非行仁义也"②。这种观念，导致了如下的认识过程，即"尽其心者，知其性也。知其性，则知天矣"③。如此对社会价值的内向归宿及其认识，显然比孔子有些浮于表面的道德探讨深入了一步。即：要做到"四端"，必须加强内在修养，将人生来就有的善良本性和仁爱之心发扬光大，如是才能成为人，成为符合社会要求的人。而符合社会要求，实际上就是符合人内心的良知的要求。这种将社会伦理观念与人心巧妙地结合在一起的认知方法，能令人下意识地认为，遵行仁义礼智，实乃"心"的愿望，一旦背离了它们，便是"心"出了问题。于是，诸如"反躬求己""扪心自问""日三省乎己"等从内心深处来寻求与社会间距离的观念和行为，便自然产生了。它的作用在于，当人们都去这样思考的时候，社会伦理准则和价值尺度便成为不能不服从的、无条件的、神圣不可侵犯的所在。因为道德的"法"，甚至比最严格的成文法更带有强制性。理由

---

① 焦循：《孟子正义》，载国学整理社编《诸子集成》，中华书局，2006，第534—535页。

② 焦循：《孟子正义》，载国学整理社编《诸子集成》，中华书局，2006，第334页。

③ 焦循：《孟子正义》，载国学整理社编《诸子集成》，中华书局，2006，第517页。

在于，它是内化了的尺度，它产生出"良心"和"负罪感"，而所谓"良心"，按照德国哲学家海德格尔的理解，乃"是一种无声的呼唤，是人要成为自我的一种呼唤"①。对此，德裔美籍哲学家保罗·蒂利希指出："道德命令是无条件的，因为它是我们自己对自己的命令。善是我们本质存在的自我确证。这使它成为无条件的，不管它的内容怎样。"②而更重要的在于，孟子所谓"人之所以异于禽兽者，就在于人具有'恻隐之心''羞恶之心''辞让之心''是非之心'等道德意识"，使"四端"成为判别"人兽"的重要标准。③

但是，这种对社会现象的纯心理的解释，容易导致人对社会的被动适应的倾向，客观上不利于儒家总体思想中那种重视客观现实，并对这一现实进行人为改造的主动性发挥。而这种以强调外在秩序为特征，以约束群体和治理社会为宗旨的思想，则主要形成于荀子那里。荀子所重点强调的，是社会秩序中的"礼自外作"，它突出的是儒家传统中最为重要的现实实践品格。他认为，第一，"人之生不能无群"④；第二，既有群体，若无一定的规矩尺度来确定各种等差制度，该群体也就无法维持，而这就是"礼"⑤。就是说，一切社会秩序和规则，乃是人作为特殊族类存在所必需的，从而它们就不可能全部源于先验的心理或本能的道德。在荀子看来，内在的仁义道德必须通过这种外在的规范才有可能存在，所以他所强调的是"木受绳则直"⑥，而不是孟子"发乎其心"的"由仁义行"。

---

① 保罗·蒂利希：《文化神学》，陈新权、王平译，工人出版社，1988，第179页。

② 保罗·蒂利希：《文化神学》，陈新权、王平译，工人出版社，1988，第177页。

③ 张岱年：《中国哲学关于终极关怀的思考》，《社会科学战线》1993年第1期。

④ 王先谦：《荀子集解》，载国学整理社编《诸子集成》，中华书局，2006，第116页。

⑤ 王先谦：《荀子集解》，载国学整理社编《诸子集成》，中华书局，2006，第44页。

⑥ 王先谦：《荀子集解》，载国学整理社编《诸子集成》，中华书局，2006，第1页。

这样，如果说，孟子对孔学的发扬主要在"内圣"，荀子则主要是"外王"。其如冯友兰先生所云者："孟子代表儒家的理想主义的一翼，稍晚的荀子代表儒家的现实主义的一翼。"①关于孔、孟、荀的异同问题，有学者指出："孔孟荀的共同处是，充分注意了作为群体的人类社会的秩序规范（外）与作为个体人性的主观心理结构（内）相互适应这个重大问题，也即是所谓人性论问题。他们的差异处是，孔子只提出'仁'学的文化心理结构，孟子发展了这个结构中的心理和个体人格价值的方面，它由内而外。荀子则强调发挥了治国平天下的群体秩序规范的方面，亦即强调阐解'礼'作为准绳尺度的方面，它由外而内。"②

强调情感，强调心理，强调社会秩序，这都是人作为特殊族类所具有的本质特征，是对人性当中的社会性的强化。《孝经》记孔子所谓"天地之性人为贵"的"贵"，按荀子的解释，实际上是在强调"人兽"之别："水火有气而无生，草木有生而无知，禽兽有知而无义。人有气有生有知，亦且有义，故最为天下贵也。"③也就是说，人类具有其他物类所没有的特异性质和能力。张岱年先生对人的特质有过如下阐释："食色是物质生活的需要。而对于知识、理想的追求则是精神的需要。物质的需要是人与其他动物共同具有的，而精神的需要则是人所特有的，是人与禽兽不同的特点。""人所特有的需要可以说具有特异性。有特异性的需要高于非特异性的需要。因此，可以说精神需要高于物质生活的需要。"④这也是人类在与别种生物的比较过程中所形成的自我价值。

然而，人类所独具的这种性质和能力，在人与人之间也有高低大小之分，用今天的话来表述便是所谓"素质"的差异。正是在对人类内部进行

① 冯友兰：《中国哲学简史》，北京大学出版社，1985，第83—84页。

② 李泽厚：《中国古代思想史论》，人民出版社，1985，第109页。

③ 王先谦：《荀子集解》，载国学整理社编《诸子集成》，中华书局，2006，第104页。

④ 张岱年：《论价值的层次》，《中国社会科学》1990年第3期。

质量甄别和强化的过程中，儒家创造了两种人的群像，即：君子和小人。当然，这里所要讨论的只是道德意义上的君子和小人，这实际上也是对人的内在价值的判别标准。《易·乾卦》释"元亨利贞"云："文言曰：元者，善之长也；亨者，嘉之会也；利者，义之和也；贞者，事之干也。君子体仁，足以长人，嘉会足以合礼，利物足以和义，贞固足以干事。君子行此四德者，故曰：乾，元亨利贞。"这恐怕是对君子所提出的比较早的道德要求。孔子关于"君子"，发表过一些散论，如《论语·卫灵公》中所说："子曰：君子病无能焉，不病人之不己知也。子曰：君子疾没世而名不称焉。子曰：君子求诸己，小人求诸人。子曰：君子矜而不争，群而不党。子曰：君子不以言举人，不以人废言。""子曰：君子贞而不谅。"对于君子，孟子的整理比较清晰："君子所以异于人者，以其存心也。君子以仁存心，以礼存心。仁者爱人，有礼者敬人。爱人者，人恒爱之，敬人者，人恒敬之。有人于此，其待我以横逆，则君子必自反也：我必不仁也，必无礼也。"[1]表明，作为君子，起码要有两个特征：一曰体仁；二曰知礼。自己是否具有这样的品性，每每可从周围的人对你的态度上得到印证。而"小人"的特点，则恰与"君子"相反，这常常体现在君子与小人杂处时的各自表现上：在做事的"度"上——君子中庸，小人反中庸。"君子之中庸也，君子而时中；小人之中庸也，小人而无忌惮也"[2]；在心态上——"君子坦荡荡，小人长戚戚"[3]；在为人上——"君子成人之美，不成人之恶，小人反是"[4]；而在最高标准的道德上，小人则永

---

① 焦循：《孟子正义》，载国学整理社编《诸子集成》，中华书局，2006，第350页。

② 郑玄注，孔颖达等正义：《礼记正义》，载阮籍校刻《十三经注疏》（清嘉庆刊本），中华书局，2009，第3528页。

③ 刘宝楠：《论语正义》，载国学整理社编《诸子集成》，中华书局，2006，第153页。

④ 刘宝楠：《论语正义》，载国学整理社编《诸子集成》，中华书局，2006，第274页。

远地处于下风——"君子之德风，小人之德草。草上之风必偃"①。

然而，所有这些差别，从根本上看，均取决于在物质与精神面前的不同态度。孟子是很强调因精神需要与物质需要之态度差异来判别人的高下的："体有贵贱，有小大。无以小害大，无以贱害贵。养其小者为小人，养其大者为大人。""饮食之人，则人贱之矣，为其养小以失大也。饮食之人无有失也，则口腹岂适为尺寸之肤哉？""耳目之官不思而蔽于物，物交物则引之而已矣。心之官则思，思则得之，不思则不得也。此天之所与我者，先立乎其大者，则其小者弗能夺也。"②孟子之所以如此看重精神，是因为他觉得，假若某个人不仁不义不忠不信，"则与禽兽奚择哉！于禽兽又何难焉？"③就是说，虽然看上去是人类内部质量甄别的君子、小人标准，倘若在把握上稍有疏忽，某些人的质量就会很快滑向最原始的判断层面上，使标准本身发生质变。所以，孔孟等人都特殊强调人的，尤其是高层次人的价值意识，其最突出的表现就是以全部善的价值之集中体现的"义"来砥砺和鞭策人们。

所谓"义"，在儒家看来，既是客观尺度，也是一种主体的自觉。具体表现为人类行为中的中庸正直而不是损人利己。④首先，儒家以"义"来锻铸"高尚其志"的"文化心理结构"。孔子之所以赞美颜回"箪食"、"瓢饮"和不贫"陋巷"⑤的精神，是因为他本人心里具有这样的价值标准："饭疏食，饮水，曲肱而枕之，乐亦在其中矣。不义而富且

---

① 刘宝楠：《论语正义》，载国学整理社编《诸子集成》，中华书局，2006，第275页。

② 焦循：《孟子正义》，载国学整理社编《诸子集成》，中华书局，2006，第467页。

③ 焦循：《孟子正义》，载国学整理社编《诸子集成》，中华书局，2006，第351页。

④ 参见韩东育：《颜回·道义·儒家士子的独立人格》，《史学集刊》1990年第3期。

⑤ 刘宝楠：《论语正义》，载国学整理社编《诸子集成》，中华书局，2006，第121页。

贵，于我如浮云！"①孟子也每每以"士穷不失义"②自勉，认为"义，人之正路"③。《盐铁论·论儒》篇是这样描绘儒士形象的："亏义得尊，枉道取容，效死不为也！"《吕氏春秋·士节》更称："当理不避其难，临患忘利，遗生行义，视死如归！"而在生命和"义"的关系问题上，孟子的话则一直是激励人们崇尚正义的伟辞名句："生亦我所欲也，义亦我所欲也，二者不可得兼，舍生而取义者也。生亦我所欲，所欲有甚于生者，故不为苟得也。死亦我所恶，所恶有甚于死者，故患有所不辟也。"④显然，在不择手段的功利主义思想甚嚣尘上的东周时期，这种"义"已经化成了知识分子中的优秀代表——"君子"的崇高人格，其对人生价值的坚韧不拔的追求，已逐渐定型为儒家士子实现自我的基本方式之一，即："儒有不宝金玉，而忠信以为宝；不祈土地，立义以为土地；不祈多积，多文以为富。"⑤"其义则始乎为士，终乎为圣人。"⑥

其次，"义"能够对过分"逐利"的经济行为给予道德上的限制和价值上的否定。《战国策·齐策四》记：一次，当孟尝君问及"谁及计会，能为文收责（债）于薛者"时，冯谖曰"能"，于是，他便"约车治装，载券契而行"。抵薛后，令官员集众验券。验毕，冯却矫孟尝之旨说

---

① 刘宝楠：《论语正义》，载国学整理社编《诸子集成》，中华书局，2006，第143页。

② 焦循：《孟子正义》，载国学整理社编《诸子集成》，中华书局，2006，第525页。

③ 焦循：《孟子正义》，载国学整理社编《诸子集成》，中华书局，2006，第298页。

④ 焦循：《孟子正义》，载国学整理社编《诸子集成》，中华书局，2006，第461页。

⑤ 郑玄注，孔颖达等正义：《礼记正义》，载阮籍校刻《十三经注疏》（清嘉庆刊本），中华书局，2009，第3622页。

⑥ 王先谦：《荀子集解》，载国学整理社编《诸子集成》，中华书局，2006，第7页。

不需还欠，并烧毁了全部券契。结果，"民称万岁"。临行前孟尝君曾吩咐他应买些"吾家所寡有者"，但结果，冯谖却这样还报孟尝君道："臣窃计，……君家所寡有者，以义耳，窃以为君市义。"孟尝君问："市义奈何？"对曰："今君有区区之薛，不拊爱子其民，因而贾利之。臣窃矫君命，以责赐诸民，因烧其券，民称万岁，乃臣所以为君市义也。""后期年，……孟尝君就国于薛，未至百里，民扶老携幼，迎君道中终日。孟尝君顾谓冯谖：'先生所为文市义者，乃今日见之。'"从"因烧其券"后"民称万岁"和"民扶老携幼，迎君道中终日"等情形看，"义"在当时是那样地深入人心，又那样地据有市场。说明少数人的商业渗透已经侵害了大众的利益，而"市义"之所以会引起如此热烈的反响，恰好说明"义"本身代表的是广大民众的群体利益。由此而引起的几乎贯穿了中国历史几千年的"义利之辨"，是否可以从这个角度给予重新认识呢？孔子的"义以为上"①"见利思义"②和孟子的所谓"王亦曰仁义而已矣，何必曰利"③等话，虽有偏失，但"整体利益高于个体利益，精神需要高于物质需要"的强化，对于人类的进化和质量来说，无疑具有终极和永恒意义。冯友兰先生把人生境界分为四个等级：自然境界、功利境界、道德境界和天地境界。他认为，"功利境界"中人的行为"是'为利'的。所谓'为利'，是为他自己的利"，"对于'自己'及'利'，有清楚地觉解"，但是，"对于人之所以为人者，并无觉解"。④张岱年先生更明确地提出了自己的观点："我认为，群体大于个体，精神生活高于物质生

① 刘宝楠：《论语正义》，载国学整理社编《诸子集成》，中华书局，2006，第384页。
② 刘宝楠：《论语正义》，载国学整理社编《诸子集成》，中华书局，2006，第308页。
③ 焦循：《孟子正义》，载国学整理社编《诸子集成》，中华书局，2006，第26页。
④ 冯友兰：《新原人》，载《三松堂全集》第四卷，河南人民出版社，1986，第552—555页。

活，这是应该肯定的。群体（社会、国家、民族）应保护个人的相对自由，而在必要的时候个人应为群体做出牺牲。物质生活的丰足是精神生活提高的基本条件，但是如果耽溺于物质生活的享受，而背离了对于真善美的追求，那将是卑鄙无耻的。"①

最后，"义"的价值在很大程度上能够左右当权者的政治行为，其逻辑根据是："名以制义，义以出礼，礼以体政，政以正民，是以政成而民听，易则生乱。"②《论语·子路》篇云："上好义，则民莫敢不服。"《孟子·离娄下》亦称："君义莫不义。"《左传·隐公三年》，则把重点放在了君主是否行"义"对臣民所产生的重大影响上，他们的关系是："君义臣行"。由于"义"代表正义，因此，一旦这个标准被打破，那么，君民或君臣之间就会出现与以往完全不同的局面，即："其身正，不令而行；其身不正，虽令不从。"③尤其是当部分开明君主也以道义之心为心的时候，君子的人格便表现出了更高的价值。孔子学生子夏的弟子段干木，是战国时期的名士。魏文侯尝登门求教，段干木却拒不相见，逾垣而走。魏文侯再三延聘，委以高位，均遭拒绝。但魏文侯并不在意，每次经过段氏门前，皆"伏轼"，以示敬意。车夫问文侯："君胡为轼？"魏文侯答曰："段干木不趋势利，怀君子之道"，"段干木光于德，寡人光于势；段干木富于义，寡人富于财。势不若德尊，财不若义高"④。

有学者在讨论"什么是人的内在价值"时指出："按我们的定义，'事物之内在价值即衡量同类事物之间孰贵孰贱孰高孰低的标准'，那么，人的内在价值应是衡量人与人的素质之间孰高孰低孰大孰小的标

---

① 张岱年：《中国文化的新时代》，《传统文化与现代化》1993年创刊号。

② 杜预集解，孔颖达等正义：《春秋左传正义》，载阮籍校刻《十三经注疏》（清嘉庆刊本），中华书局，2009，第3785—3786页。

③ 刘宝楠：《论语正义》，载国学整理社编《诸子集成》，中华书局，2006，第286页。

④ 高诱：《淮南子》，载国学整理社编《诸子集成》，中华书局，2006，第334页。

准。"①那么，君子与小人之别，德力之论，义利之辨，是否可视为人的"内在价值"的外化呢？西方一些思想家称"真善美"为"内在价值"或"终极价值"，即人类所追求的最高目标。而物质需要的满足，则被称为"外在价值"或"工具价值"。②说明人类具有共同的高级需求，即精神层面的需求，它的发展程度如何，是人类质量的根本标志。在物欲四溢、人欲横流的东周时期，中国古代知识分子不役外物、不顾毁誉，在物质生活空前匮乏的情况下，却能矢志不渝地迈向自己的至高理想，这的确是人类精神宝库中的一笔财富。

然而，历史的辩证法却每每显示出这样的规律，即最不幸的时代，反而能产生最理想的道德。罗素指出："黑格尔像赫拉克利特一样十分重视斗争。他甚至暗示，战争在道德上高于和平。……显然，黑格尔在这里想到的是赫拉克利特的名言：战争是一切之父。"③然而，最高道德的产生却不再是为了制造战争，恰恰相反，中国古代的"终极关怀"乃是为了使人类永远摆脱战乱和种群退化而做出的具有最高和永恒意义的道德设计。诚然，它产生于"终极境遇"，老子"大道废有仁义""六亲不和有孝慈"④的认识亦非虚妄，然而，"止戈为武"⑤和"有序亲和"，才是中国道德的真正指归。《礼记·礼运》篇曾提出过十大"人义"，即："父慈子孝兄良弟悌夫义妇听长惠幼顺君仁臣忠十者，谓之人义。"这是时人所提出的有关人际关系的基本道德准则，除了个别内容带有时代的落后性以外，大部分规定都具有永恒的原理意义。这种全方位的道德教育，堪谓

① 何祚榕：《浅谈人的价值》，《人文杂志》1993年第3期。

② 参见张岱年：《论价值的层次》，《中国社会科学》1990年第3期。

③ 罗素：《西方的智慧》，马家驹、贺霖译，世界知识出版社，1992，第330页。

④ 王弼：《老子注》，载国学整理社编《诸子集成》，中华书局，2006，第10页。

⑤ 杜预集解，孔颖达等正义：《春秋左传正义》，载阮籍校刻《十三经注疏》（清嘉庆刊本），中华书局，2009，第4086页。

"发扬人生之道的终极关怀"①。

但是，相比之下，法家哲学却与儒家大相异趣。其特征是：冷峻而恶性地强调人的生物性，泯除人的道德文化属性，做同化人兽的工作。《韩非子·解老》篇称："民独知兕虎之有爪角也，而莫知万物之尽有爪角也。"《二柄》："夫虎之所以能服狗者，爪牙也。使虎释其爪牙而使狗用之，则虎反服于狗矣。人主者以刑德制臣者也。今君人者释其刑德而使臣用之，则君反制于臣矣。"《外储说右上》："夫驯乌者断其下翎焉，断其下翎则必恃人而食，焉得不驯乎？夫明主畜臣亦然。"《内储说上》："若如臣者，犹兽鹿也，唯荐草而就。"《饰邪》："君以计畜臣，臣以计事君，君臣之交，计也。"这里，韩非大量使用的"畜"字，与孟子所谓"爱而不敬，兽畜之也"的"畜"是一个意思，其视人为兽之意，已非常明白。不过，韩非在视臣民为群兽的同时，把君主也变成了兽，不过是高级一点儿的禽兽而已。他说："夫龙之为虫也，柔可狎而骑也，然其喉下有逆鳞径尺，若人有婴之者则必杀人。人主亦有逆鳞，说之者能无婴人主之逆鳞则几矣。"②

如何看待法家这种"人兽齐一"理论呢？应该说，它在一定程度上确实反映了东周时代的社会面貌——"人兽"趋同的历史真实。荀子曾斥此现象为人"性之恶"，但韩非则把这种理论发展到了极致。因为荀子的"性恶论"，是指人未经教化的状态，他认为，一旦经由"礼"的"化性起伪"，人是可以由"性恶"变为"性善"的。可韩非却不这么看。他认为，人和兽是一样的，既然兽具有无法改变的感官之欲和好利本性，那么，人的这种本性也就无法改变，事实上也改变不了。基于这样的认识，法家在对待人间事务的态度上，便自然呈现出以下几个特征：1. 无情无义，否定人间伦常。韩非通过父母对男婴女婴的生杀个案，认为具有血缘

---

① 张岱年：《中国哲学关于终极关怀的思考》，《社会科学战线》1993年第1期。

② 王先慎：《韩非子集解》，载国学整理社编《诸子集成》，中华书局，2006，第66页。

关系的父母对儿女尚且以利害相较，"而况无父子之泽乎？"说明人类社会中并无感情可言，全部人间伦常在利害面前，最终是不起实际作用、因而也是没有实际意义的。所以统治者也就无须培养百姓的仁爱之心，而要增加威严之势，因为"祸福生乎道法，而不出乎爱恶"[①]。2. 蔑视内在价值和心理价值。慎到说："国有贵贱之礼，无贤不肖之礼。"又云，"立君而尊贤，是贤与君争，其乱甚于无君。"[②]慎到还以鸟鱼为例，来证明人类心理的毫无价值："鸟飞于空，鱼游于海，非术也。故为鸟为鱼者，亦不自知其能飞能游。苟知之，立心以为之，则必堕必溺。"[③]3. 以"刑德"为"柄"，提倡强权政治。韩非以事喻理："中山之相乐池，以车百乘使赵，选其客之有智能者，以为将行。中道而乱。乐池曰：'吾以公为有智，而使公为将行。今中道而乱，何也？'客因辞而去曰：'公不知治。有威足以服之人，而利足以劝之，故能治之。今臣，君之少客也。夫从少正长，从贱治贵，而不得操其利害之柄以制之，此所以乱也。尝试使臣，彼之善者，我能以为卿相，彼不善者，我得以斩其首，何故而不治！'"[④]但仅从"法"的意义上讲，法家所强调的不是权利和义务的关系，而是极端残酷的"刑杀之威"。韩非认为，"重一奸之罪而止境内之邪，此所以为治也"。他驳斥"重刑伤民"之非议，认为"民不以小利蒙大罪，故奸必止者也"，而"上设重刑者而奸尽止，奸尽止，则此奚伤于民也！"[⑤]

但是，"产女则杀之"，毕竟是个极端的例子，不具有典型意义。

① 王先慎：《韩非子集解》，载国学整理社编《诸子集成》，中华书局，2006，第156页。

② 钱熙祚校《慎子》，载国学整理社编《诸子集成》，中华书局，2006，第7页。

③ 钱熙祚校《慎子》，载国学整理社编《诸子集成》，中华书局，2006，第14页。

④ 王先慎：《韩非子集解》，载国学整理社编《诸子集成》，中华书局，2006，第167页。

⑤ 王先慎：《韩非子集解》，载国学整理社编《诸子集成》，中华书局，2006，第322页。

而且，社会进化并不等同于埋葬传统，"当今争于气力"的时代观并不意味着对"上古竞于道德"之道德观的无根据的否定。因为一味地"世异则事异"和"事异则备变"①，人们便无法从中提取永恒的原则和价值，也看不到历史的继承和人类优秀传统的递续，结果只能在应急行为中疲于奔命，最后被历史所否定。秦始皇是想把大秦江山"二世三世至于万世，传之无穷"②的，但由于他采用的是韩非等法家的"惨礉少恩"和"以禽治兽"理论，结果"二世而亡"。说明法家理论除了在政治等级秩序的强化上具有一定的参照价值外，并不具有终极而永恒的意义。司马谈从道理上分析了这一特征："法家不别亲疏，不殊贵贱，一断于法，则亲亲尊尊之恩绝矣。可以行一时之计而不可长用也。"③

附带谈一下"墨家"。在先秦各学派当中，曾有一个与儒家并称"显学"的派别——墨家，它的"非攻"理论同儒家的"不嗜杀人者能一之"的思想非常切近，反映了东周社会杀戮征伐的血淋淋的现实。它也是主张"人兽"有别的："今人固与禽兽麋鹿蜚鸟贞虫异者也。……今人与此异者也，赖其力者生，不赖其力者不生"。④这种不劳动者不得食的理论，使墨家门徒都要亲自做工，亲自种地，以为体力之外无劳动。所以有谁不亲自干活却也能衣食住行者，便进入了"不与其劳，获其实"⑤的"禽兽"范畴。正因为有这样的思想基础，所以，墨家学派特别重视对人类劳动的珍惜，主张一切从俭。这的确有相当的正面意义，有的地方与儒家思想相类似，如"节用""助人"等。但是，在儒家看来，墨家的"人兽"

---

① 王先慎：《韩非子集解》，载国学整理社编《诸子集成》，中华书局，2006，第341页。

② 司马迁：《史记》，中华书局，1982，第236页。

③ 司马迁：《史记》，中华书局，1982，第3291页。

④ 孙诒让：《墨子间诂》，载国学整理社编《诸子集成》，中华书局，2006，第158—159页。

⑤ 孙诒让：《墨子间诂》，载国学整理社编《诸子集成》，中华书局，2006，第135页。

之别,似乎是一种太低层次上的"别",由于层次太低,故而忽视乃至反对社会分工,否定人的脑力劳动对社会发展的价值和意义,也否定了文化、物质财富的增长和需求对社会稳定和人类进步所起的重要作用。所以孟子说:"然则治天下独可耕且为与?有大人之事,有小人之事。且一人之身,而百工之所为备,如必自为而后用之,是率天下而路也。故曰:或劳心,或劳力……"①荀子则称:"夫有余不足,非天下之公患也,特墨子之私忧过计也。天下之公患,乱伤之也,胡不尝试相与求乱之者谁也?我以墨子之非乐也,则使天下乱;墨子之节用也,则使天下贫,非将堕之也,说不免焉。"②显然,儒家在社会衰败和人民不幸的原因问题上,更重视人类社会属性的精神方面(心)和秩序方面(礼),而人的精神衰败必将带来秩序崩溃。因此,挽救社会的根本途径应该是人的素质的提高和秩序的整备,这恐怕也是孟子、荀子强调"劳心"和反对"非乐"③的根据所在。这样一来,墨家的舆论在人类社会属性的归属上就有些不入档次了,当它以御寒果腹为人之最高要求并以此为标准对人的形上属性冠以"禽兽"之称时,便已经把自身的质量大大地降低了。而且,墨家企图"尚同一义于天志"的宗教观,即希望由一种宗教精神来维系一切的观念形态,在当时的"哲学的革命"这一思想运动中,"与其说是革新,不如说是复古"④。其学派的结局,证明它在人类发展史上也不具有永恒意义,尽管它在"强本节用"和"尚贤尚俭"上有那么光辉的思想。对此,司马谈在《论六家要旨》中的评价可谓深中肯綮,虽说不免带有些古人的

---

① 焦循:《孟子正义》,载国学整理社编《诸子集成》,中华书局,2006,第218页。

② 王先谦:《荀子集解》,载国学整理社编《诸子集成》,中华书局,2006,第120页。

③ 《荀子·乐论》:"夫声乐之入人也深,其化人也速,故先王谨为之文,乐中平则民和而不流,乐肃庄则民齐而不乱。"(王先谦:《荀子集解》,载国学整理社编《诸子集成》,中华书局,2006,第253页)

④ 方东美:《原始儒家道家哲学》,黎明文化事业公司,1983,第86页。

陈腐意识："墨者亦尚尧舜道，言其德行曰：'堂高三尺，土阶三等，茅茨不翦，采椽不刮，食土簋，啜土刑，粝粱之食，藜藿之羹。夏日葛衣，冬日鹿裘。'其送死，桐棺三寸，举音不尽其哀。教丧礼，必以此为万民之率。使天下法若此，则尊卑无别也。夫世异时移，事业不必同，故曰'俭而难遵'。"而"难遵"之学又有何永恒价值可言呢？

　　也正是在这种理论的争鸣和实践的比较中，儒家哲学对中国社会的把握、设计所具有的终极永恒意义才日益得以凸显。孔子说过："人无远虑，必有近忧。"历史似乎也证明了他不拘乱世之道而寄诸高远的理论："吾之于人也，谁毁谁誉？如有所誉者，其有所试矣！"[1]而荀子的话也充满了这种自信："仁义""礼乐"是"固天下之大虑也，将为天下生民之属长虑顾后而保万世也"。[2]对此，金景芳指出："孔子所讲的仁义，在战争年代，固多见以为'迂远而阔于事情'。但是从积极意义来看，它不但有时代性，也有超时代性。因为无论什么时候，如果真正能够行仁，使人人亲如兄弟，如果真正能够行义，使社会能实现安宁秩序，有什么不好呢？"归纳一下他的观点，即："相亲相爱就是仁，遵纪守法就是义。没有仁，人类将不能存在和发展。没有义，社会想存在和发展恐怕也不可能。因为即便到了共产主义社会，阶级消灭了，等级还要存在的。"[3]张岱年先生更言："五常即仁义礼智信，既含有时代性阶级性的内容，也含有普遍性超时代性的意义。在今天的社会中，爱人民（仁），明正义（义），有礼节（礼），辨是非（智），守信用（信），

① 刘宝楠：《论语正义》，载国学整理社编《诸子集成》，中华书局，2006，第343页。

② 王先谦：《荀子集解》，载国学整理社编《诸子集成》，中华书局，2006，第43页。

③ 金景芳：《孔子所讲的仁义有没有超时代意义》，载《孔子诞辰2540周年纪念与学术讨论会论文集》，上海三联书店，1992，第1015—1016页。又宋衍申、肖国良编《孔子与儒学研究》（论文集），吉林教育出版社，1993，第8—9页。

还是必要的。"①

三、一颗有分量的果实——"道"

先秦时期有一个特殊的现象，即争鸣的诸学派几乎无一例外地都把
"道"视为本学派理论的最高范畴。像儒家——"朝闻道，夕死可矣"②；
墨家——"贤良之士厚乎德行，辩乎言谈，博乎道术者乎"③；道家——
"道生一，一生二，二生三，三生万物"④；名家——"至大无外，谓之
大一，至小无内，谓之小一⑤（这与《管子·心术》篇中对"道"的界说
相同："道在天地之间也，其大无外，其小无内。"）法家——"道者，
是非之纪也"⑥；阴阳家——"阴阳者，天地之大理也，四时者，阴阳之
大经也，刑、德者，四时之合也""道生天地，德出贤人。道生德，德
生正，正生事"⑦；等等。那么，为什么会出现这种现象呢？这恐怕要从

---

① 张岱年：《中国文化的新时代》，《传统文化与现代化》，1993年创刊号。
② 刘宝楠：《论语正义》，载国学整理社编《诸子集成》，中华书局，2006，第
78页。
③ 孙诒让：《墨子间诂》，载国学整理社编《诸子集成》，中华书局，2006，第
25页。
④ 王弼：《老子注》，载国学整理社编《诸子集成》，中华书局，2006，第26页。
⑤ 王先谦：《庄子集解》，载国学整理社编《诸子集成》，中华书局，2006，第
223页。
⑥ 王先慎：《韩非子集解》，载国学整理社编《诸子集成》，中华书局，2006，
第17页。
⑦ 《管子·四时》，因研究者将此篇厘定为阴阳家作品，故引。

"道"字的源流谈起。

到目前为止，甲骨文中尚未发现有"道"字。但一入西周，"道"便不绝于器铭书简了。像（貉子卣·早周）、（散盘·晚周）、（曾伯簠·春秋）、（中山王鼎·战国）等形均是。对"道"字，《说文》释云："，所行道也，从辵、首，一达谓之道。"《义疏》在解释《论语·阳货》篇中"道听而途说"一语时释"道"云："道，道路也。"显然，象征着人的"首"行诸代表通衢的""上，其字义自然为道路无疑。这可谓"道"的最原始意义。

"道"之所以能由一个表示具象名称的生活概念上升、抽象为一个哲学范畴，关键在于"道"自身就蕴含着实现这种抽象和上升的根据。而关键之关键，则在于组成这个字的两个部分，一个是"首"，一个是"行"。"首"为人头之状，《说文》释云："首，头也。"而"头"为一身之要，是人"体之大"，所以，这里的"首"，便自然抽象为"人"的代表。而"行"呢？《尔雅·释宫》云："行，道也。"罗振玉《殷墟书契考释》谓："象四达之衢，人之所行也。"有了这两种含义，《释名·释道》的解释便自然通达："道，一达曰道路。道，蹈也，路，露也。人所践蹈而露见也。"这也是后来古籀之"道"写作"行"（《石鼓文注》）和《字汇补》之"道"异形为"衜"的根本原因。而"人行于途中"之意本身，即表明"道"所含有的遵循一定的方向、程式和法则的天然意义。同时，由于"首"即是"头"，头又是"体之大"，因此，"首"便有了"第一""开端""至大"和"根本"的含义。《方言·十三》云："兽之初生谓之鼻，人之初生谓之首。"《尔雅·释诂》亦谓："首，始也。"而"始"就是"本"。《广雅·释诂》："本，始也。""首"也是"本"。《中庸章句·第一章》："首，明道之本原，出于天而不可易。"《礼记·曾子问》："不首其义。"《注》："首，本也。"近来有学者考证，"道"的哲学抽象有以下三个根据：一是"道"取象于"人行于途中"意；二是"道"含有"始""大""本"的蕴义；三是"道"

与"导"有内在联系。尤其是第三点，对"'道'的抽象至为重要，它孕育了'道'作为'法则''规律'的本体一统万物的内涵"，从而"加速了'道'的哲学抽象进程"①。

问题是，作为抽象之"道"的最初经典来源到底何在？固然，"道"在《诗经》中共出现了32次，属于抽象意义的有11次；在《今文尚书》中共出现12次，有抽象意义者7次；《左传》中有150次之多，抽象意义者为40次；《国语》中有60次以上，而抽象者为11次。然而仅凭这些就能视为"道"的抽象意义的最初经典来源？恐怕不能。实际上，最初提供"道"的这种抽象意义的，是我国最古老的经典、自古即被尊为"群经之首"的《易经》；而首次给"道"赋予了全部抽象意义的，应该是老子。之所以这样讲，原因有二。首先，必定要有一个跟老子之"道"相近的观念先老子而在。老子说过："道生一，一生二，二生三，三生万物。万物负阴而抱阳，冲气以为和。"②王弼释"和"为"一"："万物万形，其归一也"，"虽有万物，冲气一焉"。"一"是什么呢？谓"道生一"。《系辞上》所谓"一阴一阳之谓道"者，盖是之谓。"阴阳"作为名词，虽然在《易经》中无一次出现③，但阴阳的卦象表现，却是有着极其久远的历史的，其在老子之先，已固不待言。其次，必定要有一个与老子之"道"相同的名词。老子说："有物混成，先天地生。寂兮寥兮，独立不改，周行而不殆，可以为天下母。吾不知其名，字之曰道，强为之名曰大。""人法地，地法天，天法道，道法自然。"④"吾不知其名，字之曰道"的表述本身，即说明，在老子把上述特征归结为"道"之前，就已

①　参见孙希国：《"道"的哲学抽象历程》，《文史哲》1992年第6期。

②　王弼：《老子注》，载国学整理社编《诸子集成》，中华书局，2006，第26—27页。

③　《易经》中仅"中孚·九二"爻辞里有"鸣鹤在阴"这一个"阴"字，而绝无"阴阳"连称者。

④　《老子·二十五章》"天下母"，马王堆甲、乙本作"天地母"。

经有这个名词了，因为起名字总是要有所本的，而《易经》中所见之数例"道"字，确实先老子而存在，又确实具有一些抽象意义，只不过没有老子所总结得那么多而详密罢了。我们看到，老子之"道"，基本上已经具备了前述之"道"字所具有的各种抽象蕴义："周行"是规律；"先天地生""为天下母""为之名曰大"等，分别为"始""本""大"诸义；"人法地，地法天，天法道，道法自然"为"引导"……老子的意义在于，在他之前，尽管有"道"的抽象意义及其称谓，但并无人非常明确地把"道"所具有的多种抽象衍生义与"道"自觉地联系在一处。而当老子把"道"提升为宇宙的最高本体以后，这些含义才明确地与"道"统一在一起。这些含义能统一的根本原因，乃在于"道"字当中的"首"旁上。

但是，作为宇宙本体论意义上的道家之"道"，毕竟只是"道"中之一"道"，否则，其他学派所追求的"道"，就不好作解了。对此，古往今来虽有无数说法，但唯以《易纬·乾凿度》和郑玄之解释最具理趣。《乾凿度》云："易一名而含三义，所谓易也，变易也，不易也。"这里，所谓"易"是就"德"而言，"变易"是就"气而言"，而"不易"则是就位而言。郑玄把第一义"气"改为"易简"，其余二义不变，但引《系辞》之文做了进一步的说明：

言易简："《系辞》云：乾坤其易之蕴耶？又云：易之门户耶？又云夫乾确然示人易矣，夫坤陨然示人简矣，易则易知，简则易从。此言其易简之法则也。"

言变易："为道也屡迁，变动不居，周流六虚，上下无常，刚柔相易，不可为典要，唯变所适。此言顺时变易，出入移动者也。"

言不易："天尊地卑，乾坤定矣；卑高以陈，贵贱位矣；动静有常，刚柔断矣。此言其张设布列，不易者也。"①

《乾凿度》和郑玄的解释所以重要，是因为此"三义"恰好是构成

---

① 阮元：《周易正义序》，载《十三经注疏》（清嘉庆刊本），中华书局，2009，第15页。

《易经》之"道"的三个基本原理。"易简"实际上是说，具体事物有具体规律，把握具体事物并从中提取具有实用价值的具体规律，并不是什么复杂和难办的事，像对"阴阳"之代表的"乾坤"的把握和提炼，使具有"易知""易从"之妙用。为什么这样说呢？因为"阴阳"与"道"本身在一定层次上乃是一个介乎形上形下之间或根本无法分离的规律，朱熹总想把它们分开说："一阴一阳之谓道。阴阳是气不是道。所以为阴阳者，乃道也。"①程颢则从"道""器"关系上把它们连成为一体："系辞曰：'形而上者谓之道，形而下者谓之器。'……又曰：'一阴一阳之谓道。'阴阳亦形而下者也，而曰道者惟此语截得上下最分明。原来只此是道，要在人默而识之也。"②这样一来，人们对此"道"既可以做抽象探赜，也能够做具象观察，仁者见仁，智者见智，高者就上，低者趋下，唯所适焉。

所谓"变易"，实际上是指事物发生、发展和变化的辩证法。在一定的时空区间里，它是生生不息和"唯变所适"的。故孔颖达说："夫易者，变化之总名，改换之殊称。自天地开辟，阴阳运行，寒暑迭来，日月更出，孚明庶类，亭毒群品，新新不停，生生相续，莫非资变化之力，换代之功。"③

至于"不易"，是指宇宙间存在着的永恒、终极和不变的本体。宇宙万物变动不居固是实相，然变易之中必有不易者。从更高的层次上看，变易是现象，是所变，不易是本体，是所以变，是不变。《系辞上》所云："'动静有常'，盖是之谓。"这其实就是汉儒董仲舒所说的"不变"的"道"："道之大原出于天，天不变，道亦不变。"④也就是《系辞》所说的"太极"和后世王夫之所云者："道者，天地人物之通理，即所

---

① 朱熹：《朱子语类》，载《朱子全书》，上海古籍出版社、安徽教育出版社，2010，第2522页。

② 程颢、程颐：《河南程氏遗书》，载《二程集》，中华书局，1981，第118页。

③ 孔颖达：《周易正义·论易之三名》。

④ 班固：《汉书》，中华书局，1962，第2519页。

谓太极也。"①八卦所衍生的千变万化,其终极目的都不过是为了显示这个"道"。《乾凿度》说:"天在上,地在下,君南面,臣北面,父坐子伏,此其不易也。"另如什么"天尊地卑""贵贱位矣"等,这些掺杂有价值意识的说明,实非真正之"不易",真正的不易只有"道"或"太极"。

经以上说明,似可对"道"的复杂与繁多做出一点合理的解释了,即:"道"既有终极不易、高远难求的一面,也有可以罗致,易知易从的另一面;相对于后者,前者实乃"形上"之"形上";而相对于前者,后者却是"形下"之"形上"。前者是本体或存有,而后者则是价值或伦常。《说卦传》云:"立天之道,曰阴与阳;立地之道,曰柔与刚;立人之道,曰仁与义。兼三才而两之,故易六画而成卦,分阴分阳,迭用柔刚,故易六位而成章。"这里的"天道"和"人道",似可视为一对两极的本体。如果说"天道"之"阴阳"是宇宙本体的话,那么,"人道"之"仁义"便是价值之本体。而在"体"的比照下,"地之道"的"刚与柔",却不过是交互作用于这两个本体之间的"用",即阴与阳是气体,通过柔与刚而凝聚成形象——阴柔与阳刚;仁与义是价值,通过柔与刚而聚合成德性——仁和与正义。所谓"迭用柔刚"盖是之谓。天道之宇宙本体固不可变,但"人道"之价值本体,其内涵却远不止"仁"和"义"。作为一种哲学的抽象,它包含着人类社会的全部伦常价值观念。这恐怕才是诸子对宇宙本体的格致未尝超越老子但在价值本体领域却能劳燕分飞的原因所在。从这个意义上讲,《易经》不愧为"群经之首",亦不愧为百家之渊。它是全部道("道不同")所赖以生成的胎体,也是彼此间相与揖别的出发点。但是无论怎样不同,"道"字所具有的原始意义,却在各家之"道"中均有着不同程度的体现。这种"根"的意义,在某种程度上已决定了百家之"道"的共同归宿,《系辞下》所谓"天下同归而殊途,一致而百虑"者,正得其旨。体此,便没必要把学派名称绝对化,当然,

①　王夫之:《张子正蒙注》,中华书局,1975,第1页。

也没有必要把某家后学牵强地改换门庭了。①源于《易经》的类似于后世之"理一分殊"的"道"最后形成了两大比较有影响的"道门",即看似相反,实则相通的"孔孟之道"和"老庄之道"。

作为儒家思想的基本理论发轫,"孔孟之道"包含着儒家关于"道"的全部萌芽和终极属性。孔子有一个特点,即"不语怪、力、乱、神"②。对此,荀子有一段比较达意的发挥和总结:"君子敬其在己者,而不慕其在天者。""传曰:'万物之怪书不说。'无用之辨,不急之察,弃而不治。若夫君臣之义,父子之亲,夫妇之别,则日切瑳而不舍也。"③应该说,儒家也很重视世界万物存在本体和天地运行变化大规律意义上的"道",即"天道",但它更重视的,则是社会发展之根本目标和最高准则意义上的"王道"与个人的正心诚意、修身养性并由此而优入圣域的途径的方法。孔子说:"人能弘道,非道弘人"④"道不远人,人之为道而远人,不可以为道"⑤。孟子的"天视自我民视,天听自我民听"⑥一语,则更为直接地道出了儒家之"道"以社会人事为重的根本特征。而儒家所谓的"道",乃是融自然、社会、天理、人性于一体后从中提取出来的最高且永恒的人生理想和原则⑦。它源于万物,又高于万物,

---

① 参见周桂钿:《道家新成员考辨》,《周易研究》1993年第1期。

② 刘宝楠:《论语正义》,载国学整理社编《诸子集成》,中华书局,2006,第146页。

③ 王先谦:《荀子集解》,载国学整理社编《诸子集成》,中华书局,2006,第211页。

④ 刘宝楠:《论语正义》,载国学整理社编《诸子集成》,中华书局,2006,第345页。

⑤ 郑玄注,孔颖达等正义:《礼记正义》,载阮籍校刻《十三经注疏》(清嘉庆刊本),中华书局,2009,第3531页。

⑥ 焦循:《孟子正义》,载国学整理社编《诸子集成》,中华书局,2006,第381页。

⑦ 韩东育:《颜回·道义·儒家士子的独立人格》,《史学集刊》1990年第3期。

崇高而神圣，凛然而不可犯。其中，作为政治原则的"王道"，显然具有极其重要的意义。有人从成书年代的先后考证了"王道"原则的发轫，认为，是孟子最早提出的"王道"学说。①说把"王道"二字最早排列组合在一处的是孟子尚可，但称"王道"之意的最早提出者也是孟子，似乎有些欠妥。因为把意义的产生放到历史背景当中去考察，往往比咬文嚼字式的考证要符合实际得多。孟子最先称"王道"者是所谓"王道之始也"，这"王道之始"的内容是"使民养生丧死无憾"。"养生丧死"其实是人类社会生活的最起码条件，然而，这最起码的条件居然成为最高政治原则的起点甚至内容本身，倒客观地反映了整个东周社会"礼废乐坏""民不聊生"的无序现实。就是说，东周时代的政治家，已经忘记了社会政治原则的最基础内涵，而这恰恰是终极和永恒之所在。孟子打的比方很能说明这个问题："曰：挟太山以超北海，语人曰'我不能'，是诚不能也；为长者折枝，语人曰'我不能'，是不为也，非不能也。故王之不王，非挟太山以超北海之类也；王之不王，是折枝之类也。"②《礼记·乡饮酒义》《荀子·乐论》以及后来的《孔子家语·观乡射》之所以均称"吾观于乡，而知王道之易易也"，说明人们都注意到了合理的社会政治所赖以存续的基础原则的无比重要性，这种重要性在于，无论政治制度如何发展和完善，都必须建立在公正的基础上，必须以大多数人的根本利益为指归。《墨子·兼爱下》引《诗》云："王道荡荡，不偏不党；王道平平，不党不偏。其直若矢，其易若底。"《孟子·滕文公下》亦称："居天下之广居，立天下之正位，行天下之大道。"而"道"之所以具有公正的意义，是以"民"为尺度量得的结果："达不离道，故民不失望焉"③"道

---

① 姜建设：《先秦儒家王道释义》，《孔子研究》1993年第2期。

② 焦循：《孟子正义》，载国学整理社编《诸子集成》，中华书局，2006，第51页。

③ 焦循：《孟子正义》，载国学整理社编《诸子集成》，中华书局，2006，第252页。

也者，治之经理也"①"水行者表深，表不明则陷；治民者表道，表不明则乱"②。我们发现，这种政治原则，带有极浓重的人本色彩，这从"人""仁""道"三者间的互训关系中可以看出："仁也者，人也；合而言之，道也。"③说明"人道"即"仁道"，亦即"王道"，所谓"尧舜之道，不以仁政，不能平治天下"④是也。

既然如此强调"人"，那么人应该怎样做才能符合这种理想而永恒的社会政治原则呢？于是，人的内在修养便具有了至关重要的意义。显然，这种个人的修养，其主要目的在于对人的社会属性的强化。具体体现为物我人际间所应遵行的伦常价值原则和标准的内化与自律。它包括按孟子的说法乃与生俱来的"良知""良能"和形成于后天的准自然法和社会原则。前者，要求人们在物欲横流的环境中不要泯灭天良，后者则希求通过后天人的社会价值的内化和升华来有效地克服人的生物属性的恶性膨胀，从而保证人类行为的中庸正直而不是损人利己。它具体体现在以下几个子目上："儒有不宝金玉，而忠信以为宝；不祈土地，立义以为土地；不祈多积，多文以为富。"不能认为儒家作如是论即等于不要富贵，孔子曾经担任过鲁国的司寇，得"奉（俸）粟六万（斗）"；后来到卫国做官，"亦致粟六万"⑤。他还任命原思做过"宰"，且"与之粟九百"⑥。他

---

① 王先谦：《荀子集解》，载国学整理社编《诸子集成》，中华书局，2006，第281页。
② 王先谦：《荀子集解》，载国学整理社编《诸子集成》，中华书局，2006，第212页。
③ 焦循：《孟子正义》，载国学整理社编《诸子集成》，中华书局，2006，第575页。
④ 焦循：《孟子正义》，载国学整理社编《诸子集成》，中华书局，2006，第284页。
⑤ 司马迁：《史记》，中华书局，1982，第1919页。
⑥ 刘宝楠：《论语正义》，载国学整理社编《诸子集成》，中华书局，2006，第115页。

自己也曾说过"富而可求也，虽执鞭之士，吾亦为之"，不过，"如不可求"，则"从吾所好"①。那么，其"可求"与"不可求"的原则和标准，就要从"道"及其子目中来寻找了。即：要视其是否公正廉洁和是否损人利己。

孔子说："饭疏食，饮水，曲肱而枕之，乐亦在其中矣。不义而富且贵，于我如浮云。"②"义"是什么呢？《礼记·表记》称："道者义也。"又说，"士志于道，而耻恶衣恶食者，未足与议也。"③他赞美颜回："回也其庶乎！屡空。"④朱熹注云："庶，近也，言近道也。屡空，数至空匮也。不以贫窭动心而求富，故屡至于空匮也。言其近道，又能安贫也。"⑤孔子的"君子谋道不谋食""君子忧道不忧贫"⑥等原则，也均基于"道"的原则的崇高与神圣："富与贵，是人之所欲也，不以其道得之，不处也，贫与贱，是人之所恶也，不以其道得之，不去也。"⑦它对于后学，影响甚大。《荀子·修身》篇称"士君子不为贫穷怠乎道"，而孟子则把这种不役外物，唯道是求的人物，颂赞为"富贵不

---

① 刘宝楠：《论语正义》，载国学整理社编《诸子集成》，中华书局，2006，第140页。

② 刘宝楠：《论语正义》，载国学整理社编《诸子集成》，中华书局，2006，第143页。

③ 刘宝楠：《论语正义》，载国学整理社编《诸子集成》，中华书局，2006，第78页。

④ 刘宝楠：《论语正义》，载国学整理社编《诸子集成》，中华书局，2006，第247—248页。

⑤ 朱熹：《论语集注》，载《朱子全书》，上海古籍出版社、安徽教育出版社，2010，第162页。

⑥ 刘宝楠：《论语正义》，载国学整理社编《诸子集成》，中华书局，2006，第346页。

⑦ 刘宝楠：《论语正义》，载国学整理社编《诸子集成》，中华书局，2006，第76页。

能淫，贫贱不能移，威武不能屈"的"大丈夫"①！正是在保持人的本善的"良知"和强化人的社会属性的过程中，才产生了"朝闻道，夕死可矣"的做人标准，也出现了在"趋利慕势"时代里一般人难以理解的以下对立事实的一身体现，即物质生活上的清贫、匮乏与精神生活上之富有、满足的相反相成。有一则故事，似可说明"道"对人的修养及人格塑造所具有的形上意义：孔子师徒困于陈蔡之间，七日不火食，面有菜色，但孔子非但不以为意，反怡然自乐，弦歌于室。子路、子贡甚不解焉，相谓曰："君子之无耻也若此乎？"颜回无以应，入告孔子。孔子唤子路、子贡入，子路曰："如此者，可谓穷矣！"孔子反驳道："是何言也！君子通于道之谓通，穷于道之谓穷。今丘抱仁义之道以遭乱世之患，其何穷之为？故内省而不穷于道，临难而不失其德。天寒既至，霜雪既降，吾是以知松柏之茂也。陈蔡之隘，于丘其幸乎！"说罢，操琴复歌如初。②要做到这一点，其实是很不容易的，它是对"人之所以为人"所做的特殊说明，也是对真正意义上的人的意志品质的特殊考验。孔子说："君子固穷，小人穷斯滥矣。"③《荀子·荣辱》篇谓："义之所在，不倾于权，不顾其利，举国与之不为改视，重死、持义而不挠，是士君子之勇也。"

但从以上引文中发现，儒者的内在修养并不是为了适应笼统意义上的政治，它所要适应的只是符合大多数人根本利益的"王道"。而这种修养所体现出来的非御用性，其实也正是真正"王道"原则的内化。前者可叫作"外王"，后者当视为"内圣"。而当"圣王合一"，即当着"主体与客体、理想与现实在历史进程中某一时空区域上"一旦实现"契合"，

---

① 焦循：《孟子正义》，载国学整理社编《诸子集成》，中华书局，2006，第246页。

② 王先谦：《庄子集解》，载国学整理社编《诸子集成》，中华书局，2006，第192—193页。

③ 刘宝楠：《论语正义》，载国学整理社编《诸子集成》，中华书局，2006，第331页。

人类社会便出现了"天下有道"的局面。① 正因为如此，士子对于政治，往往呈现出如下关系特征，即："天下有道则见，无道则隐"②；"邦有道，则仕；邦无道，则可卷而怀之"③。表现在他们的心理上，则是："邦有道，贫且贱焉，耻也；邦无道，富且贵焉，耻也"④；"邦有道，谷；邦无"⑤；"道，谷，耻也"⑥。特别是当事实证明时政无道时，儒者与当权势力之间便形成了一种天然的对立。这种对立，先是体现在儒者对统治集团的批判和蔑视上："不仁哉梁惠王也！仁者以其所爱及其所不爱，不仁者以其所不爱及其所爱。"⑦ "说大人则藐之，勿视其巍巍然。"⑧ "彼丈夫也，我丈夫也，吾何畏彼哉！"⑨ 继而便是行为上的不予合作："道不同，不相为谋"⑩，"亏义得尊，枉道取容，效死不为也"⑪。最后则

---

① 参见方同义：《儒家道势关系论》，《孔子研究》1993年第1期。

② 刘宝楠：《论语正义》，载国学整理社编《诸子集成》，中华书局，2006，第163页。

③ 刘宝楠：《论语正义》，载国学整理社编《诸子集成》，中华书局，2006，第335页。

④ 刘宝楠：《论语正义》，载国学整理社编《诸子集成》，中华书局，2006，第163页。

⑤ 刘宝楠：《论语正义》，载国学整理社编《诸子集成》，中华书局，2006，第300页。

⑥ 焦循：《孟子正义》，载国学整理社编《诸子集成》，中华书局，2006，第561页。

⑦ 焦循：《孟子正义》，载国学整理社编《诸子集成》，中华书局，2006，第596页。

⑧ 焦循：《孟子正义》，载国学整理社编《诸子集成》，中华书局，2006，第188页。

⑨ 刘宝楠：《论语正义》，载国学整理社编《诸子集成》，中华书局，2006，第349页。

⑩ 桓宽：《盐铁论》，载国学整理社编《诸子集成》，中华书局，2006，第13页。

⑪ 焦循：《孟子正义》，载国学整理社编《诸子集成》，中华书局，2006，第184页。

是勇敢地站出来领导时代潮流："夫天未欲平治天下也。如欲平治天下，当今之世，舍我其谁也？"丁守和指出，中国古代的某些思想和文化"有的可以和政治制度联系得密切些，有的可能离得远些"，且"有时能脱离一定的社会政治制度而独立发展"①。之所以会出现这种局面，当取决于好道者的价值观念，即："民为贵，社稷次之，君为轻"②和"从道不从君"③。而"道"，却是具有终极和永恒意义的："道也者，不可须臾离也，可离非道也。"④

　　然而我们发现，儒家之"道"，更多的只通用于天地之间的人类社会，是人间伦理价值的最高体现，因而，其终极目标也只能是"善"。《礼记·大学》谓："康诰曰：惟命不于常，道善则得之，不善则失之矣。"在亚里士多德看来，人类的认识和行为，主要表现在三个方面，即"求真""求善""求美"。其中，"求善"与"求美"的活动所得是实践性科学（包括政治学、伦理学）和创造性科学（包括诗学和辞学），而"求真"的活动所得，则是理论性科学（如数学、物理学、形而上学）。前者指导创造，而后者指导行动。⑤显然，指导行动的"真"要高于指导创造的"善"和"美"，因此，就价值论上讲，"善"比较起"真"来，属于低一层次的。⑥其实，儒者在"知行"活动中，也确实感觉到有一种高于自己并指导和决定自己的大规律客观存在着，如孔子说："道之将

①　《了解、改造、创新》，《光明日报》1990年2月20日。

②　焦循：《孟子正义》，载国学整理社编《诸子集成》，中华书局，2006，第573页。

③　王先谦：《荀子集解》，载国学整理社编《诸子集成》，中华书局，2006，第347页。

④　郑玄注，孔颖达等正义：《礼记正义》，载阮籍校刻《十三经注疏》（清嘉庆刊本），中华书局，2009，第3527页。

⑤　参见朱光潜：《西方美学史》上卷，人民文学出版社，1963，第55—56页。

⑥　汤一介：《再论中国传统哲学的真善美问题》，《中国社会科学》1990年第3期。

行也与，命也；道之将废也与，命也。"①说明，"命"是制约儒家之
"道"的，是高居于"道"之上的特殊存在。但究竟什么是"命"，却又
很难说清。只是觉得冥冥之中有一种规律，它决定人事的发展变化，却又
不为人的意志所左右，人们在它面前无可奈何。《礼记·人间世》称：
"知其不可奈何，而安之若命。"《庄子·达生》篇亦谓："不知吾所以
然而然，命也。"一个有趣的现象是，儒者的"命"，有时就是"天"，
"天"亦常常被称作"命"。如"死生有命，富贵在天"②等，故"天
命"每每连用。《左传·宣公三年》称"周德虽衰，天命未改"；《论语
·为政》亦有"五十而知天命"之说。而且，孔子对于"天命"是常怀敬
畏之心的。他说："君子有三畏：畏天命，畏大人，畏圣人之言。"③故
有学者认为："命，作为儒家历史哲学的重要范畴，与'天''天意'属
同一层次，天与命可以相合成'天命'"④。而人类的主体之道与历史发
展不可预知的内在必然性之间所发生的矛盾，使"孔孟之道"的有效范围
也只能局限在人世间而已。"尽人事而待天命"⑤等说法表明，人事尽处
即是命，说明"求善"之"道"无力解释虽在人世之外却能决定和制约人
间事务的更高层次的规律。显然，天命已成为"孔孟之道"的理论极限。
但如果说儒家的"命"就是"天"，那么，它的层次则恰好处于"老庄之
道"的下面，即孔孟与老庄之间的关系实乃"人法地，地法天，天法道"
中的"天"与"道"的关系。"大道废，有仁义"一语，已至为明确地披
露了这一关系。这个"大道"，即所谓"求真之道"。

---

① 刘宝楠：《论语正义》，载国学整理社编《诸子集成》，中华书局，2006，第322页。
② 刘宝楠：《论语正义》，载国学整理社编《诸子集成》，中华书局，2006，第264页。
③ 刘宝楠：《论语正义》，载国学整理社编《诸子集成》，中华书局，2006，第359页。
④ 方同义：《儒家道势关系论》，《孔子研究》1993年第1期。
⑤ 胡寅：《读史管见》，岳麓书社，2011，第295页。

如前所述，老庄对"道"的把握，已经囊括了"道"字所蕴含的全部意义。因此，"老庄之道"实具有三层意思：

1. "道"生于天地之先、之外。《老子·二十五章》称："有物混成，先天地生……吾不知其名，字之曰道，强为之名曰大。"《庄子·大宗师》云："自本自根，未有天地，自古以固存。神鬼神帝，生天生地；在太极之先而不为高，在六极之下而不为深，先天地生而不为久，长于上古而不为老。"

2. "道"滋生了万物，是世界的本原。"道冲而用之或不盈。渊兮，似万物之宗""谷神（'道'）不死，是谓玄牝，玄牝之门，是谓天地根""可以为天地母""道生一，一生二，二生三，三生万物"。①

3. 道是事物发展变化的总规律，其方向是循环的。关于规律，《老子·二十一章》云："孔德之容，惟道是从。"《庄子·渔父》："道者，万物之所由也。庶物失之者死，得之者生。为事逆之则败，顺之则成。"关于循环，《老子·二十五章》谓："（道）……独立而不改，周行而不殆。""大曰逝，逝曰远，远曰反。"又《老子·四十章》云："反者道之动。"②

"老庄之道"固然有先天的特征、本根的意义、规律的特质，但该道的本旨，似乎更体现在对终极和永恒事物的追求上，即对"妙""微""根""常""朴"等代表着最小也是最大、最低也是最高、最先也是最后、变易也是不易事物的苦苦求索和"道通为一"。《老子·一章》云："故常无欲，以观其妙；常有欲，以观其徼。"王弼注道："妙者，微之极也""徼，归终也。"《老子·十六章》："夫物芸芸，各复归其根（王注'各返其所始也'）。归根曰静，是谓复命。复命曰常，知常曰明。不知常，妄作凶。知常容，容乃公，公乃王，王乃天，

---

① 王弼：《老子注》，载国学整理社编《诸子集成》，中华书局，2006，第3、4、14、26页。

② 参见韩东育编《道家四杰箴言录》，吉林教育出版社，1991，第1页。

天乃道，道乃久，没身不殆。"又《老子·二十八章》谓："知其荣，守其辱，为天下谷。为天下谷，常德乃足，复归于朴。"在马王堆汉墓帛书《老子》中，以上的"常"字，均写作"恒"，明白地道出了老子所欲追求的真实目的所在。因此，关于"老庄之道"，虽然古来作解者甚多，但却以张岱年先生之说为至确，即："老庄之道"，实乃"返归本原的终极关怀"①。它要求人类应在大规律、大背景下，寻找永恒的东西，即把人放进宇宙世界中以后，再去抓取生命的价值和意义。亦即，人生的价值和意义，只有和具有终极价值和意义的宇宙合一，才有永恒可言。

显然，这是宇宙本体论意义上的把握和表述，而老庄的宇宙本体论，与所有这方面的理论相比，均表现出甚大的差异。几乎所有的哲学家，在谈及宇宙本体时，都不可避免地要追究一番化生宇宙的最初的那个点。或称"水"（德莫克里特），或称"火"（赫拉克利特），或称"地水风火"（释迦牟尼）。但这诸多讲法，无论是物质的还是精神的，其对世界本原的认识、理解和把握都是单一的、狭隘的、易知的，唯其如此也是刻板的、有限的、浅薄的。而"道"却不然。它是一团飘忽于自然界之先、之外的氤氲。"道"既虚且实，亦不虚不实；似有似无，又忽有忽无；既可知之，又不可确知；既可以理知，又不可尽以理知……。对于这种复杂的哲学现象，近代西方的对立二分法式哲学显然无力做出圆满的解释和说明。任继愈先生指出："亚里士多德动摇于唯物与唯心之间，老子是否也有类似的情况？看来是有的。"②陈鼓应先生亦谓：老子之"道"，"在看似唯物主义的内容里，却包含了唯心主义的成分；在看似唯心主义的因素里，却包含了唯物主义的成分"③。而庄子所揭示的人的主体认识存在着受客观对象的无穷与人生之有涯所制约的人生认识能力的有限性与宇宙时空的无限性的矛盾、人的理智的认识能力的有限性与非理智的直觉能力

① 张岱年：《中国哲学关于终极关怀的思考》，《社会科学战线》1993年第1期。

② 任继愈：《老子新译》，上海古籍出版社，1985，第2页。

③ 陈鼓应：《老子注释及评介》，中华书局，1984，第6页。

的无限性的矛盾以及辩证与永恒的矛盾等客观事实，无一不具有认识论上的终极和永恒意义。事实上，"老庄之道"既是一个混成之物，也是超越一般时空概念的难以涯限的时间和空间。唯此，"道"既是存在，又是意识，既是永恒的，又是变化的，既是可知的，又是不可确知的。"道"为什么会这样？"道"本来就是这样（《老子·十七章》："百姓皆谓我自然"）。而这种宇宙万物未分亦终不可分的本然状态——"一"，刚好是"老庄之道"的灵魂和真谛。

老子是这样状摹此"道"的："视之不见，名曰夷；听之不闻，名曰希；搏之不得，名曰微。此三者，不可致诘，故混而为一。"①庄子也把"一"视为"道"的本质，即所谓"道通为一"。他说："其分也，成也；其成也，毁也。凡物无成与毁，复通为一。唯达者知通为一。"②显然，这个与寰宇为一的"道"，比起儒家的"王道"来，其涵摄面要大得多，在时间上也久得多。儒家有"九经""八条目"。"九经"为：修身、尊贤、亲亲、敬大臣、体群臣、子庶民、来百工、柔远人、怀诸侯。③"八条目"是：格物、致知、诚意、正心、修身、齐家、治国、平天下。④这是"内圣"与"外王"的结合。但是，如此意义上的"圣""王"契合，只限于人间世界的伦理政治学领域，《荀子·天论》中所谓"日切瑳而不舍"者即唯此为大的论述，正得其旨。道家也讲"内圣外王"，但这种"圣王合一"，是认识论与本体论的合一，它的涵摄范围，虽包括人间世界但更广大于人间世界。老子的表述是："致虚极，守静笃……知常容，容乃公，公乃王，王乃天，天乃道，道乃久，没身不

---

① 王弼：《老子注》，载国学整理社编《诸子集成》，中华书局，2006，第7页。
② 王先谦：《庄子集解》，载国学整理社编《诸子集成》，中华书局，2006，第11页。
③ 郑玄注，孔颖达等正义：《礼记正义》，载阮籍校刻《十三经注疏》（清嘉庆刊本），中华书局，2009，第3536页。
④ 郑玄注，孔颖达等正义：《礼记正义》，载阮籍校刻《十三经注疏》（清嘉庆刊本），中华书局，2009，第3631页。

殆。"庄子则慨叹由"道术"分裂为"方术"所导致的宇宙本真之"圣王之道"的丧失:"天下多得一察焉以自好。譬如耳目鼻口,皆有所明,不能相通。犹百家众技也,皆有所长,时有所用。虽然,不该不遍,一曲之士也。判(指割裂——引者注)天地之美,析万物之理,察(散之意——引者注)古人之全。寡能备于天地之美,称神明之容。是故内圣外王之道,阍而不明,郁而不发,天下之人各为其所欲焉以自为方,悲夫!"①如果说,老子提出了道家意义上的"内圣外王"原则,那么,庄子则是这一原则的忠诚的实践者。庄子将认识论与本体论合和为一的个体实践活动,形成了先秦时期中国道家"心学"的高峰。

近年来,思想界对庄子哲学的讨论可谓日趋深入,诸如对"境界说"②、"内在性"与"超越性"③等问题的格致探求,均已取得了突破性进展。但是,关于在以"道"为终极关怀的庄子学说中,其最简单而形象的哲学抽象是什么和庄子那一系列被常人认为荒唐与怪诞的观念与行为究竟要达到怎样的目的等问题,则需有进一步明确乃至破译之必要。事实上,"灵"与"肉"的关系及其哲学,作为庄子学说的最简单抽象,是与庄子长伴终生的,"境界说"离不开它,"内在性"与"超越性"也无法比"灵肉哲学"更内在和更超越。"灵"对"肉"的飞升使人类的质量和价值赢得了一种空前的肯定,而"灵"的"并道为一",则使人类最为重要的精神世界获得了道家意义上的终极和永恒。对庄子的"体道"过程,可从以下几个方面理解。

首先,看"灵肉"关系的理论与实践。

---

① 王先谦:《庄子集解》,载国学整理社编《诸子集成》,中华书局,2006,第216页。

② 参见周勤:《论庄子的自由观与人生哲学——"逍遥游"三境界辨析》,《中国社会科学》1985年第1期。

③ 参见汤一介:《论老庄哲学中的内在性与超越性问题》,《中国哲学史》1992年第1期。

道家很热衷于"死而不亡"的境界。老子曾讲："不失其所者久，死而不亡者寿。"①这里，"死"，当然是指肉体生命的完结。这一按照"人死如灯灭"的常识所无法理解的"不亡"，被庄子解释成为"心"："将求名而能自要者而犹若比，而况官天地、府万物、直寓六骸、象耳目、一知之所知而心未尝死者乎！"②庄子还不止一次地提出"游心"的说法，认为"心"的游弋空间是极大的，可"出入六合，游乎九州"③。这里的"心"，也可用"精神"来表述，其功能与"心"一样："精神四达并流，无所不及，上际于天，下蟠于地，化育万物，不可为象，其名为同帝。"④这些讲法，旨在说明一个问题，即"心""精神"，一言以蔽之曰"灵"，作为一种特殊存在，是无所谓生死的，是永恒的。那么，庄子是怎样获得这种感觉的？难道他看到了什么常人所无法看的"X维存在"？所以，对这个问题，或认为这是他的唯心主义的玄想，或以为是由他"无中生有"的"道"的世界观所产生的幻觉，而最近又有人提出，这是他进入气功态时的真实感受，等等。

庄子在他妻子死去时，曾发表过一通脱俗的演讲，认为人的生死应该是这样一个循环往复的过程，即：从"气"到"气"⑤（参见下图）。

---

① 王弼：《老子注》，载国学整理社编《诸子集成》，中华书局，2006，第19页。

② 王先谦：《庄子集解》，载国学整理社编《诸子集成》，中华书局，2006，第32页。

③ 王先谦：《庄子集解》，载国学整理社编《诸子集成》，中华书局，2006，第68页。

④ 王先谦：《庄子集解》，载国学整理社编《诸子集成》，中华书局，2006，第97页。

⑤ 王先谦：《庄子集解》，载国学整理社编《诸子集成》，中华书局，2006，第110页。

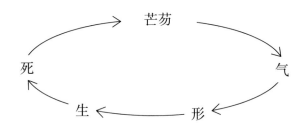

这里庄子提出了"气"的概念，这是我们用肉眼难以看到但却客观存在的事实。然而，比"气"更难识的存在是什么呢？是"芒芴"。"芒芴"即"恍惚"，是一种迷迷离离的、唯有"精神"才能往来出入的场所，当然也就更不易为人的五官所察知了。所谓"芒乎芴乎，而无从出乎！芴乎芒乎，而无有象乎"①者，描述的就是这种特征。

古希腊有一句名言："不存在的是存在的。"显然，这是指人的五官感觉与客观真实的关系来讲的。米利都思想家阿那克西美尼曾认为，世界上有一种基本的物质——气。我们周围不同的物质形式都是从空气的凝聚和疏散过程中产生的。空气是构成灵魂的因素，它正像维持我们的生命那样，维持着世界的生命。这种观点，后来为毕达哥拉斯学派所采纳。而"原子论之父"留基波指出："在一般情况下，原子是看不见的，原因是它们实在太小了。世界的永远变化不定起因于原子的各种重新组合。"对此，英国现代哲学家罗素总结道："原子论并非什么幻想的结果，而是历时150年对米利都提出的问题的一个严肃认真的解答。原子论的重要性不仅在于影响自然科学，而且在于由此产生了新的灵魂学说。这个新学说认为，灵魂和其他事物一样，也由原子组成。灵魂的这些成分比别种原子更加精微，并且分布于整个肉体之中。按照这个观点，死亡就意味着瓦解和个人的永生并不存在。"②这显然是对长期困扰人类的灵魂是否存在和以怎样的形式存在的问题所做的唯物主义的解释。据此理论，构成庄子之"灵"的"气"，似乎是

① 王先谦：《庄子集解》，载国学整理社编《诸子集成》，中华书局，2006，第110页。
② 参见罗素：《西方的智慧》，马家驹、贺霖译，世界知识出版社，1992，第3页。

一种用五官捕捉不到的粒子所组成的存在。而散于"芒芴"者,恐怕就是一群更加微小的粒子了。庄子的"至精无形"①,盖是之谓。近代西方物理学有一个伟大的发现,即"物质不灭定律"。据此,人们不禁要问,既然承认灵魂的组成单位是"比别种原子更加精微"的物质粒子,那么,与肉体死亡后可能化成其他有机质同理,灵魂是否也应以另一种形式存在而并非所谓随肉体的死亡而消失?很明显,与西方学说的根据相一致的庄子的灵魂理论与同那一根据并不相符的结论之间产生了原则性的差异。

"见独"使庄子开始了对"灵界"——"方外世界"的全身心投入。然而,这却是一个相当艰辛的过程,它充满了"灵"与"肉"的矛盾纠葛,而灵肉关系的背后,又是人类所关心的最根本的哲学问题和宗教问题——死与生。按照庄子的解释,"灵"作为一个整体,可根据寄寓之所分为肉身之"灵"与无肉之"灵",前者是常人所说的生命之"灵",而后者则是脱离人世间的无生命之"灵"。按常识理解,前者当归诸生,而后者则进入了死。生与死,都是"肉"的概念,而"灵"却能游弋于生死之间、之外,超越"肉"的限制,最后进入圆圆融融、"与道为一"的无涯时空。可是,"肉"或曰"生",都极大地限制了"与道为一"的进程,于是,便发生了"灵"与"肉"的矛盾与纠葛,这种关系,具体表现为以下几个阶段:1. 对立;2. 协调;3. 分裂;4. 解脱。

显然,"灵"与"道"的境界是一致的。于是,凡不合乎"道"者,即为不合乎"灵"。而"道",在庄子的思想体系中,是一贯始终、高度一致的。可在实现这一理想的道路上,庄子则体验了无数的矛盾冲突。但所有的矛盾,几乎都是从"灵"与"肉"这对最简单、最基本的矛盾演化生成的,而当它们两者之间一旦脱离而不再构成矛盾时,其他一切矛盾也就烟消云散了。

肉体生命的最直观意义,是社会关系的总和。"方今之时,仅免刑

---

① 王先谦:《庄子集解》,载国学整理社编《诸子集成》,中华书局,2006,第102页。

焉"①，说明庄子的个体生命在社会中是没有什么自由可言的。这种自由的愿望，当他活着的时候，只能在梦中求得达成："梦饮酒者，旦而哭泣。"②白日凄凄惨惨的他，到了梦里，竟满目美酒佳肴和赏心乐事，这怎能不令人无比兴奋？然兴奋之余，一种感觉也同时获得了积淀，即人有一颗白日为肉体所缚，梦里却能游离体外的灵魂。人睡眠时的形体安静，无论怎样看都与死人相差无几，那么睡眠时灵魂可以出窍游离，死后又如何不可呢？而且，睡梦中饮酒作乐、任心所骋的自由毕竟是极其短暂的，可如果死掉了，大概就能良辰不散、美景常在了吧？——这或许也是庄子"以生为附赘县（悬）疣，以死为决疣溃痈"③等观念的生成逻辑。而且通过灵界的体验，人世间的所有令人痛苦的规矩、原则、伦常、道德，统统隐迹遁形，不复存焉，所有的，只是灵魂的无限自由与逍遥，精神的极天蟠地和自在："（髑髅曰）：'子欲闻死之说乎？'庄子曰：'然。'髑髅曰：'死，无君于上，无臣于下，亦无四时之事，从然以天地为春秋，虽南面王乐，不能过也。'庄子不信，曰：'吾使司命复生子形，为子骨肉肌肤，反子父母、妻子、闾里、知识，子欲之乎！'髑髅深矉蹙頞曰：'吾安能弃南面王乐而复为人间之劳乎！'"④显然，这里出现了代表"灵"之快乐的死和代表身之痛苦的生的截然对立。这种对立，充满了轻生乐死的情绪，它主张"解其天弢，堕其天袠"⑤，逃脱生的痛苦，将

---

① 王先谦：《庄子集解》，载国学整理社编《诸子集成》，中华书局，2006，第30页。

② 王先谦：《庄子集解》，载国学整理社编《诸子集成》，中华书局，2006，第16页。

③ 王先谦：《庄子集解》，载国学整理社编《诸子集成》，中华书局，2006，第44页。

④ 王先谦：《庄子集解》，载国学整理社编《诸子集成》，中华书局，2006，第111页。

⑤ 王先谦：《庄子集解》，载国学整理社编《诸子集成》，中华书局，2006，第141页。

灵魂从肉体的束缚中解脱出来，也从包围肉体的社会功利和伦常道德中解脱出来。在这种情绪的支配下，又自然产生了对乐生恶死观念的反省和忏悔，并一跃而升华为"视死如归"的精神："予恶乎知夫死者不悔其始之蕲生乎！""予恶乎知说生之非惑邪！予恶乎知恶死之非弱丧而不知归者邪！"①"纷乎宛乎，魂魄将往，乃身从之，乃大归乎！"②

可是，既然如此，庄子为什么不自杀，或人为地缩短自己的性命呢？——这是人们自然要提出的问题。显然，现实中的庄子没有为了灵魂的绝对自由而自杀。在庄子看来，人的骨肉肌肤是天道自然给予的。惠子曾问他："人而无情，何以谓之人？"庄子对曰："道与之貌，天与之形，恶得不谓之人？"③那么，既然性命天授，肉身道与，其天道自然原则，就必须在个体生命的历程中有所显现：尽管灵界的自由无限诱人，但这种境界的到达，却是一个自然过程，而绝非以对肉体的自戕自害这一有害于自然原则的行为为代价，所以庄子呼吁应以"终其天年而不中道夭者"为美，并在理论上给予说明："死生，命也；其有夜旦之常，天也。"④这样，人们在天道自然的循环中固不必为死而哀，但也不应以自然生命为累；既不必去追求长生久视，但也不要人为地夭折，而应该活够自然造化即"道"所给予的自然生命时限。为了说明这一真谛，他援譬引喻，提出了"性"的观念："彼正正者，不失其性命之情。故合者不为骈，而枝者不为跂，长者不为有余，短者不为不足，是故凫胫虽短，续之则忧；鹤胫虽长，断

---

① 王先谦：《庄子集解》，载国学整理社编《诸子集成》，中华书局，2006，第16页。

② 王先谦：《庄子集解》，载国学整理社编《诸子集成》，中华书局，2006，第141页。

③ 王先谦：《庄子集解》，载国学整理社编《诸子集成》，中华书局，2006，第36页。

④ 王先谦：《庄子集解》，载国学整理社编《诸子集成》，中华书局，2006，第39页。

之则悲。故性长非所短,性短非所续,无所去忧也。"①说明个体性命的长短寿夭,已被赋予了自然的属性,体现了"灵肉"对立关系朝"灵肉"协调关系的转变。但值得注意的是,由于生命属性来源于"法自然"的"道",于是就要求生命之自然,要顺应宇宙天道之自然。这样,反映在生命行为上,便出现了与早已被"道"所否定了的人类社会的一切人为伦常和制度法规相悖相忤的人和事。表现了"灵"与"肉"在新的阶段上的冲突与对立。《大宗师》说:"天之小人,人之君子;人之君子,天之小人也。"这已经构成了一种敌对——两种不同尺度下的价值冲突。这种冲突,极易导致外在行为上的生命伤害。然而,无论是庄子心目中的最高原则还是"终其天年"的性命观,都不允许他拿性命来做赌注,而这本身,就已经为人们暗示出上述冲突下他的选择:为全生保性,要适度地适俗。

庄子的《人间世》,重点阐述了这种适俗理论。一个著名的"外曲而内直"的处世理论,就这样产生了。在庄子看来,"内直"指的是"与天为徒"的自然本性,于是,"人谓之童子,是之谓与天为徒";"外曲",则是指"与人为徒"的屈己从俗。其如"擎跽曲拳,人臣之礼也。人皆为之,吾敢不为邪?为人之所为者,人亦无疵焉,是之谓与人为徒"。这等于说,一事当前,庄子必须待之以两种截然不同的准则和人格,而这却出乎不得已。对于追求绝对自由的道家来说,此可谓哀莫大焉:"有人之形,无人之情。有人之形,故群于人;无人之情,故是非不得于身。眇乎小哉,所以属于人也;謷乎大哉,独成其天。"②既然有人之形,那么在人类社会中就得勉为其难地"合群",这的确令人很苦恼,但同时,我们也看到了另外一面,即庄子心目中的大小之别却未尝因此而变易。在这一尺度的衡量下,庄子主张对随俗的"假我"要无之、丧之、

---

① 王先谦:《庄子集解》,载国学整理社编《诸子集成》,中华书局,2006,第54页。

② 王先谦:《庄子集解》,载国学整理社编《诸子集成》,中华书局,2006,第36页。

忘之；而对初衷不易的"真我"，则"至人"之、"神人"之、"真人"之。表明庄子的所谓"大"，所谓"独成其天"的自由，是以否定不得已而适俗的"假我"为条件的。正所谓"天在内，人在外"[①]，这也是庄子"外化而内不化"理论的最形象表述和最真实内涵。而且，强大的外在高压造成了强烈的逆反，精神的体悟反因此而更加幽冥深远，进入了前所未有的"灵肉"分裂状态。

　　庄子曾指示人们要进行以"虚"和"忘我"为宗旨的"心斋"[②]，与此同时，他还提出了一个"坐忘"理论："仲尼蹴然曰：'何谓坐忘？'颜回曰：'堕肢体，黜聪明，离形去知，同于大通，此谓坐忘。'"[③]关于"堕肢体，黜聪明"，在《天地》和《在宥》两篇中，也有毫厘不爽的讲法，它们均已将"肢体"的脱落视为灵魂飞升的一个基本条件。在具体做法上它要求，首先要排除一切社会文化的干扰；其次是不为物役；再次是屏弃自我，屏弃自身；最后进入心灵的清明洞彻状态，如是才能与"道"冥然而合。也正是在灵魂与博大精深的宇宙意识相融的一刹那，人的精神突然切入不生不死、无此无彼、非我非物的自由境界，于是乎就会产生精神腾跃、心灵飞扬、肉身脱落、知去形离的感觉，一时间，人便进入了灵肉分离的轻松状态。在这种状态下，人往往是乐而之死的，因为它体现为灵魂的永久解脱。于是，对于束缚了灵魂一世的、已经走完了自然生命旅程的肉体，无论怎样处理，便都与己无关了。庄子弥留之际的薄葬箴言[④]和《列子·杨朱》篇中"唯所遇焉"等达观态度，均此谓也。《庄

---

① 　王先谦：《庄子集解》，载国学整理社编《诸子集成》，中华书局，2006，第105页。

② 　王先谦：《庄子集解》，载国学整理社编《诸子集成》，中华书局，2006，第23页。

③ 　王先谦：《庄子集解》，载国学整理社编《诸子集成》，中华书局，2006，第47页。

④ 　王先谦：《庄子集解》，载国学整理社编《诸子集成》，中华书局，2006，第215页。

子·秋水》篇记录了在返璞归真路途上的艰辛及心灵轨迹："无以人灭天，无以故灭命，无以得殉名，谨守而勿失，是谓反其真。"

其次，看一下"灵"的层次。

庄子认为，对死生、存亡、穷达、贫富、贤与不肖、毁誉、饥渴、寒暑这些"事之变，命之行"，应该听之任之，而"不可入于灵府"①。关于"灵府"，郭注云："灵府，精神之宅。"王先谦亦从此说。然而，在这个以宇宙为时空背景的"灵府"中，既有至高至深、至冥至杳的"精神"，也有对各式各样具体事物的浅近的"知识"，说明在庄子哲学中，"灵"本身具有一定的层次性。

庄子在《秋水》篇中讲："计人之所知，不若其所不知。"这里的所知，是指人们所知道、所了解、所学习、所掌握的知识。同时，"知"也具有智力和智慧的内涵，所谓"无为知主"之"知"②是也。在庄子看来，人类的耳目感官所能认识并掌握和运用的知识，都是"知"。然而，这却是最浅显、亦最短暂的认识，原因是这种"知"局限于人们周遭可以见闻感知的社会自然和短暂人生，是世界的表面的暂时的事物在"灵府"中最浅显、最短暂的停留，这样，无论在认识的深度和时间上，"知"都显得层次太低。就是说，在庄子所追求的深刻认识面前，"知"的浅显已无力应付这种求索——"吾游心于物之初"③，"而知不能规（窥）乎其始者也"④；而在庄子所企望的永恒精神比照下，人的"为知"却要随肉体生命的完结而完结："吾生也有涯而知也无

---

① 王先谦：《庄子集解》，载国学整理社编《诸子集成》，中华书局，2006，第35页。

② 王先谦：《庄子集解》，载国学整理社编《诸子集成》，中华书局，2006，第51页。

③ 王先谦：《庄子集解》，载国学整理社编《诸子集成》，中华书局，2006，第131页。

④ 王先谦：《庄子集解》，载国学整理社编《诸子集成》，中华书局，2006，第35页。

涯。以有涯随无涯，殆矣。"①庄子的这一思考，揭示了主体认识存在着受客观对象的无穷与人生之有涯所制约的人生认识能力的有限性与宇宙时空的无限性的矛盾，故曰："以其至小，求穷其至大之域，是故迷乱而不能自得也。"②同时也提出了一个令人深思的大问题，即人类的仅凭感官所掌握的知识，能否正确认识客观事物及其规律？这显然属于"怀疑主义"范畴的问题。即对人类能否认识客观世界，能否掌握客观规律和真理，持怀疑态度。

然而，庄子并没有像"怀疑主义"创始人皮浪那样，把对客观世界的认识仅仅停留在"怀疑主义"阶段，他更拥有一个人们在清醒状态下用世俗之"知"所无法理解的景观——梦境。这里，既有"知"所反映的现实的影子，又有超"知"超现实的非逻辑时空。它把世界中按理性之"知"看来根本无法联系、全不相干的事物都有机地牵引到一起，恍兮惚兮，扑朔迷离，无此无彼，不知阿谁——这便是庄子的"蝴蝶梦"情结。③这是一种境界，这种境界本身构成了一个幻化空间，即"耳目闻见徜徉不定之境"④。而徜徉其间的，却是庄子所说的"自喻适志"的"志"，即"心"或"魂"。这种行为则每每被庄子称为"游心"。在这里，人的灵魂"栩栩然"，如翩翩起舞、自由飞翔的蝴蝶，一种从未有过的舒适感和自由感弥漫在整个空间，哪怕在噩梦里，"心"水的流淌也是任意的。

与梦境感官相类似的，便是所谓"意念致功"了。庄子对意念致功有过不少描写，如《齐物论》中的"丧其耦"、《人间世》的"心斋"、《刻意》里的"养神之道"以及《大宗师》中的"息之以踵""坐忘"

① 王先谦：《庄子集解》，载国学整理社编《诸子集成》，中华书局，2006，第18页。
② 王先谦：《庄子集解》，载国学整理社编《诸子集成》，中华书局，2006，第101—102页。
③ 王先谦：《庄子集解》，载国学整理社编《诸子集成》，中华书局，2006，第18页。
④ 王夫之：《庄子解》，中华书局，1964，第58页。

等。这种气功式的体验，伊始与梦境重叠，继而却飘飘然，进入了"骨肉都融""离形去知"的九霄云外，显然，这乃是比梦更高一级的快乐所在。但无论是睡梦还是气功，其所提供给人们的自由，随着觉醒和收功都显得极其有限。首先是时间的短暂，其次是空间的骤逝。梦境中空间的有无直接受制于时间的长短，而时间的长短在通常的意义上说，却只是生命的概念。显然，生命的短暂给"灵"的自由带来了无限的遗憾。本来，梦中的庄子是"不知周"的，可"俄然觉，则遽遽然（惊异惶惑貌）周也"，心情的不快可想而知。《文始真经·九药》篇云："言道者，如言梦，夫言梦者曰：如此金玉，如此器皿，如此禽兽，言者能言之，不能取而与之；听者能听之，不能受而得之。"有人亦认为，"道"是"有"，因为梦中物体有形状；但"道"又是"无"，因为随着梦尽则一切俱逝。了无痕迹。"由此可知，老子所谓观道之'观'，是为梦中所见。"①庄子之"道"固老子之"道"，庄子之"梦"亦应缘老子而来，但"老庄之道"的境界却是"永恒"，这就与梦中所见所感的短暂与瞬间发生了矛盾；同时，在"道"的境界里也看不到"金玉""器皿""禽兽"等具体物象，道家的"有"和"无"并非具体物象的"有"和"无"，对于没有五官的类似"浑沌"②的存在来说，就更谈不上什么见闻了。因为老子早就说过，"道"是"视之不见""听之不闻""搏之不得"的存在③。

　　显然，由于"灵"与"肉"的尚未脱离，遂使"灵"与可见之"物"之纠缠剪不断，理还乱，这在梦境——"幻化空间"中已有充分的显示。而庄子在意念致功态中通过"心斋"而达到的"坐忘"境界，则使心灵的活动范围超越了"梦"的"幻化空间"，进入了"无物累，无鬼责"的宇宙世界。尽管这种感觉与梦一样短暂，但在"灵府"中，它却进入了高一

---

① 徐仪明：《老庄论梦与中国古代气功》，《河南大学学报》1989年第3期。

② 王先谦：《庄子集解》，载国学整理社编《诸子集成》，中华书局，2006，第52页。

③ 王弼：《老子注》，载国学整理社编《诸子集成》，中华书局，2006，第7页。

级的层次。只是，梦中之"魂"作为中介，除了含有低层次的"知"的内容外，还融有与"魂"相交并高于"魂"的"神"或"精神"的成分。关于后者，王夫之的理解正得其旨，即庄子之梦，乃"神交于魂"者也。[①]然而，这个"魂"却随着肉体的死亡而彻底升华为"神"，并全部融入宇宙空间。这或许就是庄子所说的"不亏其神也"的唯"真人"[②]才秉有的"真知"[③]。而且，也正是在进入"滓溟"的同时，"精神"也迅速解释，"道通为一"，其如《在宥》篇所云"堕尔形体，吐尔聪明，伦与物忘，大同乎滓溟。解心释神，莫然无魂"，自然也无梦了。所谓"古之真人，其寝不梦，其觉无忧"[④]是也。对此，成玄英在《庄子疏》中疏道："真人无情虑，绝思想。故虽寐，寂泊而不梦，以至觉悟，常适而无忧也。"颇得庄子真味。而这才是"灵府"的所谓最高层次和最高境界。

从"知"到"魂"，再从"魂"到"神"，最后臻于"一"，这一精神活动的轨迹，鲜明地勾画出了庄子"灵府"的层次。它伴随着一连串的"摆脱"：先社会、次肉体、后梦幻，最后是"精神"的自我解释和"道通为一"；也进入了一层层空间：先人世、次梦境、后宇宙，直到臻于"道"的永恒境界（其如下页附图所示）。这种逐层递进、不断飞升、终至无可如何之境界的过程，用庄子自己的话说，亦可谓："可以言论者，物之粗也；可以意致者，物之精也；言之所不能论，意之所不能察致者，不期精粗焉。"[⑤]唯此"不期精粗"，方可谓永恒与终极。这一点，庄子

---

① 王夫之：《庄子解》，中华书局，1964，第58页。

② 王先谦：《庄子集解》，载国学整理社编《诸子集成》，中华书局，2006，第97页。

③ 王先谦：《庄子集解》，载国学整理社编《诸子集成》，中华书局，2006，第37页。

④ 王先谦：《庄子集解》，载国学整理社编《诸子集成》，中华书局，2006，第37页。

⑤ 王先谦：《庄子集解》，载国学整理社编《诸子集成》，中华书局，2006，第102页。

本人起码是坚信不疑的。

再次，看庄学的"吞没"与"反吞没"理论。

人在天地自然间是无比卑微的，《庄子·秋水》篇的一段话，形象而生动地为人们绘制了一幅天人比例图画：

> 吾在于天地之间，犹小石小木之在大山也，方存乎见少，又奚以自多？计四海之在天地之间也，不似礨空之在大泽乎？计中国之在海内，不似稊米之在大仓乎？号物之数谓之万，人处一焉，人卒九州，谷食之所生，舟车之所通，人处一焉。此其比万物也，不似毫末之于在马体乎？

显然，人，在天地自然之间被吞没了，但这似乎还不够，该篇更推论道："又何以知天地之足以穷至大之域！"那么，比天地还要大的存在是什么呢？曰宇宙，曰道。按老子的说法，"域中"最大的存在，当然还要属"道"。①如此说来，人的生命本身，实际上已被包围在无数重吞没当中。简而示之，体现在空间者——宇宙→天地→屋宇；体现在社会组织者——国家→社会→宗族；体现在人际关系及社会组织原则者——伦常→道德→法律；等等。然而，所有这些吞没，其最终，在形式上看来也是最小的被吞没对象，却是裹在肉体当中的人的灵魂。就是说，灵魂本身还有一重对它来说影响甚大的肉体的吞没。就三维空间的有形体存在来讲，以上无数重吞没所叠落累积起来的全部压力，自然都集中于这个个体生命上，而个体生命所承受的全部重量，又悉数压迫着人的灵魂。在正常情况下，对以上情形的承认、迁就、顺从甚至乐在其中，是一般人所持的基本态度，可对于一贯追求身心自由和终极价值的道家来说，其恶有甚于死。于是乎，一种以"道"为最高标准和原则的"真知""精神"，一言以蔽之即"灵"对上述吞没的反吞没行为，就成为人类精神所具有的超时空能力的综合体

---

① 王弼：《老子注》，载国学整理社编《诸子集成》，中华书局，2006，第14页。

现，也成为庄子进入无限大自由境界的唯一途径。

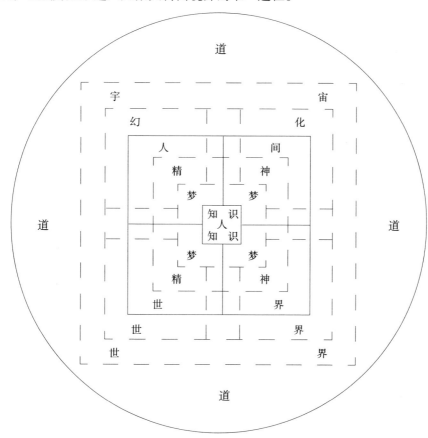

吞没的以上种种，对人来说，既有空间上的自然吞没，亦有平面上的人为吞没。后一种吞没，虽无长宽高的形式，但是，等级、阶层、制度、典章，却能最直观，也最痛切地令庄子感到了它的笼罩与沉闷。他认为，在这类吞没下面，人的自然本性和自然情感，也都因此而畸形、变态。君子、小人、烈士、贤士，此谓本性之异化；无泪而哭，含泪而笑，此谓情感之异化。而这一切都因为人们太现实，太看中此生，太重视肉体的存在了。在这种氛围中，倘有反是者，反而被目为"畸人"和"怪物"。"子贡曰：'敢问畸人。'曰：'畸人者，畸于人而侔于天。故曰：天之小人，人之君之，人之君子，天之小人也。'"①这里的"天"，乃自然之谓。畸常标准在自然与社会面前的迥然相异让庄子认识到，唯一秉有自然本性的人的心灵，只有远离社会，远离被社会所吞没、所污染了的肉体，才能寻得快乐或自由的所在，这也是庄子反对"适人之适而不自适其适"②思想的一种自然走向。该空间，以其准自然的"虚"，吞没了社会的"实"；以准自然的无形，笼罩了社会之有形，使人类的灵魂第一次在大于社会现实的状态下凌驾于其上并包容了它！而庄子以"独与天地精神往来"为原则的意念致功，使得"灵"经过梦境后更进入了新的更高一重境界，它的吞没空间是"上与造物者游，而下与外死生、无终始者为友。其于本也，弘大而辟，深闳而肆；其于宗也，可谓稠适而上遂矣"——"精神"的光环已张大至整个宇宙领域。尽管如此，庄子仍以此为"其理不竭，其来不蜕，芒乎昧乎，未之尽者"③，于是"精神"的再度扩张，终于使"万物之所由也"的"道"君临了全部时空，是所谓"真宰"④。冯友兰先生说："庄子所说的道究竟是什么呢？我以为就是'全'。"⑤说甚确。从幻化空间至于"道"，充当这无数重反吞没行为之主角的，乃是庄子精神世界中的"灵"。这就是庄子境界，亦即"道"的境界，在这个境界中，人类的精神获得了永恒和无限。

最后，看直觉思维。

自然吞没与社会吞没，在人的肉体尚未融堕之时，固然曾给庄子的反

---

① 王先谦：《庄子集解》，载国学整理社编《诸子集成》，中华书局，2006，第45页。

② 王先谦：《庄子集解》，载国学整理社编《诸子集成》，中华书局，2006，第56页。

③ 王先谦：《庄子集解》，载国学整理社编《诸子集成》，中华书局，2006，第222页。

④ 王先谦：《庄子集解》，载国学整理社编《诸子集成》，中华书局，2006，第8页。

⑤ 冯友兰：《三论庄子》，《中国哲学史论文二集》，上海人民出版社，1962年。

吞没造成了巨大的时空障碍，然而，这种障碍却也酿激出了他的全部直觉思维。

"直觉思维"可谓目前哲学思想界的热门话题。从形式上看，它以感知和理性为排斥对象，但就实质来说，它却是一种辩证的、无限的思维方式。它既是三维的，也能向多维空间拓展。[①]在中国古代，以直觉思维来观察世界，当始于老子。他说："不出户，知天下；不窥牖，见天道。其出弥远，其知弥少，是以圣人不行而知，不见而明，不为而成。"[②]到了庄子，这种直觉思维就被发挥得更加彻底。"庖丁解牛"然，"斫轮老手"然，而庄子的"见独"过程，更堪称直觉思维的代表作：

> 吾犹守而告之，叁日而后能外天下；已外天下矣，吾又守之，七日而后能外物；已外物矣，吾又守之，九日而后能外生；已外生矣，而后能朝彻；朝彻而后能见独，见独而后能无古今，无古今而后能入于不死不生……[③]

这是人的直觉意识对曾是吞没自身的外在事物的层层穿透和反吞没。在他们"见独"的世界里，有的事物包含在三维空间里，但更有很多潜形于四维或多维空间中。我们不敢说庄子利用了什么特异功能直接体悟出它们的存在，但多维世界的客观性和真实性却是不容否认的，古希腊的"原子论"和罗素的论断，便是朝此方向逼近的两个重要步骤，尽管人类的科学手段还不足以证实这些。

庄子通过直觉思维而产生的"见独"效应，把存在于"X维空间"、用人类的语言难以描摹和把握的"道"形于人们面前，证明宇宙间存在着

---

① 参见陈思远等：《直觉思维：辩证的思维方式》，《晋阳学刊》1992年第3期。

② 王弼：《老子注》，载国学整理社编《诸子集成》，中华书局，2006，第29页。

③ 王先谦：《庄子集解》，载国学整理社编《诸子集成》，中华书局，2006，第41—42页。

一种用知识和理性所无法把握的"混成之物",从而揭示了人的理智的认识能力的有限性与非理智的直觉能力的无限性的矛盾①,也留下了古人极为丰富的直觉认识经验。《庄子·列御寇》云:"夫明之不胜神也久矣,而愚者恃其所见入于人,其功外也,不亦悲乎!"

"道"在无限之中实现了对有限的吞没。就是说,一直以逆向方式来进行的精神的反吞没,这时已转而为新的吞没。与给人类的肉体和心灵压上重负的第一次吞没相反,第二次吞没的指归则是为了解放所有的自然和本真。它是"灵"的反吞没的继续,处处体现出了以化解万物为原则的"全"的精神。首先,"道"无大小②;其次,"道"无是非③;再次,"道"无生死④。亦由是,无君无臣,无仁无义,无贵无贱,无法无律,无美无丑,无常无畸,无寒无热,无情无义,无圆无方,无天无地等无数"孟浪之言",对庄子来说,便自然成为"妙道之行"⑤了。

"老庄之道"的产生,就原因而言,乃基于道家诸子对东周社会现实的深刻绝望。这种绝望,一方面表现为对战争的痛心疾首,另一方面则表现为对堕落的社会组织之近乎偏激的反省。老子认为:"域中有四大,而人居其一焉。"即:"道大、天大、地大、王亦大。"⑥说明人的价值具有和"道""天""地"同等的格位。可是,某些当权者为了满足对私利的贪欲,竟不惜枉杀无辜,涂炭生灵,这显然是伤天害理的行为。而上失天理、下无人义的政治,又如何称得上"有道"呢?所以老子讲:"天下有道,却走马以粪;天下无道,戎马生于郊。"并规劝贪

---

① 参见舒铖:《庄子对主体认识能力的思考》,《哲学研究》1988年第6期。

② 参见《庄子·秋水》。

③ 参见《庄子·齐物论》《庄子·秋水》《庄子·徐无鬼》。

④ 参见《庄子·大宗师》《庄子·至乐》《庄子·天地》。

⑤ 王先谦:《庄子集解》,载国学整理社编《诸子集成》,中华书局,2006,第16页。

⑥ 王弼:《老子注》,载国学整理社编《诸子集成》,中华书局,2006,第14页。

鄙之徒:"祸莫大于不知足,咎莫大于欲得。故知足之足,常足矣。"①
又《老子·三十一章》云:"夫佳兵者不祥之器,物或恶之,故有道者不
处。君子居则贵左,用兵则贵右。兵者不祥之器,非君子之器,不得已而
用之,恬淡为上。胜而不美,而美之者,是乐杀人。夫乐杀人者,则不可
以得志于天下矣。吉事尚左,凶事尚右。偏将军居左,上将军居右,言以
丧礼处之。杀人之众,以哀悲泣之,战胜以丧礼处之。"如此表达,透露
出说话人那种特殊的苦恼,即战争尽管在理智上已被深刻否定,可在现实
中又不能不正视它的客观存在。而同样一种现实及其相同的苦恼,是趋利
慕势的社会风气所造成的人性的空前恶化和社会组织的日趋堕落。老子有
一段发人深省的话:"小国寡民。使有什百之器而不用。使民重死而不远
徙。虽有舟舆,无所乘之;虽有甲兵,无所陈之。使民复结绳而用之。甘
其食,美其服,安其居,乐其俗,邻国相望,鸡犬之声相闻,民至老死,
不相往来。"②应该说,春秋战国时期,是中国历史上物质文明的重要发
展阶段。从"物"的增长来看,这倒不失为一种进步。道理上讲,物质文
明的进步当与精神文明之昌盛相偕而行。但是,倘若促进物质文明进步的
背景动力并不能使人日趋高尚,那么,社会组织之堕落和由此致之的人心
之险恶,便将伴随着物质文明的进步联袂而至。而老庄之所以对物质文明
进行口诛笔伐,是因为他们的所见所闻,恰恰是"饱暖思淫欲"的社会现
实。吕思勉先生指出:"道家之所攻击者,全在社会组织之不合理而不在
物质之进步。然其言一若攻击物质文明者,则以物质之进步,与社会之堕
落平行。物质实在不合理之社会中进化。凡所创造,皆以供少数人之淫
侈,社会虽因物质之进步而蒙福,亦因淫侈之增加而受祸,故大声疾呼

---

① 王弼:《老子注》,载国学整理社编《诸子集成》,中华书局,2006,第28—
29页。

② 王弼:《老子注》,载国学整理社编《诸子集成》,中华书局,2006,第46—
47页。

而攻击之。"①然而，当他们的提醒和指责无力改变以上现实并因此而自陷于极度的苦恼中时，一种终极式的思考即使他们本人获得了解脱，也使世人受到了谴告般的警示，即：人间的一切行为最终将受制于怎样的规律？显然，当他们把天地万物的变化生息都做了一番还原后，所寻得的似乎是制约全部表面现象的宇宙本体——"道"。它至少有两点重要意义：1. 作为宇宙总原则的"道"，乃是具有终极意义的绝对真理，是"求真"的最高体现。在这个尺度面前，"求善"的伦理价值，虽不失为"发扬人生之道的终极关怀"，但却只具有该意义上真理的相对意义。庄子之所以告诫人们不要常怀"乡曲之士"和"井底之蛙"②心态者，盖是之谓。2. 人类到任何时候，都不要忘记万物与我同在、为一的基本事实。人类的超自然行为，有的立刻会得到报应，有的恶果则在冥冥之中显现。老子说："其事好还：师之所处，荆棘生焉；大军之后，必有凶年。"③更言，"物或损之而益，或益之而损。"④这两点，恰恰是儒家按照其日夜"切磋"之伦理学原理所无法理解的"天命"及"天命"以上的更高的原因或规律。而庄子在体察老子本体论之道的过程中所抽象出——"灵肉"哲学理论则具有认识论和方法论的重大意义，它使人类精神获得了至高的表现，并在与"道"冥然而合的瞬间获得了永恒，说明"老庄之道"具有无限的宇宙自然意义和哲学科学意义，故称其为"哲学史上的日出"，亦不为过。⑤

但是，由于宇宙自然之道已成为老庄哲学的出发点，因此，当他们完全依此来观察和对待一切事物时，便易于出现以"天之道"取代甚至否定

---

① 吕思勉：《先秦学术概论》，中国大百科全书出版社，1985，第32页。

② 王先谦：《庄子集解》，载国学整理社编《诸子集成》，中华书局，2006，第100页。

③ 任继愈：《老子新译》，上海古籍出版社，1985，第125页。

④ 王弼：《老子注》，载国学整理社编《诸子集成》，中华书局，2006，第27页。

⑤ 参见赵明等：《道家文化及其艺术精神》，吉林文史出版社，1991，第42页。

"人之道"的理论倾向。老子即有过如是的主张①，庄子也说："以道观之，物无贵贱。"②他们的两大哲学手段——"无条件辩证法（老子）和"绝对的相对论"（庄子），使这种理论的生成具有高度的一致性、彻底性和顽固性。徐复观先生指出："道家的宇宙论，可以说是他的人生哲学的副产物。他不仅是要在宇宙根源的地方来发现人的根源，并且是要在宇宙根源的地方来决定人生与自己根源相应的生活态度，以取得人生的安全立足点。"③然而，正是由于这种全方位的"以道观之"，才使得"老庄之道"极易由真理转而为谬误。张岱年先生认为，宇宙规律和社会规律具有"一本多级"的特征，即：生命、心和社会"不违物之规律而又自有其规律"。也就是说，生命现象、人心和人类社会，虽受自然规律之影响，但在不违自然规律的大的原则下，亦有其自身发展变化的特殊规律。他认为，未有人类则无人伦之理。④这表明，既有人类，则必然要衍生出人类区别于其他种类和宇宙自然之理的人间伦理。在承认"一本"的真理性的同时，实不可忽视"多级"事物的具体规律，更不可轻易地以"本"代之了。如果说，道家在宇宙自然观上所提出的睿智的相对论堪称空前真理的话，那么，把这种宇宙论领域的真理机械地移诸人类社会，并人为地绝对化的思想，却构成了道家哲学理论的致命伤。即当"道"的实践者将自然法则臆断为社会法则并以此来观察和处理人间事务的时候，其理论本身便容易转化成荒诞和谬误。因此，与儒家的伦理学的探讨绝对地压倒本体论和认识论的研究相反，以本体论和认识论的体认取代乃至否定伦理学，却又是"老庄之道"的显著特征。如果说，前者是"蔽于人而不知天"，那

---

① 王弼：《老子注》，载国学整理社编《诸子集成》，中华书局，2006，第45页。
② 王先谦：《庄子集解》，载国学整理社编《诸子集成》，中华书局，2006，第102页。
③ 徐复观：《中国人性论史·先秦篇》，上海三联书店，2001，第287—288页。
④ 参见张岱山：《张岱年文集》第一卷，清华大学出版社，1989，第188、223、352页。

么，后者则是"蔽于天而不知人"①。然而，这两种"道"，却并不是绝对分离和完全对立的东西。"老庄之道"与"孔孟之道"之间，具有本体与现象的关系特质，即老子庄子致力于"道"的本原、本体、始基意义上的提升，而孔子孟子则相对地放大了伦理原则在人类社会中的绝对意义。这样看来，春秋战国之际的哲学革命，其本质乃在于将道德革命时代为政治而寻求的道德之本转变为寻找整个世界的哲学本体，即旨在追究"宇宙的归趣与人生的归趣"，亦即求索终极的本体世界、价值世界、道德世界和艺术世界。但只有当他们从各自哲学的偏执和极端中走出来并珠联璧合时，才会产生更有价值的终极和永恒意义。历史的发展，证明了这一点。

---

① 王先谦：《荀子集解》，载国学整理社编《诸子集成》，中华书局，2006，第262页。

第二章　"终极关怀"哲学的两大基础门类

一、天人关系哲学

冯友兰先生曾经说过："自然就是中国传统哲学中所说的'天'；社会和个人，就是中国传统哲学中所说的'人'；人和自然之间的关系，就是中国传统哲学中所说的'天人之际'。人类的生活，无论是精神的或物质的，都是和'天人之际'有关系的，所以中国哲学认为'天人之际'是哲学的主要对象。"①也许正因为如此，所以，无论是出世还是入世，也不管是阴柔抑或阳刚，中国古代的儒道两大学派，都不约而同地将自然与人、天道与人道的相通、相类与统一的"天人合一"，视为它们各自哲学的出发点和归宿。对此，后世的研究堪称丰富和浩繁。但有两个问题的讨论，似乎并不十分清楚：一是"天人合一"的过程（或曰途径和阶段）问题；二是"天人合一"的内涵问题。

首先，关于"天人合一"的过程。

冯友兰先生认为，世上有三种"天人合一"哲学，即："损道"、"益道"和"中道"。其中，"损"的哲学重天然而抑人为；"益"的

①　冯友兰：《三松堂自序》，三联书店，1984，第249—250页。

哲学重人为而抑天然;"中道"哲学则是"天然"和"人为"的相辅相成。①张岱年先生指出,在天人问题上,庄子主张因任自然;荀子主张改造自然;而《易经》则倡导天人协调,认为老庄的因任自然思想有合理的一面,但它否认了人为价值;荀子主张改造自然,但忽视了人对自然的研究;相比之下,《易经》中天人协调的思想既承认自然变化的客观规律,又肯定了人认识和改造自然的主体能动性,是比较合理的辩证法。②另有学者认为,"天人合一"命题由朴素到精致的发展,"可体现在经由两次转变的三个范畴即'道''德''诚'之中。'道'范畴以天与人统一遵循的法则把天与人联系在一起;'德'范畴以人的德行要求去涵盖天的秉性;'诚'范畴以人对天与人运动法则的真诚不二而把天与人合二为一"。③其实,无论哪一家观点,似乎都想说明"天人合一"命题的以下三个阶段,即"人合于天"→"天合于人"→"天人相合"。④

　　一般认为,"天人合一"命题,最早始于孟子的"尽心、知性、知天"。而事实上,最早从理性上把人与天合为一体的,是老子和庄子。《老子・二十五章》云:"人法地,地法天。"《庄子・齐物论》称:"天地与我并生,而万物与我为一。"《大宗师》谓:"安排而去化,乃入于寥天一。"郭象注曰:"安于离移而与化俱去,故乃入于寂寥而与天为一也。"又《达生》云:"夫形全精复,与天为一。"人类曾经历过一个共同的天人不分的无意识阶段,但在中国,这肯定是老庄以前的认识现象,因为老庄,尤其是庄子的《齐物论》,已经从反面告诉人们,他所处的时代,恰巧是天人相分时代,否则,他也就没有必要穿针引线,做缝合的工夫了。然而,值得注意的是,"天人合一"的第一阶段,即道家的

----

① 冯友兰:《一种人生观》,载《三松堂全集》第一卷,河南人民出版社,1985,第581页。

② 万俊人:《关于"人与自然"的国际文化对话》,《中国社会科学》1987年第6期。

③ 朱宝信:《试论"天人合一"思想形成的三个层次》,《福建论坛》1993年第2期。

④ 韩东育:《中国古代终极关怀思想研究纲要》,《东北师大学报》1993年第4期。

"天人合一"命题，其主旨乃是"人合于天"："道冲而用之或不盈。渊兮，似万物之宗。"①就是说，人间事物都要归宗于道，如有逆之者，纵全部割舍，亦在所不惜。庄子亦云："礼者，世俗之所为也。真者，所以受于天也，自然不可易也。故圣人法天贵真，不拘于俗。"②老子主张"观其复"，庄子亦提倡"反其真"。老子"万物并作，吾以观复"者，是"夫物芸芸，各复归其根"③。日本学者福永光司认为，老子的"观复"，是"就人的内在的主体性实践性这一方面做复归。人心原本清净圆满，因后天种种欲望与知识而被骚乱，故应舍弃人欲以复归其原本的清净圆满"④。而庄子的"反其真"则建立在"人为"即等于"损真害性"的认识基础上的："无以人灭天，无以故灭命，无以得殉名，谨守而勿失，是谓反其真。"因此，老庄的"天"，实际上就是"道"，这个"以空虚不毁万物为实"⑤的"道"，只能按照"自然"的面目来化解万物，因此，整体说起来，这种"合一"观，也就是"人法地，地法天，天法道，道法自然"。

　　然而，当人们逐渐萌生了上苍之天并不可靠而人事才与人生最为切近的念头后，"人道"便转而为事实上的权威。它基于两方面的原因：一是，殷、周政权的相继灭亡原因在于政治原则之最高体现的"德"，而不是自然原则之终极体现的"天"。如殷灭亡的教训即是："我不敢知曰：'有殷受天命，惟有历年。'我不敢知曰：'不其延，惟不敬厥

---

① 王弼：《老子注》，载国学整理社编《诸子集成》，中华书局，2006，第3页。

② 王先谦：《庄子集解》，载国学整理社编《诸子集成》，中华书局，2006，第208页。

③ 王弼：《老子注》，载国学整理社编《诸子集成》，中华书局，2006，第9页。

④ 福永光司语，转引自陈鼓应：《老子注译及评介》，中华书局，1984，第126页"注七"。

⑤ 王先谦：《庄子集解》，载国学整理社编《诸子集成》，中华书局，2006，第221页。

德，乃早坠厥命……'"；①二是，随着东周社会动乱的日益加深，自然界的弱肉强食法则越发凸显，而"人之所以为人"这一社会属性意义上的人的自我意识，也刚好在人的生物属性甚嚣尘上的过程中得到了特殊的强化和升华，所谓"人兽之辨"，便是这一背景的产物。于是，自子产首次发出"天道远，人道迩"②的呼号以来，"天合于人"的"天人合一"思想，便在整个东周时代弥漫开来。方东美先生认为，"理性开明的伦理文化""早在春秋战国时代便已经大致定型了：以理性的道德价值支配人心的情绪。"③孟子说："尽其心者，知其性也；知其性，则知天矣。""天"实际上就存在于人的"心性"之中，体现在人的身上。因为"尽心""知性"就是"知天"。而"天视自我民视，天听自我民听"④的思想，则堪谓"天人"观之由"人合于天"转变为"天合于人"的重要标志。对此，荀子做了充分的发挥："本荒而用侈，则天不能使之富；养略而动罕，则天不能使之全；倍道而妄行，则天不能使之吉。""大天而思之，孰与物畜而制之？从天而颂之，孰与制天命而用之？……故错人而思天，则失万物之情。"⑤有学者指出，"荀子虽然讲'明天人之分'，而其根本要求则在'制天命而用之'，即以'人'的方面来统一'天'。"⑥说极是。

---

① 孔安国传，孔颖达等正义：《尚书正义》，载阮籍校刻《十三经注疏》（清嘉庆刊本），中华书局，2009，第452页。

② 杜预集解，孔颖达等正义：《春秋左传正义》，载阮籍校刻《十三经注疏》（清嘉庆刊本），中华书局，2009，第4529页。

③ 方东美：《原始儒家道家哲学》，黎明文化事业公司，1983，第15—16页。

④ 焦循：《孟子正义》，载国学整理社编《诸子集成》，中华书局，2006，第381页。

⑤ 王先谦：《荀子集解》，载国学整理社编《诸子集成》，中华书局，2006，第205、211、212页。

⑥ 汤一介：《论中国传统哲学中的真、善、美问题》，《中国社会科学》1984年第4期。

但是，孔子当年的一次体悟，却在以上两种"天人观"之间搭上了一座浮桥——"子曰：'予欲无言。'子贡曰：'子如不言，则小子何述焉？'子曰：'天何言哉？四时行焉，百物生焉，天何言哉？'"①这种思想，对宋儒的影响甚大，遂产生了真正意义上的"天人合一"——"天人相合"观。张载称："天地之塞吾其体，天地之帅吾其性。"②程颢说："天人一也，更不分别。"③程氏兄弟云："天人本无二，不必言合。"④其中，谈天人关系的最好个案，要数朱子与门人的问答了。门人问朱子所谓"天未始不为人，而人未始不为天"时，朱子答曰："天即人，人即天。人之始生，得于天也，既生此人，则天又在人矣。"⑤值得注意的是，在宋儒谈"天人合一"命题的同时，已将人生之道的终极关怀渗入其间，以至于使两者最终结成了一体。程颢说："学者须先识仁，仁者，浑然与物同体。"又云，"仁者以天地万物为一体，莫非己也。"⑥王阳明更发挥道："大人者，以天地万物为一体者也，大人之能以天地万物为一体也，非意之也，其心之仁本若是。明明德者，立天地万物一体之体也。亲民者，达天地万物一体之用也。"⑦所谓"亲民"，即"亲亲而仁民，仁民而爱物"之谓。就是说，人在天地间，不但要与吾之父兄以及天下人之父兄结为一体，而且还要与鸟兽草木瓦石结为一体。此乃理学家"天人合一"思想之正传，中国古代的"天人合一"观，到此亦发展到了极致和高峰。

其次，关于"天人合一"的内涵问题。

---

① 刘宝楠：《论语正义》，载国学整理社编《诸子集成》，中华书局，2006，第379页。

② 张载：《正蒙》，《张载集》，中华书局，1978，第62页。

③ 程颢、程颐：《河南程氏遗书》，载《二程集》，中华书局，1981，第20页。

④ 程颢、程颐：《河南程氏遗书》，载《二程集》，中华书局，1981，第81页。

⑤ 朱熹：《朱子语类》，载《朱子全书》，上海古籍出版社、安徽教育出版社，2010，第590页。

⑥ 程颢、程颐：《河南程氏遗书》，载《二程集》，中华书局，1981，第15页。

⑦ 王守仁：《大学问》，载《王文成公全书》，中华书局，2015，第1114页。

古今谈"天人合一"者不少，但透辟其义的却不多。一般认为，具有复杂含义的"天人合一"观，主要包含两层意义。第一层意义是，人是天地生成的，人的生活应服从自然界的普遍规律；第二层意义是，自然界的普遍规律和人类道德的最高原则是一而二，二而一的。显然，这种把握的最突出特征是原则多于具体，感觉大于研究，唯此亦终究难得要领。朱子有言："抑泛言同体者，使人含胡昏缓而无警切之功，其弊或至于认物为己者有之矣。"①

那么，"天人合一"的内涵到底是什么？人应该怎样把握呢？

首先看"人合于天"。老庄是主张人合于天的，这主要体现在其学说的最高存在——"道"上。但是，"道"不是自然，却又包含自然。"道法自然"的"自然"，说的是"本然"，而不等于我们所讲的大自然。然而，该"本然"，却既是原理的本然，也是万物的本然，它恰到好处地体现了"道通为一"的特征。那么，原理的本然是什么呢？是哲学本体；万物的本然是什么呢？是大自然。原理的本然提取于万物的本然，却又制约着万物的本然；大自然支撑着文明，却能因文明对它的摧残而毁灭文明。这种决定着人类是生存抑或毁灭的东西，既是老庄原理的本然之"道"，也是万物的本然之"道"。有人问庄子"道"在哪？庄子曰："无所不在。"让他举例，他说："在蝼蚁""在稊稗""在瓦甓""在屎溺"。什么道理呢？庄子云："物物者，与物无际，而物有际者，所谓物际者也。不际之际，际之不际者也。"②因此，制约人类社会的既有不动声色、无情无义但却公正不偏的原理本然的"天"，亦有与人类"纠缠在一起"（狄尔泰语）和人类冷暖相关的大自然。而人类欲"替天行道"，从而使"人合于天"，唯一切实可行的，就是对大自然的关怀和保护。因

---

① 朱熹：《晦庵先生朱文公文集》，载《朱子全书》，上海古籍出版社、安徽教育出版社，2010，第3281页。

② 王先谦：《庄子集解》，载国学整理社编《诸子集成》，中华书局，2006，第142页。

此，讲"天人合一"，而不谈大自然或不将大自然与"道"的具体体现合和观之，"人合于天"便是一句空话。

英国哲学家、历史学家休谟，在他的《宗教的自然历史》一书中讲："人类有一个普遍的趋向，就是将所有的生物都认为和他们一样，而把他们所熟知的性质推想到它们身上。"中国先民即曾有过这样一个"万物有灵"的认识阶段。人们把无生物、植物、动物、人类和灵魂均视为在宇宙巨流中息息相关乃至相互交融的实体。从草木瓦石到生灵鬼神，根据传统的说法，都由"一气"贯穿。就是说，域中之所有现象，都由一种生命之气或灵魂赋予活力。因此，在这种宇宙内没有我们所称的"无生物"这种东西。在这样一种宇宙观下，房屋、箭镞、鱼钩、家用器皿等都像人类、动物或植物一样，是有生命的，因而必须加以抚慰，定期饲养，加以体贴，甚至在适当的场合要予以示敬和膜拜。《尚书·尧典》说："肆类于上帝，于六宗，望于山川，偏于群神。""类""禋""望"，皆祭名。马融说，"六宗"指天地四时。这里面除了拜上帝外，其余则皆为自然祭祀。《礼记·祭法》云："山林川谷丘陵，能出云，为风雨，见怪物，皆曰神，有天下者祭百神，……此五代之所不变也。"说明自然崇拜与多神崇拜在我国有相当长的历史。方东美认为，中国的原始宗教，是"万有在神论"。它相信"宇宙万有皆在神圣之中""假使把世界当作宗教的领域，则整个世界是神圣的，神圣的价值贯注在太空里，在山河大地里，在每人的心里，在每一存在之核心里"。[1]自然崇拜的产生并得到系统化和发展，是先民在最初由于不了解自然规律，破坏了生态环境，而遭到自然力的报复之后的正常反思。这些看似主观愿望或宗教迷信的观念和行为，其实在很大程度上不过是对自然规律的神化而已。因为这种神化与自然规律的变化是两相契合的。它的实用性很强："山川之神，则水、旱、疠、疫之灾，于是乎禜之；日月星辰之神，则雪、霜、风、雨之不时，于是乎

---

[1] 方东美：《原始儒家道家哲学》，黎明文化事业公司，1983，第112—113页。

禁之。"①其规律特征也是极为明显的。有人经过对云南少数民族所进行的文化人类学调查证明："各民族对特定区域的神林实行封山育林、禁忌砍伐的措施，护水及其措施，并规定在特定时节不能进山下河惊动动植物的魂灵，认为犯禁冒犯神灵而遭灾受难或为鬼神所害。其实，这些禁忌的季节正是植物的生长期、野生动物的交配、产卵和繁殖的季节，禁律的严格程度与违反禁忌对当地生态环境的危害程度成正比。"②然而，中国古人在很早的时候，就已从理性上认识这一问题了。《逸周书·大聚》载："禹之禁，春三月，山林不登斧，以成草木之长；夏三月，川泽不入网罟，以成鱼鳖之长。"《管子·禁藏》篇云："春三月毋杀畜牲，毋拊卵，毋伐木，毋夭英，毋拊竿，所以息百长也。"这已经成为一种制度，故《荀子·王制》称："草木荣华滋硕之时，则斧斤不入山林，不夭其生，不绝其长也；鼋鼍鱼鳖鳅鳝孕别之时，网罟毒药不入泽。不夭其生，不绝其长也。"整个《礼记·月令》篇，通篇阐述的也几乎都是"时政顺天"的思想。而"孝"的介入则使古代的自然保护染上了一层伦理色彩："曾子曰：树木以时伐焉，禽兽以时杀焉。夫子子曰：断一树，杀一兽，不以其时，非孝也。"③然而，单凭提倡是远远不够的，它需要有法律做倚托。前十一世纪，西周颁布的《伐崇令》上规定："毋坏屋，毋填井，毋伐树木，毋动六畜。有不如令者，死无赦。"④《周礼·地官》亦谓："凡窃木者，有刑罚。"《管子·地数》篇还提出过对矿藏资源的保护条款："苟山之见荣者，谨封而为禁。有动封山者，罪死而不赦。有犯令

---

① 杜预集解，孔颖达等正义：《春秋左传正义》，载阮籍校刻《十三经注疏》（清嘉庆刊本），中华书局，2009，第4394页。

② 张桥贵：《生态·人际与伦理——原始宗教的主题与发展》，《民族研究》1983年第1期。

③ 郑玄注，孔颖达等正义：《礼记正义》，载阮籍校刻《十三经注疏》（清嘉庆刊本），中华书局，2009，第3469页。

④ 姜椿芳主编《中国大百科全书·环境科学》，中国大百科全书出版社，1983，第502页。

者，左足入，左足断；右足入，右足断。"

为了使上述措施落到实处，我国历史上许多朝代还专设有虞、衡等执行机构和官员。据《周礼·地官》载，五帝时，舜即位后派大禹治水的同时，即派益为管理山泽草木鸟兽的官员——虞。先秦时期有山虞、泽虞、川衡、林衡（衡为虞的下属），荀子曾对虞职有过具体的界说："修火宪（指防火的法令——引者注）、养山林薮泽草木鱼鳖百素，以时禁发，使国家足用而财物不屈，虞师之事也。"其目的很明确，即："斩伐养长不失其时""山林不童而百姓有余材也"。①

这显然是对自然规律的一种理性认可和顺应。《国语·周语下》讲："天六地五，数之常也。"这等于说，具有内在必然性的自然是不以人的意志为转移的，人也没有能力去左右自然规律，所谓"人民鸟兽草木之生物，虽不甚多，皆均有焉，而未尝变也，谓之则"②等观点，正得其旨。既如此，人要在天地自然间生存下去，就必须顺应自然。《荀子·天论》称："顺其类者谓之福，逆其类者谓之祸。夫是之谓天政。"因为古人很执着地认为，人类之于天地万物，是一种共生的关系。因此，人类应当与自然界和平共处，而不该一味地以戕害、破坏自然为自身生存的前提条件，所以庄子才说"天地与我并生而万物与我为一"、荀子才称"万物各得其和以生"③。同时也反向证明，自然界乃人类得以生息之家园，人若一味破坏自然，最终将无家可归。于是乎，"为人君而不能谨守其山林菹泽草莱"，则"不可以立为天下王"④等舆论便屡见史书了。

① 王先谦：《荀子集解》，载国学整理社编《诸子集成》，中华书局，2006，第105页。
② 戴望：《管子校正》，载国学整理社编《诸子集成》，中华书局，2006，第28页。
③ 王先谦：《荀子集解》，载国学整理社编《诸子集成》，中华书局，2006，第206页。
④ 戴望：《管子校正》，载国学整理社编《诸子集成》，中华书局，2006，第393页。

但是，这并不等于说，人类从此便不再开发自然资源，因为事实上这是办不到的。只是，对自然的利用和开发，一定要有度，这就要求人类在社会行为中要努力进行自我约束。这在中国古代，主要以"节用"的形式表现出来。《管子·八观》篇云"山林虽近，草木虽美，宫室必有度，禁发必有时"；孟子亦对"堂高数仞，榱题数尺"和"驱骋田猎，后车千乘"等毁自然以兴土木、害生态以尽人欢的现象深恶痛绝，并明确表示倘若得志，自己是绝对不会这样胡作非为的。①

我国古人在顺应自然方面，的确是尽了力的。在与自然界长期交往的过程中，人们发现了"食物链"现象，并大力鼓吹这一现象所具有的伟大意义。《荀子·天论》称："万物……各得其养以成""鼋鼍鱼鳖鳅鳣，以时别，一而成群，然后飞鸟凫雁若烟海，然后昆虫万物生其间，可以相食养者不可胜数也"。②《礼记·郊特牲》更谓："迎猫为其食田鼠也；迎虎，为其食田豕也。"相食相生，才能使自然生态系统保持持续而稳定的平衡，而这对人类来说，实可谓至关重要的千秋大计。

正是在这种顺应自然和自我节制的过程中，中国古代的生态环境呈现出令人难以想象的景观：根据雍文涛同志的研究，当时的森林资源十分丰富，黄土高原上曾有森林4.8亿亩，覆盖率高达53%。③

可是，秦汉之际，政治经济欲望使人们一时忘却了自然对人的意义。秦有一个阿房宫，其规模被杜牧状为"一日之内，一宫之间，而气候不齐"。然而它的代价却是"蜀山兀，阿房出"④。汉武帝亦一反汉文帝的节用行为，大兴土木，且穷兵黩武，天下因此出现了很多灾异。汉儒董仲舒

---

① 焦循：《孟子正义》，载国学整理社编《诸子集成》，中华书局，2006，第596—597页。
② 王先谦：《荀子集解》，载国学整理社编《诸子集成》，中华书局，2006，第119—120页。
③ 雍文涛：《保护现有森林，加快发展林业》，《人民日报》1981年9月24日。
④ 杜牧：《阿房宫赋》，载《杜牧集》，凤凰出版社，2020，第125页。

乘势而大大发挥了他的"人合于天"意义上的"天人感应"理论。他认为，"事各顺于名，名各顺于天。天人之际，合而为一"①。他总结了古代阴阳五行说的合理内核，指出："天地之气，合而为一，分为阴阳，判为四时，列为五行。"②并从天人相通的观点出发，把天亦赋予了人格，认为天和人一样，也是有意志、有情感的，唯此，天与人是可以互相感应的。他说：

> 天亦有喜怒之气、哀乐之心，与人相副。以类合之，天人一也。春，喜气也，故生；秋，怒气也，故杀；夏，乐气也，故养；冬，哀气也，故藏。四者天人同有之③。
>
> 是故春气暖者，天之所以爱而生之；秋气清者，天之所以严而成之；夏气温者，天之所以乐而养之；冬气寒者，天之所以哀而藏之④。

把"天"赋予情感，这显然是主观主义的。但从中体现出来的顺应自然天地及四时规律的思想，却是值得肯定的，是健康的。同时，现代科学研究证明，对地表植被等自然生态环境的大量破坏，会使自然天候发生不自然的变化，因此而产生很多自然灾害就在所难免了。这类情况，在中国古代即曾频仍发生过，《左传》昭公十六年即有"斩其木，不雨"的记载。董仲舒虽不懂科学，但他却通过"天人感应"的思维逻辑，发现了这一规律并以谴告说来震吓统治者，提出了"屈君而伸天，《春秋》之大义也"⑤的纲领性主张。他认为，"木有变，春凋秋荣。秋木冰，春多雨"等现象是因为统治者徭役太频，土木兴建工程太多，当然，百姓亦因此而

---

① 苏舆：《春秋繁露义证》，中华书局，1992，第288页。

② 苏舆：《春秋繁露义证》，中华书局，1992，第362页。

③ 苏舆：《春秋繁露义证》，中华书局，1992，第341页。

④ 苏舆：《春秋繁露义证》，中华书局，1992，第331页。

⑤ 苏舆：《春秋繁露义证》，中华书局，1992，第32页。

负累重重，故他又提出了"省徭役，薄赋敛"等挽救措施；"土有变，大风至，五谷伤"，这是由于君主淫佚无度和广筑宫室。挽救的措施是"省宫室，去雕文"①等。可见，对"天人感应"的"感应"，如剔除其神秘的迷信色彩，似乎更应理解成天与人的相互作用和相互影响。它告诉人们，人类不是自然的奴隶，但也绝不是自然的杀手，而应该成为自然的朋友。最好是始终保持与自然的一体化状态。它隐含着这样的命题，即：人不要伤"天"，不要残害自然，否则，就等于慢性自杀。这一蕴含着大道理，却又带有一些神秘与迷信色彩的"天人合一"哲学，在中国历史上流传甚广，亦甚久。它形成了一个千古递续的传统，即珍视生态、酷爱自然的传统。这种传统，伴随着文学的升华，而产生了极其诱人的美学意境——自然与心灵的高度和谐与统一。

庄子对美好的自然环境是流连忘返的："山林欤，皋壤欤，使我欣欣然而乐欤！"不朽的诗人、一世之名士陶潜，更为人们展现了魏晋时文士最高尚的人生境界："久去山泽游，浪莽林野娱""采菊东篱下，悠然见南山。山气日夕结，飞鸟相与还"。有学者撰文指出："魏晋名士多言'放达'，但有的人是'行为之放'，仅得'放达'之皮相，如王衍，胡毋辅之流，以矜富虚浮为放达；有的人是'心胸之放'，则得'放达'之骨骸，如嵇康、阮籍等人，以轻世傲时为放达；有的人是'与自然为一体之放达'，则得'放达'之精髓，如不为五斗米折腰的陶潜即是。"②唐代的一些名士亦复如此，像王维和孟浩然，均把山水诗的美学意境写得仙袂飘飘。如《辋川绝句》中的一首《竹里馆》吟：

> 独坐幽篁里，弹琴复长啸。
>
> 深林人不知，明月来相照。

---

① 苏舆：《春秋繁露义证》，中华书局，1992，第385—386页。

② 汤一介：《论中国传统哲学中的真、善、美问题》，《中国社会科学》1984年第4期。

短短二十字，就把一个人融化在竹影婆娑、清辉流泻的自然景色中。又《过故人庄》：

> 故人具鸡黍，邀我至田家。
>
> 绿树村边合，青山郭外斜。
>
> 开轩面场圃，把酒话桑麻。
>
> 待到重阳日，还来就菊花。

　　普通的山林草木，经过充满爱心的描绘，已几成仙境！中国人对自然的珍视，甚至细微到对损失之花草的怜惜，也是诗人写出了这一细微的心理："夜来风雨声，花落知多少！"自然是绿色的，而绿色象征着生命。我国古人的珍视自然，充满了热爱生命的情怀。在古人的色彩概念中，东方属木、色青，当配以四季之首——春天。这大概也是后世"青春"一词的来历吧。据《礼记·月令》载，对春天的祭典，是举国上下、朝野一致的："立春之日，天子亲帅三公、九卿、诸侯、大夫以至，迎春于东郊。"其具体活动则如《续汉志·祭祀志》所录："立春之日，皆青幡帻，迎春于东郭外，令一男童冒青巾，衣青衣，先在东郭外野中。迎春者至，自野中出，则迎者拜之而还。"这实际已成为中国人至今仍保持着的春季踏青习惯的最初情形。而这种观念和行为，也恰好是对宇宙与人生之终极价值的实现方式之一，即：人、自然和终极价值是三位一体的，人对自然的破坏，不仅会损害人自身，同时也侵犯了终极价值。[①]

　　其次看"天合于人"。"老庄之道"的永恒性，在宇宙自然界当中，确实具有终极价值，这是不容置辩的。但是，若将它一成不变地施及人类社会，便出现了另外一种情形。"道"在人间的体现被老子称为"德"，他常常把"赤子"或"婴儿"，视为最具德性的存在。他讲：

---

① E.P.奥德姆：《生态学基础》，人民教育出版社，1981，第147页。

"含德之厚，比于赤子。蜂虿虺蛇不螫，猛兽不据，攫鸟不搏，骨弱筋柔而握固。"①又道，"常德不离，复归于婴儿。"②为什么呢？一是因为他无欲望。庄子在解释老子的"终日号而不嗄"一段时这样讲："吾固告汝曰：能儿子乎？儿子动不知所为，行不知所之，身若槁木之枝，而心若死灰矣。若是者，祸亦不至，福亦不来，祸福无有，恶有人灾也！"③二是由于婴儿的天性似最具自然的属性，因为"道"下凡在人世间的基本精神，也正是如此。所谓"含德之厚"或"常德不离"，都是这个意思。显然，老子是在用最上乘的言辞来赞美婴儿的，个中原因，恐怕并不像有的学者所说的那样浅显："赞美婴儿，无疑是生命的赞歌"，而是因为他符合"道德"，符合"道德"的自然主义精神。终于，老子赋予了他以人性论中的最佳价值判断——"善"。《老子・八章》讲："上善若水。"就是说，水是世上最善的存在。那么，水的物理属性是什么呢？曰："天下莫柔弱于水。"④由于老子是以水为喻，借水喻人，故常拿水的物理属性来寻找合乎这一属性的人，他于是乎找到了"婴儿"："专气致柔，能婴儿乎？"⑤因为只有婴儿才"骨弱筋柔"。因而老庄认为，在人类当中，"人之初"的婴儿无疑具有了水的善性，他是自然主义的善人，是以无知无欲无为贵柔的"天道"为法宝的，而"天道"也只与这种自然的善人相交通："道者，万物之奥，善人之宝"⑥，"天道无亲，常与善人"⑦。老庄亦欲以婴儿之德为原则，广布于人类全体，所谓"能婴儿乎""复归

① 王弼：《老子注》，载国学整理社编《诸子集成》，中华书局，2006，第33页。

② 王弼：《老子注》，载国学整理社编《诸子集成》，中华书局，2006，第16页。

③ 王先谦：《庄子集解》，载国学整理社编《诸子集成》，中华书局，2006，第149页。

④ 王弼：《老子注》，载国学整理社编《诸子集成》，中华书局，2006，第46页。

⑤ 王弼：《老子注》，载国学整理社编《诸子集成》，中华书局，2006，第5页。

⑥ 王弼：《老子注》，载国学整理社编《诸子集成》，中华书局，2006，第38页。

⑦ 王弼：《老子注》，载国学整理社编《诸子集成》，中华书局，2006，第46页。

于婴儿"等劝谏是也。意为欲做善人，当恢复孩提时的纯净与天真。说明操纵老庄最佳价值评判标准的，似乎是自然主义的"道德"原则。复归于这一原则的，就是"善"，否则，就进入了"不善"的范畴。冯友兰先生指出："如道家所说人若顺其自然发展，不必勉强，则自有社会底，道德底，生活，道家虽未标明主张性善，而实则是极端地主张性善者。"①童书业先生亦谓："老子是主张复归自然的，自然就是原始，凡是非原始、自然的东西，都是坏的。"②应该说，两位先生以老庄的话为前提而推导出的结论原本是不错的。但是，关于老庄的"性善论"是否符合其哲学的最高指归——"道"以及是否符合自然界的实际和人类社会的实际等问题，却不能不令人生出一连串问号。

第一，它不符合"道"的基本精神。理由是，所有的人间价值判断在"道"面前都是毫无意义的存在，都是"一"或"无"。老子本人即称："善之与恶，相去若何？"③庄子则阐发得更加明确："可乎可，不可乎不可""故为是举莛与楹，厉与西施，恢恑憰怪，道通为一""是不是，然不然。是若果是也，则是之异乎不是也亦无辩；然若果然也，则然之异乎不然也亦无辩""其分也，成也；其成也，毁也。凡物无成与毁，复通为一。唯达者知通为一"。④《知北游》云："生也死之徒，死也生之始，孰知其纪？""是其所美者为神奇，其所恶者为臭腐。臭腐复化为神奇，神奇复化为臭腐。"这里，善与恶、是与非、成与毁、生与死、臭腐与神奇、厉人与西施，均被老庄"道通为一"了。而道家欲以人世间的善恶价值判断与宇宙自然的哲学本体与其对接的观念和行为本身，已构成了

---

① 冯友兰：《新理学》，载《三松堂全集》第四卷，河南人民出版社，1986，第103页。

② 童书业：《先秦七子思想研究》，齐鲁书社，1982，第135页。

③ 王弼：《老子注》，载国学整理社编《诸子集成》，中华书局，2006，第11页。

④ 王先谦：《庄子集解》，载国学整理社编《诸子集成》，中华书局，2006，第10、11、17页。

其哲学体系上的"二律背反"。

第二,它也不完全符合自然界的发展规律。说起"毒虫不螫^①、猛兽不据、攫鸟不搏"时,王弼注道:"赤子无求无欲,不犯众物,故毒虫之物无犯之人也。含德之厚者不犯于物,故无物以损其全也。"这显然是取譬于传说的神话式说明。《诗·大雅·生民》篇关于周后稷(弃)有这样一段神话式的记载:"诞置之隘巷,牛羊腓字之;诞置之平林,会伐平林;诞置之寒冰,鸟覆翼之。"《史记·周本纪》是这样翻译的:"周后稷,名弃,其母有邰氏女,曰姜原。姜为帝喾元妃。姜原出野,见巨人迹,心忻然说,欲践之,践之而身动如孕者。居期而生子,以为不祥,弃之隘巷,马牛过者皆辟不践;徙置之林中,适会山林多人,迁之;而弃渠中冰上,飞鸟以其翼覆荐之。姜原以为神,遂收养长之。初欲弃之,因名曰弃。"可是,动物世界的规律却并非柔弱胜刚强,而是"弱肉强食"。庄子的"同与禽兽居,族与万物并"^②,也不过是说说而已,因为"物竞天择,适者生存",才是自然界的发展规律——"天理"的真实内涵。既然"天理"如此,"争"便自然构成了自然界自然进化的中心原则。老子所谓"夫唯不争,故天下莫能与之争"^③的说教,表明他是了解自然规律的,他还是要"争"的,只不过是以"不争"为"争"罢了——"不争"是手段,"争"才是目的:"天下莫柔弱于水,而攻坚强者莫之能胜,以其无以易之。弱之胜强,柔之胜刚,天下莫不知,莫能行。是以圣人云:'受国之垢,是谓社稷主。受国不祥,是为天下王。'"^④而这种符合自然规律的理论,也恰与"不螫不据"说形成了悖论。

第三,它并不完全符合社会发展规律。这主要体现在两个方面:1. 对

---

① 王弼本作"蜂虿虺蛇不螫"。

② 王先谦:《庄子集解》,载国学整理社编《诸子集成》,中华书局,2006,第57页。

③ 王弼:《老子注》,载国学整理社编《诸子集成》,中华书局,2006,第12页。

④ 王弼:《老子注》,载国学整理社编《诸子集成》,中华书局,2006,第46页。

礼制的否定；2. 对人情的否定。关于礼制，荀子有一段具有代表性的论述："礼起于何也？曰：'人生而有欲，欲，而不得，则不能无求，求而无度量分界，则不能不争，争则乱，乱则穷。先王恶其乱也，故制礼义以分之，以养人之欲，给人之求。使欲必不穷乎物，物必不屈于欲，两者相持而长，是礼之所起也。'"①说明"礼"是用来反对禽兽般争夺的社会规矩，是人类社会这一自然当中特殊群体的特殊要求。而老子所谓"夫礼者，忠信之薄，而乱之首"②云者，则更加清楚地表明了道家在自然规律问题上所奉行的"争"的原则。尽管他们认为，事实上也确实存在着"捐仁义者寡，利仁义者众"③等现象，但倘若因此而"绝仁弃义"④，人类社会必将倒退到"弱肉强食"、互相吞噬的动物世界。荀子的话可谓一针见血："夫禽兽有父子而无父子之亲，有牝牡而无男女之别""水火有气而无生，草木有生而无知，禽兽有知而无义"。而能够有效地抑制人的生物性的礼制与老庄社会组织原则的抵忤，更清楚地证明了老庄之社会观并不符合人类社会的实际状态。关于人情，道家则历来以冰冷著称。老子的"百姓刍狗"论始作其俑，即："天地不仁，以万物为刍狗；圣人不仁，以百姓为刍狗。"⑤其意为："天地"本身是自然物理的客观存在，因此，体现这种自然天道的"圣人"，便与"天地"一样，无情感，无爱憎，所以，"万物"也好，"百姓"也罢，在"天地"和"圣人"之天理的制约下，也理当像草扎的狗（刍狗）一样全无情感。庄子有一句名言："道之所以亏，爱之所以成。"⑥就

① 王先谦：《荀子集解》，载国学整理社编《诸子集成》，中华书局，2006，第231页。
② 王弼：《老子注》，载国学整理社编《诸子集成》，中华书局，2006，第23页。
③ 王先谦：《庄子集解》，载国学整理社编《诸子集成》，中华书局，2006，第163页。
④ 王弼：《老子注》，载国学整理社编《诸子集成》，中华书局，2006，第10页。
⑤ 王弼：《老子注》，载国学整理社编《诸子集成》，中华书局，2006，第3页。
⑥ 王先谦：《庄子集解》，载国学整理社编《诸子集成》，中华书局，2006，第11页。

是说，人类的感情，尤其是血亲情感的产生和存在，本身就是对“道”的一种损害。因此，道家在人际交往中每每以无情的面貌出现。历史上，“庄子鼓盆成大道”的故事，对后世产生了很大的影响。对此，庄子有一段理论总结：“行小变而不失其大常也，喜怒哀乐，不入于胸次。夫天下也者，万物之所一也，得其所一而同焉，则四肢百体，将为尘垢，而死生终始，将为昼夜，而莫之能滑，而况得丧祸福之所介乎！”①而这与“仁者爱人”和“百室一族也”“一族同时纳谷，亲亲也。‘百室’者，出必共洫间而耕，入必共族中而居，又有祭醑合醵之欢”②的社会真实，恰好相反。有学者将这种“完全是从观察宇宙演变消息入手而及于社会”的“把‘人’当作没有主体精神和自我意识的自然存在物”的“自然本体论”称为“冷哲学”③，从人类社会的角度着眼，似并非过言。可这样一种全无人性的社会氛围，又怎么能成为老庄“性善论”之代表的“婴儿”的身心家园呢？因而实际上，只有依礼乐文化制度而建立起来的人类社会，才能够真正有效地抑制“争”和与“争”有关的一切现象，包括自然现象和准自然现象的人的自然属性的无节制的“争”与“斗”。可以说，道家天人说的全部困惑，亦只有通过“天合于人”的社会原则，才能够得到相当程度的解决，而这种“合”，则更多地表现在“天理”与“人事”关系的相互易位上。

“天理”的最初意义是什么呢？《庄子·天运》篇称：“夫至乐者，先之以人事，顺之以天理。”何谓“天”，又何谓“人”呢？庄子说：“牛马四足，是谓天；落马首，穿牛鼻，是谓人。”④可是，下面一段话

---

① 王先谦：《庄子集解》，载国学整理社编《诸子集成》，中华书局，2006，第131—132页。

② 王先谦：《诗三家义集疏》，中华书局，1987，第1077页。

③ 赵明、薛敏珠编著《道家文化及其艺术精神》，吉林文史出版社，1991，第60、62页。

④ 王先谦：《庄子集解》，载国学整理社编《诸子集成》，中华书局，2006，第105页。

却与此相反。《礼记·乐记》云："好恶无节于内，知诱于外，不能反躬，天理灭矣。夫物之惑人无穷，而人之好恶无节，则是物至而人化物也。人化物也者，灭天理而穷人欲者也。"同为"天理"，前一个天理，是以自然为本体的道家"天理"，即所谓自然之理；后一个天理，则是以伦理为本体的儒家"天理"，即所谓社会之理。前者主张人化为物，故反对一切人间伦常："夫孝悌仁义忠信贞廉，此皆自勉以役其德者也，不足多也"①，"吾所谓臧者，非所谓仁义之谓也，任其性命之情而已矣"②；而后者则鼓吹物从乎人，大肆提倡仁义道德并将其赋予先天特质：孟子认为，"仁义礼智"是"所不虑而知者"的"良知"③，亦即"天理"——"良知是天理之昭明灵觉处，故良知即是天理"④。道家以"骨弱筋柔"为善的婴孩在他的"天理"下无法存活，因为一旦"人化为物"，则"于是有悖逆诈伪之心，有淫泆作乱之事。是故，强者胁弱，众者暴寡，知者诈愚，勇者苦怯，疾病不养，老幼孤独不得其所"⑤。但如此理想却可在儒家的"天理"下获得不同程度的实现："是故先王之制礼乐，人为之节；衰麻哭泣，所以节丧纪也；钟鼓干戚，所以和安乐也；昏姻冠笄，所以别男女也；射乡食飨，所以正交接也。礼节民心，乐和民声，政以行之，刑以防之，礼乐刑政，四达而不悖，则王道备矣。"⑥可是这样一来，在"人合

① 王先谦：《庄子集解》，载国学整理社编《诸子集成》，中华书局，2006，第89页。
② 王先谦：《庄子集解》，载国学整理社编《诸子集成》，中华书局，2006，第56页。
③ 焦循：《孟子正义》，载国学整理社编《诸子集成》，中华书局，2006，第529页。
④ 王守仁：《传习录》，载《王文成公全书》，中华书局，2015，第89页。
⑤ 郑玄注，孔颖达等正义：《礼记正义》，载阮籍校刻《十三经注疏》（清嘉庆刊本），中华书局，2009，第3314页。
⑥ 郑玄注，孔颖达等正义：《礼记正义》，载阮籍校刻《十三经注疏》（清嘉庆刊本），中华书局，2009，第3315页。

于天"和"天合于人"的论辩中，儒道两家的"天理"和"人事"（人欲）的标准和内涵却恰好互易其位。"河伯曰：'然则何贵于道邪？'北海若曰：'知道者必达于理。'"①又《庄子·缮性》称："道，理也。"说明"道"即是"理"，"天道"亦即"天理"。而这个天理与仁义礼智是毫无关系的，是反伦理的："余愧乎道德，是以上不敢为仁义之操，而下不敢为淫僻之行也"，"屈折礼乐，呴俞仁义，以慰天下之心者，此失其常然也"②。而儒家的天理却与此相反："理者，义也"③，"礼也者，理也"。④同时，"理"也就是"道"："道者，日用事物当行之理。"⑤具体说来："道也者何也？曰：礼义辞让忠信是也。"而"理"的内容也是礼义："礼也者，理也。"可见，被道家以"毁道德以为仁义，圣人之过也"⑥之辞相诟詈的、表现为伦常道德的人事之理已被儒家升华放大为道德本体——"天理"，而一向以不为"人兽"为特征的道家"天理"，则下降为被儒家视为"大乱之道也"⑦的"人欲"。这种变换，使"天合于人"的"天人合一"观更具有人文色彩。荀子为衬托这种色彩，在中国历史上，首次发起了"理欲之辩"："心之所可中理，则

① 王先谦：《庄子集解》，载国学整理社编《诸子集成》，中华书局，2006，第104页。

② 王先谦：《庄子集解》，载国学整理社编《诸子集成》，中华书局，2006，第54—56页。

③ 郑玄注，孔颖达等正义：《礼记正义》，载阮籍校刻《十三经注疏》（清嘉庆刊本），中华书局，2009，第3680页。

④ 郑玄注，孔颖达等正义：《礼记正义》，载阮籍校刻《十三经注疏》（清嘉庆刊本），中华书局，2009，第3502页。

⑤ 朱熹：《中庸章句》，载《朱子全书》，上海古籍出版社、安徽教育出版社，2010，第32页。

⑥ 王先谦：《庄子集解》，载国学整理社编《诸子集成》，中华书局，2006，第58页。

⑦ 郑玄注，孔颖达等正义：《礼记正义》，载阮籍校刻《十三经注疏》（清嘉庆刊本），中华书局，2009，第3314页。

欲虽多，奚伤于治！""心之所可失理，则欲虽寡，奚止于乱！"进而主张依人力来增减理欲之比："今人所欲，无多；所恶，无寡。"①"凡事行有益于理者立之，无益于理者废之，夫是之谓中事；凡知说有益于理者为之，无益于理者舍之，夫是之谓中说。"②最后则提出了"以道制欲"③、"以公义胜私欲"④等主张，"理""道""中""义"，在这个意义上取得了统一⑤。也是在这个意义上，宋明理学的有关议论，是否也具有一定的合理价值呢？朱熹说："圣贤千言万语，只是教人明天理，灭人欲。"⑥王守仁也说："圣人述《六经》，只是要正人心，只是要存天理、去人欲。"⑦天理人欲之辨，一方面强化了人的社会属性，有效地节理了人的自然属性；而更为重要的另一方面，则是对"人合于天"的天人关系所进行的深刻反省。该天人观的最辉煌之处，在于它对宇宙自然哲学本体之道的提升和把握，在于它珍视自然生态的万物一体思想。从这个意义上讲，"人合于天"具有非常重要的终极意义，是颠扑不破的绝对真理。但是，在人性、人类社会及其社会组织原则方面，一味地"人合于天"，却容易造成"蔽于天而不知人"的结局。道家学说体系中百出的破绽和矛盾，反向证明了在人类社会领域存在着人所具

---

① 王先谦：《荀子集解》，载国学整理社编《诸子集成》，中华书局，2006，第285页。

② 王先谦：《荀子集解》，载国学整理社编《诸子集成》，中华书局，2006，第79页。

③ 王先谦：《荀子集解》，载国学整理社编《诸子集成》，中华书局，2006，第254页。

④ 王先谦：《荀子集解》，载国学整理社编《诸子集成》，中华书局，2006，第22页。

⑤ 吴乃恭：《儒家思想研究》，东北师范大学出版社，1988，第163—164页。

⑥ 朱熹：《朱子语类》，载《朱子全书》，上海古籍出版社、安徽教育出版社，2010，第367页。

⑦ 王守仁：《传习录》，载《王文成公全书》，中华书局，2015，第11页。

有的特殊性和所依循的特殊规律这一客观事实。从这个意义上讲，"天合于人"便具有了至关重要的实践价值和现实意义。它是人生之道的终极关怀。而只有在"人合于天"和"天合于人"这两种天人观均已感受到各自的缺陷与不足时，真正意义上的"天人合一"观——"天人相合"才能真正产生。二程云："安有知人道而不知天道者乎？道一也，岂人道自是一道，天道自是一道？……天地人只一道也，才通其一，则余皆通。"①这里的"一道"，显然指的是"天人相合"的儒道互补之"道"而不是专谓孔孟或老庄。

二、人际关系哲学

据《论语·微子》载：有一个名叫桀溺的隐者，见子路问津，便劝他说："滔滔者天下皆是也，而谁以易之？且而与其从辟人之士也，岂若从辟世之士哉？"子路行以告，孔子长叹一声说："鸟兽不可与同群，吾非斯人之徒而谁与？天下有道，丘不与易也。"对此，朱子释云："言所当与同群者，斯人而已，岂可绝人逃世以为洁哉？天下若已平治，则我无用变易之。正为天下无道，故欲以道易之耳。程子曰：'圣人不敢有忘天下之心，故其言如此也。'"显然，孔子的生命依托是与"鸟兽"有着本质区别的人类社会，而他的终极关怀，乃是人际关系的最佳状态和最合理的人际关系——有序亲和。

马克思在给人下定义时说："人的本质并不是单个人所固有的抽象

---

① 黄宗羲：《宋元学案》，中华书局，1986，第599页。

物，在其现实性上，它是一切社会关系的总和。"①人际关系其实就是社会关系，孔子的"人学"也恰恰建立在人的这种社会属性上，它的超功利特征（至少是淡化功利），使伦理道德上升到一个空前的哲学高度，并使其他所有原则（包括刑、政和利、禄）都降诸伦常原则之下。

那么，孔子思想体系的核心到底是什么呢？有人说是"仁和义"，有人说是"仁"。从内容上看，这两种说法都很有道理，但若仔细研究，又感到有些经不起推敲：既称"核心"，就应只有一个才是，而两个核心的提法，似乎有违核心唯一性的逻辑原则；"仁"是孔学核心的提法原本不错，但仅仅就《论语》中出现了109个"仁"字②和仅凭把孔子那句"吾道一以贯之"的"一"——"忠恕"推演为"仁"的考证③即谓"仁"是孔学之核心的结论，似乎因缺乏历史感而略涉皮相之嫌。因为人们忽略了"仁"的中心意义——"爱"以及这种意义的产生背景。

"仁"字，尤其是带有"爱"之意味的"仁"字，在孔子以前的上古典籍中并不多见。根据《论语·述而》篇的记载，孔子在教育学生时常用的教科书是《诗》《书》《礼》《易》四部书。四部书中，除却《诗经·郑风·叔于田》和《齐风·卢令》篇中出现的"美且仁"的"仁"字带有爱惜人的意义外，其他几部书中，竟见不到半个"仁"字（《书经》中的《仲虺之诰》《太甲下》《泰誓中》《武成》四篇里散见有"仁"字，但由于其属于《古文尚书》的一部分即汉代以后之作，故不足为凭）。《礼记·乐记》称："仁以爱人。"《礼记·经解》亦谓："上下相亲，谓之仁。"因"仁"字"从人二"，故《礼记·中庸》"仁者人也"之〔注〕云："读如相人偶之人。"〔疏〕谓："仁，谓仁爱相亲偶也。"然而很

① 弗里德里希·恩格斯、卡尔·马克思：《马克思恩格斯选集》，人民出版社，1972，第18页。

② 朴洋子：《对于孔子言仁的朱子之解释》，载《孔子诞辰2540周年纪念与学术讨论会论文集》，上海三联书店，1992。

③ 郭沫若：《十批判书》，人民出版社，1976，第77页。

明显，这些充满了爱意的界说之系统提出，乃自孔子始，就是说，《礼记》及后来的有关"仁者爱人"等提法，不过是对孔子下面一句话的发挥而已——《论语·颜渊》篇云："樊迟问仁。子曰：爱人。"屈万里先生说："东周以来，虽已经有了仁字，而且虽也把仁当作一种美德，但强调仁字，使它成为做人的最高准则，使它成为一个学说，则实从孔子开始。"①可是，孔子能把以前人们并不以为意的"仁"提高到一种伦理本体的高度，个中缘由，却不可不察。

如前所述，春秋战国时期，在我国历史上出现过一个空前的"终极境遇"。在一种新的但却过分激烈的价值观念的冲击下，物我人际间呈现出以战争和逐利为特征的空前剧烈的分裂和疏离。以往那种"君义、臣行、父慈、子孝、兄爱、弟敬"的人际关系，变成"贱妨贵、少陵长、远间亲、新间旧、小加大、淫破义"等人与人之间的敌对状态。这里面既有上下尊卑之间的分离，更有父子长幼关系的断裂，人们为逐取一己私利，彼此间都成了亟欲毁灭对方的敌人。于是乎，昔日维系社会关系的那种"贵贱有等，长幼有差，贫富轻重皆有称"②的伦常行为规范，便很快失去了它固有的凝聚力和约束力。这一巨变，给全社会带来了普遍的痛苦：旧的价值体系崩溃了，而新的能够得到全社会普遍认可的伦常秩序又不见端倪——社会陷入了空前的混乱。而这种"丘不与易也"的"天下有道"的反面——"天下无道"的现实，恰恰是孔子能够提出并无限升华和放大"仁爱"这一伦常价值观的主要背景原因。

孔子之所以一定把"仁"释为"爱"，直白地说，是想通过人与人之间的"爱"的交流，把已经因利益之争而造成的处于疏离和分裂状态的人们重新聚拢起来，使人与人由仇视转为关怀，使社会由无序恢复到有序。那么，"爱"是什么呢？爱是伦理，是道德，是稠密物我人际关

---

① 屈万里：《仁字涵义之史的观察》，《民主评论》1989年第5卷23期。
② 王先谦：《荀子集解》，载国学整理社编《诸子集成》，中华书局，2006，第231页。

系和解决所有争端的最终有效的东西。有学者指出："爱，既是伦理体系问题的答案，也是道德问题的答案……爱是无条件的。没有什么更高的原则能够使爱成为有条件的。爱是至上的。爱自己规定自己。爱渗透在一切具体情况中，并是被分离者重新聚合的唯一方式。"①而"爱"的无条件性恰恰是"心"的特征，仁的要求。"仁"就是要求人们一心爱人。《韩非子·解老》篇称："仁者，谓其中心欣然爱人。"朱子亦谓："仁者，爱之理，心之德也。"②此爱之理，应该从谁开始呢？子曰："立爱自亲始，教民睦也。"③有子曰："孝弟也者，其为仁之本与！"④但孔子的"仁者爱人"，恐怕也并不仅限于己之父母，因为"爱人"的"人"中除了父母外，也应该包括别人才是。孟子除了继承"仁"的父母之爱的意蕴外（如"仁之实，事亲是也""亲亲，仁也"等），似乎更对孔子"仁"的另一重含义进行了发挥，即把人类无条件的自救本能赋予了先验的"仁爱"色彩，即所谓"人皆有不忍之心"，"所以谓人皆有不忍人之心者，今人乍见孺子将入于井，皆有怵惕恻隐之心，非所以内交于孺子之父母也，非所以要誉于乡党朋友也，非恶其声而然也。由是观之，无恻隐之心，非人也；无羞恶之心，非人也；无辞让之心，非人也；无是非之心，非人也。恻隐之心，仁之端也；羞恶之心，义之端也；辞让之心，礼之端也；是非之心，智之端也"⑤，这就

---

① 蒂利希：《文化神学》，工人出版社，1988，第187—188页。

② 朱熹：《论语集注》，载《朱子全书》，上海古籍出版社、安徽教育出版社，2010，第68页。

③ 郑玄注，孔颖达等正义：《礼记正义》，载阮籍校刻《十三经注疏》（清嘉庆刊本），中华书局，2009，第3459页。

④ 刘宝楠：《论语正义》，载国学整理社编《诸子集成》，中华书局，2006，第4页。

⑤ 焦循：《孟子正义》，载国学整理社编《诸子集成》，中华书局，2006，第138—139页。

是"仁义礼智根于心"^①的"四端"。"四端"之中，以"仁"为首，"仁"是"恻隐之心"，孟子的"无恻隐之心，非人也"一语表明，人与人之间除却子女对父母的爱以外，亦存在着一种天然的人类之爱，这是人之所以为人的本性，是"天良"，是"良知"，而这种"良知"的迸发和产生，也确实超越了血缘关系，成为博爱的一种天然原则——说明孟子反对墨子的"兼爱"主要是不理解墨子为什么不首爱父母便去泛爱众人。

在了解孔孟何以以"仁"为中心来构建学说的原因后，才能知晓作为实现"仁"的原则的具体方法——忠恕所具有的真正意义。何谓"忠"？曰："尽己之谓忠。"何谓"恕"？曰："推己及人之谓恕。"具体说来，即"己欲立而立人，己欲达而达人"^②"己所不欲，勿施于人"^③"施诸己而不愿亦勿施诸人"^④等。它其实唤回了两件做人所不该失去的东西：一是真诚；二是善良。"忠"超越了尔虞我诈，而"恕"则超越了损人利己。这种竭诚事人和待人若己，体现的正是一种"爱人"的精神。爱父母，又爱他人，是可谓"亲亲而仁民"者也；至于不单单爱吾之父兄以及天下人之父兄为一体，而且还要泽及禽兽，恩被瓦石，这又是所谓的"仁民而爱物"^⑤了。如此才能理解下面的话："学者须先识仁，仁者浑然与物同体""仁者以天地万物为一体，莫非己也"等。说明"仁"是万

---

① 焦循：《孟子正义》，载国学整理社编《诸子集成》，中华书局，2006，第534—535页。

② 刘宝楠：《论语正义》，载国学整理社编《诸子集成》，中华书局，2006，第134页。

③ 刘宝楠：《论语正义》，载国学整理社编《诸子集成》，中华书局，2006，第343页。

④ 郑玄注，孔颖达等正义：《礼记正义》，载阮籍校刻《十三经注疏》（清嘉庆刊本），中华书局，2009，第3531页。

⑤ 焦循：《孟子正义》，载国学整理社编《诸子集成》，中华书局，2006，第559页。

物亲和的唯一原则。皇侃在《论语集解义疏》中认为，"吾道一以贯之"的"忠恕"原则，在稠密关系方面，具有最高意义：

> 忠，谓尽中心也。恕，谓忖我以度于人也。言孔子之道，并无他法，用忠恕之心，以己测物，则万物之理，皆可穷验也。

他援引王弼之解云：

> 忠者，情之尽也；恕者，反情以同物也。未有反诸身而不得物之极，未有全其恕而不尽理之极也。能尽理极，则物无不统；极不可二，故谓之一也。推身统物，穷类适尽，一言而可以终身行者，其唯恕也。

表明"仁"更是人世间"和协辑睦"的终极原则。

说"仁"是孔子思想的核心，除了说明孔子思想体系中的一切原则都由它推出外，还在于它本身即涵摄了儒家全部伦常子目的内容。在《论语》中，我们经常可以发现"此仁也，彼亦仁也"的现象，如《雍也》："仁者先难而后获，可谓仁矣。"《子路》："樊迟问仁。子曰：'居处恭，执事敬，与人忠，虽之夷狄，不可弃也。'"《阳货》："子张问仁于孔子。子曰：'能行五者于天下，为仁矣。'请问之，曰：'恭、宽、信、敏、惠。'"《颜渊》："颜渊问仁。子曰：'克己复礼为仁。一日克己复礼，天下归仁焉。'"孔子在另一次与子张的问答中，承认令尹子文算得上是"忠"，但不能算是"仁"；承认崔子、陈文子算得上是"清"，但也不能算是"仁"。[1]对这种情况，陈大齐先生指出："恭敬为仁所涵摄，忠恕为仁所涵摄，其他美德美行亦为仁所涵摄，仁中几

---

[1] 刘宝楠：《论语正义》，载国学整理社编《诸子集成》，中华书局，2006，第103—104页。

于摄尽一切德行，故可由以推定，仁是众德所合构而成的，是众德的总称。但忠不是仁，清不是仁，推而广之，恭敬忠恕等殆无一是仁。故又可由以推定，仁虽是众德的总称，然其与众德的关系，不是大类与小类的关系，而是总体与成分间的关系。"①民国佛教学家谢无量先生对"仁"在孔学里的核心地位给予了充分的概括和肯定，他说："通观孔子平日所言及所定五经中所有诸德，殆无不在仁中。曰诚、曰敬、曰恕、曰忠、曰孝、曰爱、曰知、曰勇、曰恭、曰宽、曰信、曰敏、曰惠、曰慈、曰亲、曰善、曰温、曰良、曰俭、曰让、曰中、曰庸、曰恒、曰和、曰友、曰顺、曰礼、曰齐、曰庄、曰肃、曰悌、曰刚、曰毅、曰贞、曰谅、曰质、曰直、曰廉、曰洁、曰决、曰明、曰聪、曰清、曰谦、曰柔、曰愿、曰正、曰睿、曰义，皆仁体中所包之德也。故仁者众德之统，万善之源。凡修齐治平之道，莫非仁之用，而仁义礼智信五常，尤儒家为教之要纲。"②冯友兰先生亦谓："在《论语》中可以看出，有时候孔子用'仁'字不光是指某一种特殊德性，而是指一切德性的总和。所以'仁人'一词与全德之人同义。在这种情况下，'仁'可以译为 perfect virtue（全德）。"③

界说"仁"为"爱之理，心之德"的朱子，晚年在《玉山讲义》中讲过这样的话："仁，固仁之本体也；义，则仁之断制也；礼，则仁之节文也；智，则仁之分别也……故但言仁，而仁义礼智皆在其中。"④孔子言仁之宗旨是只说"心之德"即"浑然之全体"这一面，可是其内面具备着"爱之理"即灿然的条理之仁义礼智。而在"仁"的无数子目中，作为"仁之节文"的"礼"，似具有特殊重要的意义。

---

① 陈大齐：《孔子所说仁字的意义》，《大陆杂志》第13卷12期。
② 谢无量：《中国哲学史》，中华书局，1940，第65页。
③ 冯友兰：《中国哲学简史》，北京大学出版社，1985，第53页。
④ 朱熹：《晦庵先生朱文公文集》，载《朱子全书》，上海古籍出版社、安徽教育出版社，2010，第3589页。

"礼"在人际关系中，其实是调节人与人、人与社会间的行为规范。如果说，"仁"的一半意义在横向人际关系的调剂，那么，作为其子目之一的"礼"，则是处理纵向人际关系的基本准则。"礼"的定义成百上千，但《左传》昭公二十五年子太叔所云，似最为全备：

> 简子曰："敢问，何谓礼？"对曰："吉也闻诸先大夫子产曰：夫礼，天之经也，地之义也，民之行也。天地之经，而民实则之。则天之明，因地之性，生其六气，用其五行，气为五味，发为五色，章为五声。淫则昏乱，民失其性，是故为礼以奉之：为六畜、五章，以奉五色；为九歌、八风、七音、六律，以奉五声；为君臣上下，以则地义；为夫妇外内，以经二物；为父子、兄弟、姑姊、甥舅、昏媾，以象天明；为政事、庸力、行务，以从四时；为刑罚威狱，使无畏忌，以类其震曜杀戮；为温慈惠和，以效天之生殖长育。民有好恶、喜怒、哀乐，生于六气，是故审则宜类，以制六志。哀有哭泣，乐有歌舞，喜有施舍，恶有战斗；喜生于好，怒生于恶。是故审行信令，祸福赏罚，以制死生。生，好物也；死，恶物也。好物，乐也；恶物，哀也，哀乐不失，乃能协于天地之性，是以长久"。简子曰："甚哉，礼之大也！"对曰："礼，上下之纪、天地之经纬也，民之所以生也，是以先王尚之。故人能自曲直以赴礼者，谓之成人。大，不亦宜乎！"

这段关于"礼"的定义，似乎很强调"礼"所由以生的自然来历。《礼记·问丧》亦谓："礼义之经"，"非从天降也，非从地出也，人情而已矣"。《礼记·正义》复云："夫礼者，经天纬地，本之则大一之初；原始要终，体之乃人情之欲。"说明礼一方面能从外在制约人的行为，同时，却又源于人们生理、心理的需要和生活的感受，"具有超越性与内在性的统一"①。既然是"人性",那么,"人性"中最天然的情感是人与人之间的"仁""爱"。所以孔子说:"人而不仁,如礼何!"②因此,礼虽然包括祭祀之礼、习俗之礼、修身之礼和治国之礼等项具体不同的内容,但其根本,都仍在于仁。从这个意义上讲,礼就是由人情积淀、凝结而成的社会秩序。

《论语·学而》称:"其为人也孝弟,而好犯上者,鲜矣;不好犯上,而好作乱者,未之有也。君子务本,本立而道生。孝弟也者,其为仁之本与!""犯上作乱",乍看上去,似乎是统治者之口气十足,但若同情地加以理解,它似乎着重强调的是一种秩序,是一种以"孝悌"之"仁"为本的有序现实。关于孝悌,孔子说:"宗族称孝焉,乡党称弟焉。"③说明"孝"的对象是家族内部的父母和亲族,而"悌"的对象则是广义的兄弟。就是说,在人际关系中,除却需尽孝道的父母等长辈人物以外,还要敬重顺应那些虽是平辈,但却年长于自己的人们。它们分别代表家族内和家族外两种秩序。《孟子·滕文公下》称:"入则孝,出则悌。"赵岐注云:"入则事亲孝,出则敬长悌,悌,顺也。"而这种孝悌原则扩展开去,便自然形成一种天然有序的伦理政治秩序:"子曰:立爱自亲始,教民睦也;立教自长始,教民顺也。教以慈睦,而民贵有亲;教以敬长,而民贵用命。孝以事亲,顺以听命,错诸天下,无所不行。"④当然,这种秩序在当时来说不免带有较浓的宗法色彩,即:"人道亲亲也,亲亲故尊祖,尊祖故敬宗,敬宗故收族,收族故宗庙严,宗庙严故重

① 胡伟希:《先秦儒家礼治思想的演变》,载《孔子诞辰2540周年纪念与学术讨论会论文集》,上海三联书店,1992。
② 刘宝楠:《论语正义》,载国学整理社编《诸子集成》,中华书局,2006,第44页。
③ 刘宝楠:《论语正义》,载国学整理社编《诸子集成》,中华书局,2006,第293页。
④ 郑玄注,孔颖达等正义:《礼记正义》,载阮籍校刻《十三经注疏》(清嘉庆刊本),中华书局,2009,第3459页。

社稷，重社稷故爱百姓，爱百姓故刑罚中，刑罚中故庶民安，庶民安故财用足，财用足故百志成，百志成故礼俗刑（型）。"①但当人们对这类推理信守不移的时候，一个贯通于社会各个阶层的礼乐秩序在群众的自觉维护和监督下，便具有了"道德法"的神圣性和不可侵犯性。它自然成为大多数人的价值取向和观念行为准则，以至一个人能否在世上立得住脚，甚至二十而冠后能否称得上是成人，都要看他是否知礼，能否做到"非礼勿视、非礼勿听、非礼勿言、非礼勿动"②。子曰："兴于诗，立于礼，成于乐"③"……他日，又独立，鲤趋而过庭，曰：'学礼乎？'对曰：'未也。''不学礼，无以立。'鲤退而学礼"④。子曰："不知命，无以为君子也；不知礼，无以立也。"⑤"礼，人之干也。无礼无以立。"⑥上引之能"谓之成人"者，须得"自曲直以赴礼者"的习惯，正由此而来。

《孟子·公孙丑下》云："天下有达尊三：爵一、齿一、德一。朝廷莫如爵，乡党莫如齿，辅世长民莫如德。恶得有其一以慢其二哉！"这里的"一"，显然指"爵"，因为其前提是"彼以其爵，我以吾义，吾何慊乎哉！"而"二"，自然指"齿"和"德"这两大天然之尊而言。凡

---

① 郑玄注，孔颖达等正义：《礼记正义》，载阮籍校刻《十三经注疏》（清嘉庆刊本），中华书局，2009，第3270页。

② 刘宝楠：《论语正义》，载国学整理社编《诸子集成》，中华书局，2006，第262页。

③ 刘宝楠：《论语正义》，载国学整理社编《诸子集成》，中华书局，2006，第160页。

④ 刘宝楠：《论语正义》，载国学整理社编《诸子集成》，中华书局，2006，第363—364页。

⑤ 刘宝楠：《论语正义》，载国学整理社编《诸子集成》，中华书局，2006，第419页。

⑥ 杜预集解，孔颖达等正义：《春秋左传正义》，载阮籍校刻《十三经注疏》（清嘉庆刊本），中华书局，2009，第4453页。

是自然的，都是无条件的，它与内心的尺度和公共情绪保持着高度的一致性。具有如此道德特质的礼，很容易与功利性极强的政治原则产生巨大的分歧，它与政治的经常性的不合作，每每决定于以下原则："子曰：道之以政，齐之以刑，民免而无耻；道之以德，齐之以礼，有耻且格。"①一个"耻"字，展示了"礼"这种内化了的伦理原则所具有的"道德法"特征。蒂利希指出："道德的法只有在下述情况下才能被执行，即执行本身伴随着欢乐，而不是伴随着怨和恨。……道德，只有通过给予的方式而非强求的方式，才可得以维护，用宗教术语来表达，即通过感化，而不是律法。没有人与其自身本质的重新统一，真正的道德行为是不可能的。""外在的强制，对于一个伦理体系的形成来说，是不充分的。它必须被内化，只有内化了的伦理体系才是稳妥可靠的。命令，只有成为自然的，才会在尽可能多的情况下被服从。在自动的状态中，服从就是圆满的或不折不扣的。"②它至少说明了两个问题：1. 外在强制的法律和内在自觉的道德，其结构与功能迥然相异；2. 解决问题的根本乃在于道德的自觉，即人与自身本质的重新统一。

那么，人自身的本质是什么呢？曰仁、曰义、曰礼。关于三者的关系，《礼记·礼运》称："仁者，义之本也""礼也者，义之实也"。对"仁"与"礼"，我们已略做论述，而"义"的中心意义则是"正"。《释名·释典艺》称："义，正也。"《孟子·尽心下》篇的"春秋无义战"之"义"，很得"义"之真味，《容斋随笔·人物以义为名》亦谓："仗正道曰义，义师义战是也。"因此，一定意义上，"义"乃是匡正事物、修己治人的准则。《论语·阳货》篇称："君子义以为上。"《子路》篇亦云："上好义，则民莫敢不服。"这样，"义"便成了君民共同也是应该共守的伦常政治原则和道德标准。但核心没变，仍是"正直或公

---

① 刘宝楠：《论语正义》，载国学整理社编《诸子集成》，中华书局，2006，第22页。

② 蒂利希：《文化神学》，工人出版社，1988，第179、184页。

正"。《孟子·离娄上》称："义，人之正路。"一定意义上说，"义"就是人的本质。故曰："义，人路也。"①和"礼"一样，"义"的"公正"意义本身，即具有很强的超越性。它具体体现在道德的最高表现——伦常政治领域。《礼记·丧服四制》云："门内之治，恩掩义；门外之治，义断恩。"孔疏曰："门外之治义断恩者，门外谓朝廷之间，既在公朝，当以公义，断绝私恩。""义"对君臣的要求是平等的。《左传》隐公三年的"君义臣行"的另一种表达就是只有君主公正，臣下才能执行其政令。《孟子·离娄下》所谓"君义莫不义"一语，即指此而言。可一旦这种共同的标准被打破，君民或君臣之间就会出现与从前完全不同的局面，即"其身正，不令而行；其身不正，虽令不从"。"义"的这些特质，与西周时代至高道德标准的"德"基本叠合。《说文通训定声》谓："德，假借为惪。"《说文》段注在注释"惪"字时道："惪""俗字假德为之""《洪范》三德，一曰正直"。故《左传》僖公二十七年称："德义，利之本也。"这样，"义"在政治上的体现，便自然成为"德政"。周公是"引德从礼"的："周公制周礼曰：'则以观德，德以处事，事以度功，功以食民。'"②此亦如《左传》僖公二十七年所云："礼乐，德之则也。"而"仁"，又是"礼"所由以生者也，即："仁者，制礼者也。"③有学者指出："礼在政治实践方面表现为德政。换句话说，德政是礼的精神——仁在具体的政治领域中的运用。"④《左传》桓公二年，比较近似地描述了这种关系，"名以制义，义以出礼，礼以体政，政以正民，是以政成而民听。易则生乱"。某种意义上可以说，

---

① 焦循：《孟子正义》，载国学整理社编《诸子集成》，中华书局，2006，第464页。

② 杜预集解，孔颖达等正义：《春秋左传正义》，载阮籍校刻《十三经注疏》（清嘉庆刊本），中华书局，2009，第4041页。

③ 《孔子家语》，载张元济主编《四部丛刊》初编，商务印书馆，1922，第65a页。

④ 胡伟希：《先秦儒家礼治思想的演变》，载《孔子诞辰2540周年纪念与学术讨论会论文集》，上海三联书店，1992。

"仁""义""礼"三位一体，一脉相承，由于"礼"具有无所不包的外在性，因此，伦理道德对政治的左右和影响更多地体现在礼上。孔子说："名不正，则言不顺，言不顺，则事不成，事不成，则礼乐不兴，礼乐不兴，则刑罚不中，刑罚不中，则民无所措手足。"[①]因此，国君也必须奉行这种道德准则："上好礼，则民莫敢不敬"[②]"上好礼，则民易使也"[③]。"季康子问政于孔子。孔子对曰：政者，正也，子帅以正，孰敢不正！"[④]否则"不能正其身，如正人何？"[⑤]这种内在性与超越性的绵密结合，终于使中国古代形成了有机有序的伦理关系网络，使先天和后天所形成的各种人际关系获得了"礼"的仪范规定，即"君令、臣共、父慈、子孝、兄爱、弟敬、夫和、妻柔、姑慈、妇听，礼也"[⑥]。在先儒看来，这显然是最理想的人际关系，也是最不易改变也不应改变的社会伦常，唯此，"礼"本身似亦兼有着终极的意义和价值："天地以合，日月以明，四时以序，星辰以行，江河以流，万物以昌，好恶以节，喜怒以当。以为下则顺，以为上则明。万物变而不乱，贰之则丧也。礼岂不至矣哉！立隆以为极，而天下莫之能损益也""天下从之者治，不从者乱；从之者安，不从者危；从之者存，不从者亡""君子审于礼，则

---

① 刘宝楠：《论语正义》，载国学整理社编《诸子集成》，中华书局，2006，第283页。

② 刘宝楠：《论语正义》，载国学整理社编《诸子集成》，中华书局，2006，第284页。

③ 刘宝楠：《论语正义》，载国学整理社编《诸子集成》，中华书局，2006，第329页。

④ 刘宝楠：《论语正义》，载国学整理社编《诸子集成》，中华书局，2006，第274页。

⑤ 刘宝楠：《论语正义》，载国学整理社编《诸子集成》，中华书局，2006，第289页。

⑥ 杜预集解，孔颖达等正义：《春秋左传正义》，载阮籍校刻《十三经注疏》（清嘉庆刊本），中华书局，2009，第4594页。

不可欺以诈伪。故绳者直之至，衡者平之至，规矩者方圆之至，礼者人道之极也"[1]。

那么，如何才能实现这一理想呢？这就需要有一个促进和保持"有序亲和"之社会状态的方法论原则，这个原则，在中国古代，被称作"和"。

"政通人和"一直被认为是中国政治的最佳状态。显然，在这个排列组合当中，"人和"才是最为根本的。考其本意，最初似多以"适度"为"和"，《广韵》称："和，不坚不柔也。"《周礼·春官·大司乐》云："中和祗庸孝友。"注："和，刚柔适也。"《淮南子·俶真训》："不足以滑其和。"高诱注："和，适也。"因适度而产生了一种"和谐"的效果。《广雅·释诂三》："和，谐也。"《广韵》："和，谐也。"由此亦产生了"协和""调和"之意。《淮南子·俶真训》："治而不能和下。"高诱注："和，协也。"《素问·六元正纪大论》："和其运。"《太玄经·玄捝》："以和天下。"注："和，调也。"和谐之最直观效果就是不争。《左传》文公十八年云："宣慈惠和。"孔疏："和者，体度宽简，物无乖争也。"《论语·子路》称："君子和而不同。"皇疏："和，谓心不争也。"因不争，亦易使人际产生"和气"。《淮南子·俶真训》："交被天和。"高诱注："和，气也。"《素问·气交变大论》："其德敷和。"注云："和，和气也。"《荀子·正名》篇云："性之和所生。"注曰："和，阴阳之冲和之气也。"

协和、调和、和气，能够给社会带来空前的安定团结。《礼记·乐记》谓："和故百物不失""和故百物皆化"。《史记·秦始皇本纪》亦称："和安敦勉，莫不顺令。"关于"和"，孟子曾提出过一个具有重大社会政治意义的命题，即："天时不如地利，地利不如人和。"他具体解释说："三里之城，七里之郭，环而攻之而不胜，夫环而攻之，必有得天时者矣。然而不胜者，是天时不如地利也。城非不高也，池非不深

---

[1] 王先谦：《荀子集解》，载国学整理社编《诸子集成》，中华书局，2006，第236—237页。

也，兵革非不坚利也，米粟非不多也，委而去之，是地利不如人和也。"荀子也认为，只有"和"，人们才能团结，而只有团结，社会的整体力量才能够得到加强，"故义以分则和，和则一，一则多力，多力则强"①。"义""分"，皆就"礼"而言，而"礼之用，和为贵"，社会苟能和谐，则万众一心，多力而强。荀子复以众乐合奏喻"和"："撞钟击鼓而和。《诗》曰：'钟鼓喤喤，管磬玱玱，降福穰穰，降福简简，威仪反反，既醉既饱，福禄来反。'此之谓也。"②认为只有"和"才能实现全社会的和谐与步调一致，即所谓："和气致祥，乖气致异。"③

然而，"和"只是处理人际关系的一个方法论原则，它只有同实现这一原则的具体方法——"中"结合在一起，才能在物我人际间发挥切实的作用，即所谓"致中和"。

提起"中"，人们不禁要想起不上不下、不前不后、不左不右、不西不东之所在。朱熹说："中者，不偏不倚、无过不及之名。""子程子曰：'不偏之谓中。'"④至于"庸"，《说文》云："庸，用也。"又释"用"："用，可施行也，从卜中。"段注："卜中则可施行，故取以会意。"可见，"中"与"庸"，其实一也，均乃事物适中的准则，故曰："中者，天下之正道；庸者，天下之定理。"⑤按照朱熹的理解，这中庸之道，早在尧舜禹时代即已有之，所谓"'允执厥中'者，尧之所以授舜也；'人心惟危，道心惟微，惟精惟一，允执厥中'者，舜之所

---

① 王先谦：《荀子集解》，载国学整理社编《诸子集成》，中华书局，2006，第104—105页。

② 王先谦：《荀子集解》，载国学整理社编《诸子集成》，中华书局，2006，第121—122页。

③ 班固：《汉书》，中华书局，1962，第1941页。

④ 朱熹：《中庸章句》，载《朱子全书》，上海古籍出版社、安徽教育出版社，2010，第32页。

⑤ 朱熹：《中庸章句》，载《朱子全书》，上海古籍出版社、安徽教育出版社，2010，第32页。

以授禹"①是也。嗣后，其继承者亦代不乏人。一定意义上说，中庸已凝结成一个比较固定的思维与行为模式。它包括"中德"之"中"与"中罚"之"中"等数类。《尚书·盘庚中》谓："汝分猷念以相从，各设中于乃心。乃有不吉不迪，颠越不恭，暂遇奸宄，我乃劓殄灭之，无遗育，无俾易种于兹新邑。"《酒诰》云"丕惟曰：尔克永观省，作稽中德；尔尚克羞馈祀，尔乃自介用逸"——此乃"中德"之"中"。《尚书·立政》载周公之语道："兹式有慎，而列用中罚。"《叔夷钟》谓："慎中其罚。"《牧簋》亦称"不中不刑"——此乃"中罚"之"中"。作为古代东方的一种特有智慧。"中不仅是善，而且也是真"，某种意义上，"称中庸之道为儒家的矛盾观或发展观，比起称它为伦理学来说，更能抓住问题的实质"②。而具体来说，这种智慧，主要表现在以下几个方面。

1. 可以形成宁静、自然的心态

《中庸章句》谓："喜怒哀乐之未发谓之中。"不论是喜怒，还是哀乐，都是人类情感在非稳定和谐情况下的一种心态，如不加以节制，势必乐极生悲，喜极生哀。后世中医学上喜伤心，怒伤肝，忧伤肺，恐伤肾等箴训，盖指此而言。因此，情感"未发"的心理状态才最接近于本性，亦最稳定。但是，社会生活又无法使人跳出"喜怒哀乐"的氛围，怎么办呢？"中庸"要求，必也喜怒哀乐，当合乎其"节"才是。"节"指节度，恰到好处，既不过，又非不及，故曰："发而皆中节谓之和。"这一"中"一"和"，恰得"中庸"之真髓："中也者，天下之大体也；和也者，天下之达道也。致中和，天地位焉，万物育焉。"这种强化意志的内向工夫，最早当源乎一个"诚"字。"诚"，主要指真我和本然："诚者，自成也"，但同时，"诚"又是一种自然

---

① 朱熹：《中庸章句》，载《朱子全书》，上海古籍出版社、安徽教育出版社，2010，第29页。

② 庞朴：《"中庸"平议》，《中国社会科学》1980年第1期。

法则："诚者，天之道也。""诚者，不勉而中，不思而得，从容中道。""唯天下至诚，为能尽其性；能尽其性，则能尽人之性；能尽人之性，则能尽物之性；能尽物之性，则可以赞天地之化育；可以赞天地之化育，则可以与天地参矣"①。"中"使个人摆正了自身在群体乃至天地自然间的正确位置，在他融于如此大空间的瞬间，也感受到了物我一体的"大和"之趣。

2. 防止以偏概全的思维方式

《礼记·学记》云："学者有四失，教者必知之。人之学也，或失则多，或失则寡，或失则易，或失则止，此四者，心之莫同也。知其心然后能救其失也。教也者，长善而救其失者也。"这是说，"中庸"的自律性功能在人的主观世界中发生了偏差，即非多即寡，非易即止。这种不客观、不公正的学习态度，就是"失"，"教者"的功能就在于如何使"学者"在学习过程中不贪多、不偏寡、不易之、不止之，最后使之趋于"中"，亦即"长善而救其失者也"。对"教者"的要求，则是"君子之教喻也，道而弗牵，强而弗抑，开而弗达"②，其理一也。

偏执一端，乃矛盾之始，而"中庸"，在客观上又具有解决矛盾的中断功能，即"执其两端，用其中于民"③。一次，子路向孔子问"强"，孔子答道，"强"有三种，一为南人之强，二为北人之强，三是你应有之强。以宽大教人，不报复无理的行为，这是南人之强，一般君子具有这种强；以兵器、铠甲为卧具，死而不憾，此北人之强，勇猛烈士具有这种强。真正的君子应把两者统一起来，不偏向一端，这才是真正的强！

---

① 朱熹：《中庸章句》，载《朱子全书》，上海古籍出版社、安徽教育出版社，2010，第48—50页。

② 郑玄注，孔颖达等正义：《礼记正义》，载阮籍校刻《十三经注疏》（清嘉庆刊本），中华书局，2009，第3301页。

③ 朱熹：《中庸章句》，载《朱子全书》，上海古籍出版社、安徽教育出版社，2010，第35页。

"中立而不倚,强哉矫!"①依孔子之见,南人之强与北人之强均有可取之处,但又都有些偏颇,中庸之道则要把两者结合起来,它既吸收了南方人的柔强,又吸收了北方人的刚强,形成柔刚相济的强,其妙处正在于"中"与"和"。如此久之,人们逐渐形成一种求公允的思维方式,即一事当前,必有左、中、右,人所取者,乃"天下之大本"的"中",它是衡量"过"与"不及"的"度",人能否真正认识和把握自身与外界,关键在于能否正确地把握这个"度",这也是趋利以避害的客观要求。在哲学上,"度"是事物保持自己质的数量界限。有效地把握它,就可以控制"过"和"不及"两种倾向的发生。这种智慧的方法及其运用,在中国古代社会的生活日常中,可谓比比皆是,随处可见:

《论语·为政》:"子曰:学而不思则罔,思而不学则殆。"

《论语·雍也》:"子曰:质胜文则野,文胜质则史。文质彬彬,然后君子。"

《论语·述而》:"子温而厉,威而不猛,恭而安。"

《论语·卫灵公》:"子曰:可与言而不与之言,失人;不可与言而与之言,失言。知者不失人,亦不失言。"

《论语·季氏》:"孔子曰:待于君者有三愆;言未及之而言,谓之躁;言及之而不言,谓之隐;朱见颜色而言,谓之瞽。"

《论语·子路》:"子贡问曰:'乡人皆好之,何如?'子曰:'未可也。''乡人皆恶之,何如?'子曰:'未可也。不如乡人之善者好之,其不善者恶之。'"

《大戴礼·保傅》:"故成王中立而听朝,则四圣维之"。

《荀子·王制》:"中和者,听之绳也"。

……

"中庸"的观察方法和处世态度,经过时代的浓缩,在民族文化的深

---

① 朱熹:《中庸章句》,载《朱子全书》,上海古籍出版社、安徽教育出版社,2010,第37页。

层结构里积淀下来，形成一种极其稳定的思维模式，其如不忮不求、不丰不杀、不即不离、不骄不躁、不卑不亢、不夷不惠、周而不比、群而不党等，这种模式，养成了中国人非狂暴、少偏执、求稳健、主公正的性格，也可使人在纷繁复杂的事物和矛盾中迅速抓住关键，夺取最佳途径，取得最佳效果。

3. 保持社会和平稳定的礼乐精神

无论怎样优秀的社会形态，倘无和平安定的社会环境和秩序，就无法保证正常的社会生产和生活，自然也无法使社会进步、文化繁荣。因此，在通常的意义上，求安、求稳并不是坏事，只要它不构成阻碍社会进步的反动力量。

孔子说："恭而无礼，则劳；慎而无礼，则葸；勇而无礼，则乱；直而无礼，则绞。"[1]很显然，有"礼"便可致"中庸"。这里，孔子并没有把劳、葸、乱、绞的原因归结为某种超社会力量的影响，而是归结为背离了伦理行为准则——"礼"的要求。这样，只有把恭、慎、勇、直这些人性特征约之以仁、义、礼、智、信等社会属性，才可以恭而不劳，慎而不葸，勇而不乱，直而不绞，"中庸"便"自在其中"了。这对于社会的稳定与和谐，无疑具有其正面意义。因此，到了荀子，便索性谈："曷谓中？礼义是也。"他进一步指出："言必当理，事必当务。是然后君子之所长也。凡知说有益于理者为之，无益于理者舍之，夫是之谓中说。事行失中，谓之奸事。知说失中，谓之奸道，奸事奸道，治世之所弃，而乱世之所从服也。"[2]《礼记・仲尼燕居》谓："理也者，礼也。"看得出来，荀子不但直认"礼义"为"中庸"之标准，而且已有意识地将"治世"与"乱世"和能否行"中事"与"中说"一并提出且等量齐观，说明

---

[1] 刘宝楠：《论语正义》，载国学整理社编《诸子集成》，中华书局，2006，第155页。

[2] 王先谦：《荀子集解》，载国学整理社编《诸子集成》，中华书局，2006，第79页。

"中庸"的社会政治标准所具有的"礼义"特质。孔子所谓视听言功皆非礼勿为的讲法，当是对荀子以上观点的原初表述。

众所周知，音乐是社会情感生活的抽象然而真实的艺术表现形式，其初也与生活语言相去无几。《礼记·乐记》谓："故歌之为言也长言之也。说之故言之，言之不足故长言之，长言之不足，故嗟叹之，嗟叹之不足，故不知手之舞之，足之蹈之也。"但是，只有"中和"的社会生活才会有"中节"的音乐。吴季札观乐时所下的很多"中和"的评语，实际上是对社会生活之"中和"的一种赞美。诸如"动而不怨""优而不困""思而不惧""乐而不淫""直而不倨""曲不而屈""迩而不逼""远而不携""迁而不淫""复而不厌""哀而不愁""乐而不荒""用而不匮""广而不宣""施而不费""取而不贪""处而不底""行而不流"等。他认为，"五声和，八风平"，乃是"节有度，守有序"的"盛德所同"①。而音乐与社会生活的关系竟是这般密切，以致当社会组织结构发生动摇，人民失去了团结与和谐，甚至即将亡国的时候，社会上竟会出现"亡国之音"。《礼记·乐记》云："亡国之音哀以思，其民困"，又"桑间濮上之音，亡国之音也，其政散，其民流"。"哀思"与"哀而不愁"、"民困"与"优而不困"、"其政散"与"节有度，守有序"的"盛德"之间，均形成了鲜明的对照。音乐的和谐，源于社会的和谐，而和谐的音乐一经形成，亦旨在"彰和"。故云："乐在宗庙之中，君臣上下同听之，则莫不和敬；在族长乡里之中，长幼同听之，则莫不和顺；在闺门之内，父子兄弟同听之，则莫不和亲。故乐者，审一以定和，比物以饰节，节奏合以成文。所以合和父子君臣，附亲万民也。"②但这种"和"或"中"，是以"正"为前提、为原则的，孔子

---

① 杜预集解，孔颖达等正义：《春秋左传正义》，载阮籍校刻《十三经注疏》（清嘉庆刊本），中华书局，2009，第4359页。

② 郑玄注，孔颖达等正义：《礼记正义》，载阮籍校刻《十三经注疏》（清嘉庆刊本），中华书局，2009，第3348页。

说:"《诗》三百,一言以蔽之,曰:思无邪。"①对此,司马迁所言极是,即:"将以教民平好恶而反人道之正也。"②理由是,唯有"正",才堪称"中"。《荀子·劝学》称:"诗者,中声之所止也。"而只有中正之"和",才堪称"太和"。《论语·先进》篇中的曾点之志,道出了这一境界:"(子曰)'点,尔何如?'鼓瑟希,铿尔,舍瑟而作,对曰:'异乎三子(指子路、冉有、公西华——引者注)者之撰。'子曰:何伤乎?亦各言其志也。曰:'莫春者,春服既成。冠者五六人,童子六七人,浴乎沂,风乎舞等,咏而归。'夫子喟然叹曰:'吾与点也!'"朱子注曰:"曾点之学,……直与天地万物,上下同流……故夫子叹息而深许之。"这也正是徐复观先生的所谓"大乐与天地同和"的曾点艺术境界③。故有学者指出:"孔子提出善与美的准则、音乐美的准则,具体说来就是'思无邪''乐而不淫、哀而不伤''中声以为节',三者都蕴含'和'而'不淫'之意,即要求音乐的内容与形式都'中庸''中和''和'而'不淫'。"④唯此,和"仁""礼"一样,"中"也具有"至理"和"终极"的意义。董仲舒说:"阳之行,始于北方之中,而止于南方之中;阴之行,始于南方之中,而止于北方之中。阴阳之道不同,至于盛而皆止于中,其所始起皆必于中。中者,天地之太极也。"⑤如果说这是循天之理而得出的结论的话,那么,人理亦复如此。程颢说:"中之理至矣。独阴不生,独阳不生,偏则为禽兽,为夷狄,中则为人。"⑥而唯有"中"才有"和",唯有"和"才能"安"。之所以

---

①　刘宝楠:《论语正义》,载国学整理社编《诸子集成》,中华书局,2006,第21页。

②　司马迁:《史记》,中华书局,1982,第1184页。

③　徐复观:《中国艺术精神》,春风文艺出版社,1987,第16页。

④　蔡仲德:《论孔子的音乐美学思想》,载《孔子诞辰2540周年纪念与学术讨论会论文集》,上海三联书店,1992。

⑤　苏舆:《春秋繁露义证》,中华书局,1992,第447页。

⑥　程颢、程颐:《河南程氏遗书》,载《二程集》,中华书局,1981,第122页。

有这样的功能，是因为"中"本身即是礼义，即与礼义在原则上完全一致。《礼记·檀弓上》云："先王之制礼也，过之者俯而就之，不至焉者跂而及之。"而"和"则是动态的"中"。庞朴先生认为："中庸思想，也体现在儒学的许多重要范畴中。最直接的，当然要数'和'。和指的是对立方面的联结、平衡、调和、渗透等，是处于动态的'中'。正如中之被赋予神圣性一样，'和'也被尊为'太和'，即伟大的和。"①

　　比较而言，绝对的功利主义学派和绝对的超越主义学派，都是不讲求"中和"哲学的。在先秦时期，由现实主义者所组成的绝对功利主义学派，极明确地把人类视为敌、我对立的斗争关系，他们发明了"矛盾"这一不可调和的对立现象，从不放过任何能揭示人乃彻头彻尾之功利性动物这一"真实"的机会，并以"性恶"和"性好利"为人性论之理论基础，将一切对立均归结为利害冲突并最终认为这种冲突是不可调和的和"势不两立"②的。该学派的代表人物是法家的韩非。他说："夫冰炭不同器而久，寒暑不兼时而至，杂反之学不两立而治。"③因此法家所讲求的便不再是"中和"，而是"制服"，即以"力"和"术"绝对控制他人的手段和方法。它在政治上那副令百姓"不得不"如何的蛮横嘴脸，毫不掩饰其强权政治的暴戾与专制。几乎完全按韩非子及其法家理论建立起来的秦王朝之所以二世而亡，恐怕与不知"中和"之道有着某些内在、本质和必然的联系。其如有学者所指出的那样："秦王朝的二世而亡，不是因为秦王朝的建立不合时代潮流，而是因为新的社会制度还不成熟，没有形成一套完整的调节矛盾、维持和谐的机制，举措失当，破坏了上下之

① 庞朴：《"中庸"平议》，《中国社会科学》1980年第1期。
② 王先慎：《韩非子集解》，载国学整理社编《诸子集成》，中华书局，2006，第361—363页。
③ 王先慎：《韩非子集解》，载国学整理社编《诸子集成》，中华书局，2006，第352页。

间起码的和谐。"①

超越主义学派的代表人物是老子和庄子。他们的学说也注定了道家哲学体系对"中和"哲学的排斥。就老子看来，由于他的辩证法的根本特征是矛盾对立项之间的无条件转化，因此，他不可能，也不愿意在对立的两极之间找出一个具有"中"之品性的准则和标的，尽管他也似乎懂得这一道理："祸兮福之所倚，福兮祸之所伏，孰知其极！其无正？正复为奇，善复为妖"②"曲则全，枉则直，洼则盈，敝则新，少则得，多则惑"③；至于庄子，则认为人是彻头彻尾地充满了矛盾的相对性存在，他一改老子那种承认差别的客观态度，泯除了一切对立和矛盾，使事物的相对特质绝对化，并在绝对的相对论式的解释过程中，把自己放在了"材与不材之间"④。因为在这种无差别（起码他自己是这样看的）的现实中，似乎更好"活身"："为善无近名，为恶无近刑，缘督以为经，可以保身，可以全生，可以养亲，可以尽年。"⑤而这种无原则地、主观任意地把对立的双方捏合为一，却刚好是所说的"折中主义"。它与"中和"之"折中"绝无半点共同之处，因为前者是无原则的保身之术，而后者则是公正和原则的象征。所谓"君子和而不流""中立而不倚"⑥，是之谓也。

可见，与法家和道家相比，儒家学说显然属于理想主义理论。社会诚若依他们的伦常道德规范行事，必将出现"有序亲和"的人文景观。

---

① 钱逊：《谈"和"》，载《孔子诞辰2540周年纪念与学术讨论会论文集》，上海三联书店，1992。

② 王弼：《老子注》，载国学整理社编《诸子集成》，中华书局，2006，第35页。

③ 王弼：《老子注》，载国学整理社编《诸子集成》，中华书局，2006，第12页。

④ 王先谦：《庄子集解》，载国学整理社编《诸子集成》，中华书局，2006，第122页。

⑤ 王先谦：《庄子集解》，载国学整理社编《诸子集成》，中华书局，2006，第18页。

⑥ 朱熹：《中庸章句》，载《朱子全书》，上海古籍出版社、安徽教育出版社，2010，第37页。

因为虽称其为理想主义学派，但他们对社会的把握和观念政治提炼，却是以极为现实的社会根据为依托的，从这个意义上讲，儒学又是相当现实的——非偏执的现实。而唯其如此，才使其人伦终极原则的提炼具有至理和永恒意义。

孔子说："人莫不饮食也。"[1]在他主持修订的《尚书·洪范》篇之"八政"中，第一政便是"食政"。这种"农本"思想，在其后学那里发展得非常充分。只是，他们已经不满足于对农业问题本身的探讨，而是将眼光投向与农业经济密不可分的全部社会领域。

我们知道，孟子的"心"学，特别强调的是"恒心"。所谓"恒心"，就是长久保持人类天生的"良知""良能"。然而，孟子认为，欲使人有"恒心"须先使人有"恒产"，否则，衣食尚不能保，又如何永葆那做人所不可缺的"四端"？而"恒产"，在当时来说实际上就是一定数量的土地配给。孟子的意见是，每家都应"私百亩"（《孟子·滕文公上》，下均同），而国家对农民的赋税收取则一定要有节制，否则，老百姓"终岁勤动"，一年到头连父母都难以奉养，国家再诛求无艺，百姓可怎么活呢？这还在其次。倘若"经界不正，井地不均，谷禄不平"，又有"暴君污吏""慢其经界"的话，那么，老百姓就只能失去"恒产"，失了"恒产"，又哪来的"恒心"？没了"恒心"，又安能不"放辟邪侈"？如此而欲社会泰然，安可得耶？然而，动乱的背后实则隐含着这样的道理：百姓终年劳累，其所收获却无法养活父母，这就是不孝；在家已无法尽孝，于国又如何尽忠（心里自然没了父母官）？不忠不孝，国家又依何而治？用孟子的原话说就是："为民父母，使民盼盼然（朱熹释云："恨视也"），将终岁勤动，不得以养其父母，又称贷而益之，使老稚转乎沟壑，恶在其为民父母也？"国家的崩溃便不过是时间问题。看来，孔子当年的那段话，是深中肯綮的："季孙欲以田赋，使冉有访诸仲尼。仲

---

[1] 朱熹：《中庸章句》，载《朱子全书》，上海古籍出版社、安徽教育出版社，2010，第35页。

尼……私于冉有曰:'君子之行也,度于礼:施取其厚,事举其中,敛从其薄。'"①因此,孟子特别重视"正经界"和"均井地",认为只有这样,才能使宗族之人"死徙无出乡,乡田同井,出入相守,守望相助,疾病相扶持",使"百姓亲睦"。这样就保住了宗族,保住了家,亦保住了"恒心"之根——"孝"。至于"八家皆私百亩,同养公田,公事毕,然后敢治私事"的"同养公田"和"公田"优先行为,便成为百姓对国家所尽的"忠"了。只有"亲和",才能"有序",也只有"有序亲和",国家才能获得安定和繁荣。因此,孟子的"恒产══恒心══恒政"说,实际上是对社会内部运行机制的一种综合性把握与调控,只要"人莫不饮食也"的事实存在,这种把握就永远具有意义。

荀子也充分注意到了农业及其社会经济的重要性,他的所谓"田野什一,关市几而不征"②"轻田野之税,平关市之征,省商贾之数,罕兴力役,无夺农时"③,以及"家五亩宅,百亩田"④等主张,与孔子的"敛从其薄"、孟子的"关市讥而不征""五亩之宅,树之以桑"和"无夺农时"等思想如出一辙。有人说,这是对西周社会制度的一种追忆,亦有人以为这纯系孟、荀者流的乌托邦空想,但无论有如何说法,儒家那种分配制度上的平均主义思想、"使民以时"的适度观念和"以孝为本"的治国主张,都是有其深刻的社会根源和历史依据的,否则,又怎能沿袭两千多年直至今天仍有余勇可贾?孔子说:"有国有家者,不患寡而患不

---

① 杜预集解,孔颖达等正义:《春秋左传正义》,载阮籍校刻《十三经注疏》(清嘉庆刊本),中华书局,2009,第4707页。

② 王先谦:《荀子集解》,载国学整理社编《诸子集成》,中华书局,2006,第102页。

③ 王先谦:《荀子集解》,载国学整理社编《诸子集成》,中华书局,2006,第115页。

④ 王先谦:《荀子集解》,载国学整理社编《诸子集成》,中华书局,2006,第328页。

均"①"财聚则民散，财散则民聚"②。这些饶有哲味的干政箴言，反映了当时的历史真实。

社会是靠人与人、人与物之间所结成的关系组织起来的。所谓社会关系，一般说来，无非有以下四大类：曰经济，曰政治，曰文化，曰血缘。可是，能使这四大关系有机化并使之成为真正的人际关系的，却是人间伦常，即人之所以为人的伦理道德原则。春秋战国，是人与自身本质发生空前疏离与分裂的特殊历史阶段，它使物我人际间丧失了人类社会赖以存续的，当然也是具有永恒意义的组织原则——"有序亲和"。儒家的人际关系哲学，恰恰是这一背景的产物。荀子的话，很能说明该哲学的形成轨迹、真实内涵和社会功能："人之生不能无群，群而无分则争，争则乱。"③"故先王案为之制礼义以分之，使有贵贱之等，长幼之差，知愚能不能之分，皆使人载其事而各得其宜，然后使悫禄多少厚薄之称，是夫群居和一之道也。"④。"群"需要以"仁爱"为纽带，"分"则必以"礼义"节之，即"仁爱"是"有序"的基础，而"有序"是"仁爱"的保障。在这种模式下，人与人之间所呈现的相互关系是"各得其宜"的权利和义务关系，而这种关系，体现了一定程度上的终极意义——"止"："为人君，止于仁；为人臣，止于敬；为人子，止于孝；为人父，止于慈；与国人交，止于信。"⑤而这种关系的长久保持，在很大程度上取决

---

① 刘宝楠：《论语正义》，载国学整理社编《诸子集成》，中华书局，2006，第352页。

② 郑玄注，孔颖达等正义：《礼记正义》，载阮籍校刻《十三经注疏》（清嘉庆刊本），中华书局，2009，第3635页。

③ 王先谦：《荀子集解》，载国学整理社编《诸子集成》，中华书局，2006，第116页。

④ 王先谦：《荀子集解》，载国学整理社编《诸子集成》，中华书局，2006，第44页。

⑤ 郑玄注，孔颖达等正义：《礼记正义》，载阮籍校刻《十三经注疏》（清嘉庆刊本），中华书局，2009，第3632页。

于稠密和连接矛盾对立项间的"中和"原则。它和"仁""礼"等人伦一道是对人际关系的一种哲学把握，这种把握的意义在于，即使中国社会进化到血缘关系已不再起主要和决定作用的现代社会，该系统所具有的"有序亲和"原则，亦将永远保持其现实的力量和传统的有效性。因为只要是人类社会，人与人总要亲和，群与群总要有序。这是人世之至理，虽百代而弗能易也。当然，这种"亲和"，绝非无原则的"亲和"，当社会政治丧失了公理和正义而且事实证明不采取革命措施已无法恢复社会和谐的时候，社会内部的自我匡正机制便具有了至关重要的意义。孟子说："君之视臣如手足，则臣视君如腹心；君之视臣如犬马，则臣视君如国人；君之视臣如土芥，则臣视君如寇雠。"①"齐宣王问曰：'汤放桀，武王伐纣有诸？'孟子对曰：'于传有之。'曰：'臣弑其君可乎？'曰：'贼仁者谓之贼；贼义者谓之残。残贼之人，谓之一夫。闻诛一夫纣矣，未闻弑君也。'"②但是，当"有序亲和"原则的破坏因素，一旦被清除，秩序与和谐仍然是人际关系的基本主题。这种旨在克服疏离、以恢复人类社会本真的人文景观永远寄托在"阶级斗争"的观念和行为上，却因斗争本身所固有的非目的性特征而颇有本末倒置之嫌。蒂利希指出："马克思批评费尔巴哈抽象地理解人，只知道人是个体，不了解人是社会存在物。只有马克思自己发现了这种社会的人。但是，马克思在这种社会的人中发现了人的疏离（不仅人与自身的疏离，而且是人与任何其他人的疏离）。"显然，马克思的这种发现，具有极大的人文价值和根本意义，尽管首次发现并致力于扭转这一局面的是东方人，而不是马克思。然而，蒂利希的以下观点，倒也不失中肯："在马克思看来，这种孤独从当前的必须被改变的历史条件中产生出来。但是在无产阶级那里，

---

① 焦循：《孟子正义》，载国学整理社编《诸子集成》，中华书局，2006，第322页。

② 焦循：《孟子正义》，载国学整理社编《诸子集成》，中华书局，2006，第86页。

创造真正人性的斗争实际上不是导致'共同体',而仅仅导致了'团结',即一种仍然是外在的并仍旧是人的疏离象征的关系。"①这不是马克思个人的过错,因为笛卡尔以后的以对立和二分为特质的西方近代哲学,已决定了这样一种趋势,即"西欧能促进充满活力的裂变,但不能实现安定和统一"②。

三、分离后的整合

由春秋战国时代空前的社会分裂所导致的思想界的"百家争鸣",使中国古典哲学呈现出多极发展的态势。尽管各派理论间彼此接邻,小有交融,但政治上的分裂,却无法使百川归海,形成一个统一完整的思想体系。然而,值得注意的是,以下数部著作却以与以往完全不同的博大体系涵摄了百家几乎所有的思想。特别是通过对在人间价值上存在着对立性分歧的儒道两家所做的兼容式重构,终于使本体论与伦理学携手联袂,并二而一。它们分别是:《尹文子》《吕氏春秋》《新语》《淮南鸿烈》和《春秋繁露》等。显然,政治上的一分一合,是造成以上变化和反差的具有决定性的背景原因。《尹文子》和《吕氏春秋》成书于战国中晚期,故能极准确地揭示"大一统"的历史趋势。《尹文子·大道上》称:"万事皆归于一。"《吕氏春秋·不二》篇指出:"听群众人议以治国,国危无日矣。何以知其然也?老聃贵柔,孔子贵仁,墨翟贵廉,关尹贵清,子

---

① 蒂利希:《文化神学》,工人出版社,1988,第135页。

② 汤因比:《图说·历史研究》,转引自山本新、秀村欣二编《中国文明与世界——汤因比的中国观》,周颂伦、李小白、赵刚译,东方出版社,1988,第18页。

列子贵虚，陈骈贵齐，阳生贵己，孙膑贵势，王廖贵先，儿良贵后。此十人者，皆天下之豪士也。有金鼓，所以一耳。必同法令，所以一心也。智者不得巧，愚者不得拙，所以一众也。勇者不得先，惧者不得后，所以一力也。故一则治，异则乱；一则安，异则危。"并于《执一》篇中大谈政治统一的必要性："天下必有天子，所以一之也。天子必执一，所以搏之也。一则治，两则乱。"《淮南子》作者认为，诸子各执一端，实不通天地之理："百家异说，各有所出，若夫墨杨申商之于治道，犹盖之无一橑，而轮之无一辐也。有之可以备数，无之未有害于用也。己自以为独擅之，不通之于天地之情也。"道理是："自其异者视之，肝胆胡越；自其同者视之，万物一圈也。"①而更重要的现实根据在于："诸侯力征，天下合而为一家。逮至当今之时，天子在上位，持以道德，辅以仁义，近者献其智，远者怀其德，拱揖指麾，而四海宾服。春秋冬夏，皆献其贡职，天下混而为一。"②很明显，天下一统之前，思想一统促进了政治一统；而天下统一之后，政治统一则要求思想统一。思想统一，是一个取长补短的过程，有时甚至是相辅相成的过程。关于政治与思想的这种密切关系以及思想统一中各家之间的调和情况，《汉书·艺文志序》有如下合理的论述：

> 诸子十家，其可观者九家而已。皆起于王道既微，诸侯力政，时君世主，好恶殊方，是以九家之术蜂出并作，各引一端，崇其所善，以此驰说，取合诸侯。其言虽殊，辟犹水火，相反亦相生也。仁之与义，敬之与和，相反而皆相成也。《易》曰："天下同归而殊途，一致而百虑。"今异家者各推所长，穷知究虑，以明其指，虽有蔽短，合其要归，亦六经之支与流裔。使其人遭明王圣主，得其所折中，皆股肱之材已。仲尼有言："礼失而求诸野。"方今去圣久远，道术缺废，无所更索，彼九家者，

---

① 高诱：《淮南子》，载国学整理社编《诸子集成》，中华书局，2006，第24页。
② 高诱：《淮南子》，载国学整理社编《诸子集成》，中华书局，2006，第97页。

不犹瘉于野乎？若能修六艺之术，而观此九家之言，舍短取长，

则可以通万方之略矣。

在这一"折中""舍短取长"，即思想一统的过程中，儒、道两家的合流，似最为刺目，也最为成功。陈奇猷先生指出："此书（指《吕氏春秋》——引者注）所尚，以道德为标的，以无为为纲纪，以忠义为品式，以公方为检格。"[1]高诱在谈《淮南鸿烈》之大旨时则云："天下方术之士，多往归焉（指投往刘安——引者注）。于是遂与苏飞、李尚、左吴、田由、雷被、毛被、伍被、晋昌等八人，及诸儒大山小山之徒，共讲论道德，总统仁义，而著此书。其旨近老子，淡泊无为，蹈虚守静，出入经道。言其大也，则焘天载地；说其细也，则沦于无垠。及古今治乱，存亡祸福，世间诡异瑰奇之事，其义也著，其文也富，物事之类，无所不载，然其大较，归之于道。号曰鸿烈。鸿大也；烈明也。以为大明道之言也。故夫学者不论淮南，则不知大道之深也。是以先贤通儒述作之士，莫不援采以验经传。"[2]可见，儒与道在相互接近的过程中，已彼此接纳，相互认同。这一过程，具体说来，有以下三个步骤：自然法则社会化；社会法则自然化；天人法则一体化。谨以东周思想做参照，试行比较。

1. 先看"自然法则社会化"

道家哲学的基本原理，一般说来，当属于自然法则的范畴。如果说，先秦时期其于社会法则上亦有所显现的话，那只能说，这种显现是道家自然法则在社会领域中的完全脱离于人间实际的机械推衍而已。因为事实上，这种推衍不但没有解决任何社会问题，反而使社会法则为之涣散和瓦解。（1）它打破了社会正常的价值评判系统，即打破社会道德标准和政治经济秩序。关于道德标准，道家先是不承认人兽有别。它认为人只

---

[1] 陈奇猷：《吕氏春秋校释》序，学林出版社，1984，第2页。

[2] 高诱：《淮南子》，载国学整理社编《诸子集成》，中华书局，2006，序，第1—2页。

有同禽兽为伍，才能够保全天性，返璞归真。既然人兽无别，那么，那些用来区别人兽的伦常道德，便不但没有存在的必要，简直就是戕害天性的恶魔！于是，"绝仁弃义"便成了道家道德观的第二特征。而当仁、义、礼、智已没有价值的时候，人类内部质量的甄别，又有什么意义可言呢？这也是道家道德论的第三特征——"君子小人无别论"的由来。可以说，君子小人论，集中体现了老庄道德价值观念的基本特征。他们先把"天""人"标准对立起来，即所谓"天之小人，人之君子；人之君子，天之小人也"[1]；继而以伤残天性为标准混而为一："伯夷死名于首阳之下，盗跖死利于东陵之上。二人者，所死不同，其于残生伤性均也。奚必伯夷之是，而盗跖之非乎？天下尽殉也。彼其所殉，仁义也，则俗谓之君子；其所殉，货财也，则俗谓之小人。其殉一也，则有君子焉，有小人焉。若其残生损性，则盗跖亦伯夷已，又恶取君子小人于其间哉！"[2]接着，道家还打破了社会正常的政治、经济秩序。应该说，绝对功利主义的"贵贱""贫富"强化，会由于无视伦常价值的存在而导致人类的争斗仇杀和本质的丧失，这是万劫不复的。但是，在伦理价值制约下的"贵贱""贫富"之别，却蕴涵着相当合理的进步意义，由于承认事实上的差别，因此，这种标准本身即代表了一种秩序，也昭示了一个目标。它既是人类社会由无序进化到有序的必要保障，也是文明自身不断发展的动力条件。但道家却不以为然，老子认为："持而盈之，不如其已。揣而锐之，不可长保。金玉满堂，莫之能守，富贵而骄，自遗其咎。"[3]《庄子·天运》篇称："至贵，国爵并（屏）焉；至富，国财并焉。"《缮性篇》更云：人生在世，当"不为轩冕肆志，不为穷约趋俗"。而《秋水》篇里的

---

① 王先谦：《庄子集解》，载国学整理社编《诸子集成》，中华书局，2006，第45页。

② 王先谦：《庄子集解》，载国学整理社编《诸子集成》，中华书局，2006，第55页。

③ 王弼：《老子注》，载国学整理社编《诸子集成》，中华书局，2006，第5页。

一段话，可谓哲学总结："以道观之，物无贵贱；以物观之，自贵而相贱；以俗观之，贵贱不在己；以差观之，因其所大而大之，则万物莫不大；因其所小而小之，则万物莫不小。"（2）阻断了人与社会相交接的条件和途径，即"无是非"和"无为"。关于"是非"，孟子讲过："是非之心，人皆有之""是非之心，智也"。继而道，"《诗》曰：'天生蒸民，有物有则。民之秉夷，好是懿德。'孔子曰：'为此诗者，其知道乎？'故有物必有则。民之秉夷也，故好是懿德。"①显然，儒家认为，人类应该也必须要有是非观念，孟子称其曰"智"，荀子则称之为"辨"。从"民之秉彝"方能"好是彝德"看，以"德"为代表的伦常准则，亦必须待"民"之"秉彝"（掌握了客观的是非标准）之后，才能被视为美（懿），亦才能被广泛遵守。说明是非之心乃是人与社会相交接时不可或缺的前提和条件。然而，道家却不承认这一点。《庄子·齐物论》称："因是因非，因非因是。是以圣人不由而照之于天，亦因是也。是亦彼也，彼亦是也。彼亦一是非，此亦一是非。果且有彼是乎？果且无彼是乎哉？"继而以论辩为喻：倘使我与你辩，你胜我负。这难道就能证明你一定对，而我一定错吗？反过来，又如何能证明我是你非呢？是不是我们都错或者都对了？显然无法证明。如果有一位和你意见相同的人出来做证，那么，你们意见的一致，便使他无法做出公正的判断，反之亦然。你我他之间的是非既已无法沟通，那么，等待第四者前来裁决又有何意义呢？最后庄子终于得出了一个"高明"的解决是非之争的办法，即："是不是，然不然。是若果是也，则是之异乎不是也亦无辩；然若果然也，则然之异乎不然也亦无辩。"关于"无为"，老子云："为学日益，为道日损。损之又损，以至于无为。无为而无不为。"②逮于社会政治，则为：

---

① 焦循：《孟子正义》，载国学整理社编《诸子集成》，中华书局，2006，第446、447页。

② 王弼：《老子注》，载国学整理社编《诸子集成》，中华书局，2006，第29页。

"圣人……以辅万物之自然，而不敢为。"① 又："民之难治，以其上之有为，是以难治。"② 庄子也说："古之畜天下者，无欲而天下足，无为而万物化，渊静而百姓定。"③ "至人无为，大圣不作"。④ 然而，说"什么也不做"的"无为"尚有案可稽，但说因"无为"就可以"无不为"，却甚难理解，而老庄恰恰在很多地方都提及过这个命题："道常无为而无不为。"⑤ "无名故无为，无为而无不为。"⑥ 怎样理解呢？我们发现，在道家的"无条件辩证法"中，有如下模式很值得研究：

　　天下多忌讳，而民弥贫；民多利器，国家滋昏；人多伎巧，奇物滋起；法令滋彰，盗贼多有⑦；

　　举贤则民相轧，任知则民相盗⑧；

　　及至圣人，蹩躠为仁，踶跂为义，而天下始疑矣；澶漫为乐，摘僻为礼，而天下始分矣⑨。

　　夫川竭而谷虚，丘夷而渊实。圣人已死，则大盗不起，天下

---

① 王弼：《老子注》，载国学整理社编《诸子集成》，中华书局，2006，第39页。

② 王弼：《老子注》，载国学整理社编《诸子集成》，中华书局，2006，第44页。

③ 王先谦：《庄子集解》，载国学整理社编《诸子集成》，中华书局，2006，第69页。

④ 王先谦：《庄子集解》，载国学整理社编《诸子集成》，中华书局，2006，第138页。

⑤ 王弼：《老子注》，载国学整理社编《诸子集成》，中华书局，2006，第21页。

⑥ 王先谦：《庄子集解》，载国学整理社编《诸子集成》，中华书局，2006，第173页。

⑦ 王弼：《老子注》，载国学整理社编《诸子集成》，中华书局，2006，第35页。

⑧ 王先谦：《庄子集解》，载国学整理社编《诸子集成》，中华书局，2006，第146页。

⑨ 王先谦：《庄子集解》，载国学整理社编《诸子集成》，中华书局，2006，第57页。

平而无故矣；圣人不死，大盗不止……①

不难发现，这是一种因果倒逆式的认知模式。就第一条材料看，它认为，因为法律条文多了，盗贼才多了起来。实际上，正常的因果关系恰好相反，即：因为盗贼多了，法律条文才相对细密起来。第二条：道家的逻辑是，因为举贤了，所以老百姓才互相倾轧；由于任用了智者，老百姓才互相盗窃。然而，正常的因果亦刚好相反。第三条：只因天下有"疑"，所以"圣人"才"为仁""为义"；由于天下和谐日去，因而才需制礼作乐。然道家的判断亦刚好相反。第四条：正常的逻辑应该是，"大盗"不起是因为"圣人"未死；"圣人"若死，则"大盗不止"，可道家的看法亦恰恰相反。体此，可知"无为而无不为"的真实含义，即："无不为"是因，"无为"才是果。这样，道家的这一命题顺序就由原来的"无为而无不为"变成了"无不为而无为"，而意义也就由原来难以理解的"什么也不做就等于什么都做了"转而为"因无所不为，才无所作为"。就这样，道家的认知模式经常性地与正常的社会原则相抵牾，在终极之道的比照下，它形成了这样一种理论上的特色，即：过程本身是微不足道的，最终的结果才是一切。它要说明的道理是：人活着的时候，随你怎样千差万别，但在死亡面前，却是人人平等的。如此而观察"无为而无不为"这一命题，则可知，人生前再有作为，任你千般努力、万般奋斗，末了却等于什么也没干，等于零。特别是当儒家立功、立德、立言的标准——仁、义、礼、智早已在道家尺度上全无价值的时候，"无为"就成为道家在社会行为当中的唯一选择。庄子"至人无为，大圣不作"的总结，盖是之谓。自然，为他人谋利益、为社会服务等，便都成了殉物行为，因为是殉物，因而也是愚蠢的、不明智的："道之真，以治身，其绪余，以为国家，其土苴，以治天下。由此观之，帝王之功，圣人之余事也，非所以完

① 王先谦：《庄子集解》，载国学整理社编《诸子集成》，中华书局，2006，第59—60页。

身养生也。今世俗之君子，多为身弃生以殉物，岂不悲哉！"①因此，最好是离开这个世界，什么也别干："夫欲免为形者，莫如弃世。弃世则无累，无累则正平，正平则与彼更生，更生则几矣！""弃世"实为"弃事"："弃事则形不劳，遗生则精不亏。"②而当这诸多观念真的施及人类社会的时候，宇宙自然界的绝对真理，就转化成了难以疗救的社会病了："龙叔谓文挚曰：'……吾有疾，子能已乎？'文挚曰：'唯命所听。然先言子所病之证。'龙叔曰：'吾乡誉不以为荣，国毁不以为辱。得而不喜，失而弗忧。视生如死，视富如贫，视人如豕，视吾如人。处吾之家，如逆旅之舍，观吾之乡，如戎蛮之国。凡此众疾，爵赏不能劝，刑罚不能威，盛衰利害不能易，哀乐不能移。固不可事国君，交亲友，御妻子，制仆隶。此奚疾战？奚方能已之乎？'……（文挚）曰：'……非吾浅术所能已也。'"③可见，道家的自然法则如原封不动地作用于人类社会，人就变成了"尸"和"木鸡"，变成无上无下、无仁无义、无廉无耻、无非无是的怪异存在，而没有这些伦常价值和社会标准，人类组织又怎能存在呢？因此，道家那具有最高哲学和科学意义的自然法则，只有向以伦常价值为核心的社会法则倾斜和演变，才能实现"道"的哲学价值，发挥"道"的社会作用。而政治一统前后的思想家们的努力，为自然法则的社会化做出了应有的贡献。

（1）自然法则对社会价值评判系统给予合理化解释

《吕氏春秋·贵当》篇称："性者，万物之本也。不可长，不可短，因其固然而然之。此天地之数也。窥赤肉而鸟鹊聚，狸处堂而众鼠散，衰

---

① 王先谦：《庄子集解》，载国学整理社编《诸子集成》，中华书局，2006，第189页。
② 王先谦：《庄子集解》，载国学整理社编《诸子集成》，中华书局，2006，第114页。
③ 张湛：《列子注》，载国学整理社编《诸子集成》，中华书局，2006，第44—45页。

经陈而民知丧，竽瑟陈而民知乐，汤武修其行而天下从。"高诱注"修其行而天下从"谓："修其仁义之行，故天下顺从之也。"在先秦道家看来，儒家所提倡的仁、义、礼的出现，实在是"道""德"（指《道德经》之"道德"）废的结果。因此，道→德→仁→义→礼序列，便成了一个依次递失的过程。但《淮南鸿烈·俶真训》则以"所以为治"和"治人之具"的密切关系将两家价值体系合而为一，即："以道为竿，以德为纶，礼乐为钩，仁义为耳，投立于江，浮之于海，万物纷纷，孰非其有？"通过这样一种缀合，儒道两家的价值规则呈现出以下全新的关系，即："道德"是散于人间的"仁义礼"，而"仁义礼"也恰好体现了"道德"的精神。由于这是个人修养和人类内部质量甄别的不可或缺的价值标准，因此，"君子"与"小人"也掺入了儒道杂糅的味道。《尹文子·大道上》称："礼义成君子，君子未必须礼义；名利治小人，小人不可无名利。"又《淮南子·道应训》："楚庄王问詹何曰：'治国奈何？'对曰：'何明于治身，而不明于治国。'"楚王曰："寡人得立宗庙社稷，愿学所以守之。"詹何对曰："臣未尝闻身治而国乱者也，未尝闻身乱而国治者也，故本任于身，不敢对以末。"楚王曰："善。"故老子曰："修之身，其德乃真。"就连老庄尤其是庄子所亟欲摆脱的伦常政治秩序，亦被《吕氏春秋》赋予了人性之所需这一自然生成逻辑。《恃君览》称："凡人之性，爪牙不足以自守卫，肌肤不足以捍寒暑，筋骨不足以从利辟害，勇敢不足以却猛禁悍，然且犹栽万物，制禽兽，服狡虫，寒暑燥湿弗能害，不唯先有其备而以群聚邪？群之可聚也，相与利之也；利之出于群也，君道立也。故君道立，则利出于群，而人备可完矣。昔太古尝无君矣，其民聚生群处，知母不知父，无亲戚兄弟夫妻男女之别，无上下长幼之道，无进退揖让之礼，……此无君之患。故君臣之义，不可不明矣。"

（2）自然法则肯定人与社会间的正常联系

道家是主张无是非的。然而他们语之不休的是非齐一、是非乌有本身，即已最有力地证明了人间是非的客观性。《吕氏春秋·序意》篇以

"人间是非法天地"的方式，一时打破了这一僵局："盖闻古之清世，是法天地。凡十二纪者，所以纪治乱存亡也，所以知寿夭吉凶也。上揆之天，下验之地，中审之人。若此则是非可不可，无所遁矣。"而《淮南子》则通过对老庄"无为"思想的"扬弃"，将一个无所事事的"无为"，变成了强调人的实践活动的"无为"，只不过要求这种活动要因自然之势而已："或曰无为者，寂然无声，漠然不动，引之不来，推之不往。如此者，乃得道之象。吾以为不然。若吾所谓无为者，私志不得入公道，嗜欲不得枉正术，循理而举事，因资而立功，推自然之势，而曲故不得容者，事成而身弗伐，功立而名弗有，非谓其感而不应，迫而不动者。"显然，这里的"无为"，事实上已成为掌握并顺应现实和客观规律的实践行为，尽管"无为"这种意义上的延伸，并没有改变命题本身所固有的顺应自然的特征，但它的泛化，却使很多老庄眼里的非自然现象都获得了有利于宇宙和社会两个方面的自然的解释。例如，老庄认为，凡人之所独有而非物之所共有的像语言、思维和情感等，都是不自然的，而《淮南鸿烈》则把人与生俱来的能力和后天习得的东西均视为自然等。天道规律的纡尊下凡，使自然法则社会化的基本过程得以完成。

2. 看"社会法则的自然化"

儒家是以社会法则为本位的，这与它过分强调人的"主体性"这一哲学倾向有至为密切的关系。正因为很注重讲人的"主体"，所以，相对也就不太注重讲宇宙"本体"；注重社会法则的"内索"，而不太关心"外求"。《大学》八条目中，只有两条涉及"本体"探求、涉及"外"的世界，那就是"格物"和"致知"；而有"六条"是讲"主体"的，即"诚意""正心"和"修""齐""治""平"。其如明末朱子学学者冯少虚所说："《论语》一书，论工夫，不论本体；论见在，不论源头。"[1]东周社会的特殊境况，激酿起超乎寻常的人的自觉，故人兽之大防无疑具有特别的意义。但是，某种场合下对人兽之别的特殊强调与强化，却也带来

---

① 黄宗羲：《明儒学案》，中华书局，1985，第990页。

了学者对自然本体论探讨上的望而却步和恐越雷池的弊端,因此,尽管先秦儒家也曾不同程度地提及自然法则对社会法则所产生的影响或萌生过格致其内在联系的愿望,但这种声音,却在人本主义的声浪中被淹没了,只是在政治一统前后,整个思想界,因视野的大大开阔,"社会法则自然化"问题的探讨才正式提到议事日程上来。

由于道家的世界比先秦儒家的世界要宽广许多,因此,欲将社会法则赋予自然色彩,首先要重新提及并强化道家的无所不包的宇宙观特征。《淮南子·原道训》称:"夫道者,覆天载地,廓四方,柝八极,高不可际,深不可测,包裹天地,禀授无形……故植之而塞于天地,横之而弥于四海,施之无穷,而无所朝夕。舒之幎于六合,卷之不盈于一握。……横四维而含阴阳,纮宇宙而章三光。"《精神训》复谓:"古未有天地之时,惟象无形,窈窈冥冥,芒芠漠闵,澒濛鸿洞,莫知其门。有二神混生,经天营地,孔乎莫知其终极,滔乎莫知其止息,于是乃别为阴阳,离为八极,刚柔相成,万物乃形。"既然"道"拥有如此广袤的时间和空间,那么,它理所当然地要涵摄一切,包括人类社会的全部文化。先秦思想界已比较明确地感到,人类社会的仪范伦常具有人情意义上的自然来历。《毛诗序》说:"故变风发乎情,止于礼义;发乎情,民之性也;止乎礼义,先王之泽也。"《礼记·坊记》也讲:"礼者,因人之情而为之节文,以为民坊也。"那么这种自然的"性""情",又因何而来、缘何而然呢?先哲们并没有给予哲学的解释。但以下舆论,却使性情之说获得了本体论意义上的终极把握:"夫物有以自然,而后人事有治也。""民有好色之性,故有大婚之礼;有饮食之性,故有大飨之谊;有喜乐之性,故有钟鼓管弦之音;有悲哀之性,故有衰经哭踊之节。故先王之制法也,因民之所好而为之节文者也。""故无其性不可教训,有其性无其养不能遵道。"①《尹文子·大道上》篇则辩证地揭示了道家所皈依的宇宙自

---

① 高诱:《淮南子》,载国学整理社编《诸子集成》,中华书局,2006,第350—351页。

然总则——"道"与儒、墨、法诸家所奉行的人间伦常之间的密切联系："大道治者，则名、法、儒、墨自废；以名、法、儒、墨治者，则不得离道。"说明"道"已成为社会法则自然化过程中最终被认同的最高哲学本体，而这种认同的最显著特征，是"因"字。它体现在以下两个方面：

（1）伦常原则的自然化

《尹文子·大道下》认为，"仁"是以爱博施于物的，但却容易引起偏私；"义"是用来立节行的，但却易成华伪；"礼"是所以行恭谨的，但却易生惰慢；"乐"是用来和情志的，然却易于淫放。之所以会每每使仁、义、礼、乐等伦常原则走向反面，关键在于人们未能完全因道而行，因为只有"用得其道"，"天下"才能"治"；而一旦"失其道，则天下乱"矣！《吕氏春秋·上德》篇云："为天下及国，莫如以德，莫如以义。以德以义，不赏而民劝，不罚而邪止。此神农黄帝之政也。……故古之王者，德回乎天地，澹乎四海，东西南北，极日月之所烛，天覆地载，爱恶不臧，虚素以公，小民皆之。其之敌，而不知其所以然。此之谓顺天。教变容改俗，而莫得其所受之，此之谓顺情。"《淮南子·泰族训》更大倡"因"道："因其好色而制婚姻之礼，故男女有别；因其喜音而正雅颂之声，故风俗不流；因其宁家室乐妻子，教之以顺，故父子有亲；因其喜朋友而教之以悌，故长幼有序。"而此"因"的时空范围却绝非仅仅是人类自身那点有限的自然属性，它尚有更广阔的时空和更博大的规律可资因循："昔者五帝三王之莅政施教，必用叁五。何谓叁五？仰取象于天，俯取度于地，中取法于人。"其于天："乃立明堂之朝，行明堂之令。以调阴阳之气，以和四时之节，以辟疾病之灾。"其于地："俯视地理，以制度量，察陵陆水泽肥墩高下之宜，立事生财，以除饥寒之患。"其于人："中考乎人德，以制礼乐，行仁义之道，以治人伦而除暴乱之祸。"然综合而言之，"乃澄列金木水火土之性，故立父子之亲而成家；别清浊五音六律相生之数，以立君臣之义而成国；察四时季孟之序以立长幼之礼而成官，此之谓叁；制君臣之义、父子之亲、夫妇之辨、长幼之序、朋友之际，此之谓五"。董仲舒认为，人间的伦常原则均来之于天，某种意义上甚至可以说，天就是人伦的体现，他说："仁之美者在于天。天，仁也。"① "人之血气，化天志而仁；人之德行，化天理而义。"② 正由于来之于天，故人伦本身具有终极意义："察于天之意，无穷极之仁也。"③ 他还提出了"人副天数"的主张，甚至认为人的形体骨骼亦化天数而成："天以终岁之数，成人之身，故小节三百六十六，副日数也；大节十二分，副月数也；内有五藏（脏），副五行数也；外有四肢，副四时数也；乍视乍瞑，副昼夜也。"④ 这种比附，与《淮南子·天文训》中所述颇相类似："蚑行喙息，莫贵于人。孔窍肢体，皆通于天。天有九重，人亦有九窍；天有四时以使十二月，人亦有四肢以使十二节；天有十二月以制三百六十日，人亦有十二肢以使三百六十节。故举事而不顺天者，逆其生者也。"显然，它已接近于牵强。

（2）政治原则的自然化

《吕氏春秋·本生》篇称："始生之者，天也；养成之者，人也。能养天之所生而勿撄之，谓之天子。天子之动也，以全天为故者也。此官之所自立也。立官者，以全生也。今世之惑主，多官而反以害生，则失所为立之矣。"又《贵当》篇云："名号大显，不可强求，必繇（由）其道。治物者不于物，于人；治人者不于事，于君；治君者不于君，于天子；治天子者不于天子，于欲；治欲者不于欲，于性。性者万物之本也。""故贤主察之，以为不可，弗为；以为可，故为之。为之必繇其道。"董仲舒则明确地指出："道者，所繇适于治之路也。仁义礼乐皆其具也。"⑤ 当年荀子给"礼"下的定义是："礼者，贵贱有等，长幼有差，贫富轻重皆

---

① 苏舆：《春秋繁露义证》，中华书局，1992，第329页。

② 苏舆：《春秋繁露义证》，中华书局，1992，第318页。

③ 苏舆：《春秋繁露义证》，中华书局，1992，第329页。

④ 苏舆：《春秋繁露义证》，中华书局，1992，第356页。

⑤ 班固：《汉书》，中华书局，1962，第2499页。

有称者也。"①显然，他只是在就人事而谈政治，这种思路当然不能适应秦汉之际的社会现实和思想状况，这有违于"纪纲道德、经纬人事、上考之天、下揆之地、中通诸理"②的思维方式和行为方式，而董仲舒则自觉地以天人合一论，弥补了荀子的缺憾："礼者，继天地，体阴阳，而慎主客，序尊卑、贵贱、大小之位，而差内外、远近、新故之级者也。"③在政治结构和政治秩序中，君与民，历来是一对主要矛盾。荀子曾讲："天之生民，非为君也；天之立君，以为民也。"④为了协调君、民之间的矛盾，董仲舒则建立了一套客观而完整的"自然法"，这就是他的"天人宇宙论图式"。它的意义在于，凡是生息于宇宙之间的事物，都要无一例外地受制于天地自然规律，即符合阴阳五行的生生衍化规律。就是说，在最终的尺度和标准面前，即使国君也不能任意妄为，也要受到限制甚至惩罚。因此他讲："屈君而伸天，《春秋》之大义也。"⑤也正是在这个大前提下，儒家的"孝""敬"观念，在被他化成"三纲五常"之后，才正式纳入了上述图式，从而使以往的礼乐政治秩序获得了哲学和准哲学的把握。而儒家最理想政治景观当中的"德政"，亦副天道而来："圣人副天之所行以为政，故以庆副暖而当春，以赏副暑而当夏，以罚副清而当秋，以刑副寒而当冬。庆赏罚刑，异事而同功，皆王者之所以成德也。"⑥它与《淮南子》的思想在体系上是一致的："圣人者，随时而举事，因资而立功。"⑦"不因

---

① 王先谦：《荀子集解》，载国学整理社编《诸子集成》，中华书局，2006，第115页。

② 高诱：《淮南子》，载国学整理社编《诸子集成》，中华书局，2006，第369页。

③ 苏舆：《春秋繁露义证》，中华书局，1992，第275页。

④ 王先谦：《荀子集解》，载国学整理社编《诸子集成》，中华书局，2006，第332页。

⑤ 苏舆：《春秋繁露义证》，中华书局，1992，第32页。

⑥ 苏舆：《春秋繁露义证》，中华书局，1992，第353页。

⑦ 高诱：《淮南子》，载国学整理社编《诸子集成》，中华书局，2006，第303页。

道之数，而专己之能，则穷不达矣。"①

可见，"因"是儒道两家相与交通的最基本孔道。有学者指出："'因'范畴与'道'、'自然'联系密切，而与'无为'的关系尤为切近。它是连接'无为'与'自然'、'无为'与道、人道与天道、人与天的中介范畴，表明无为根据自然、道，人道根据天道，人根据天。从'因'范畴看，天人关系由老庄中的单向的服从关系转化为根据和被根据的关系。"②

3. 看"天人法则一体化"

自然法则和社会法则，经过争鸣，经过长时间的取长补短和互通有无，终于从各自的极端中走出，以平等的姿态珠联璧合，融为一体。《尹文子·大道上》称："万事皆准于一，百度皆准于法。"《吕氏春秋·执一》篇云："天地阴阳不革而成，万物不同。目不失其明，而见白黑之殊；耳不失其听，而闻清浊之声。王者执一，而为万物正。"这说明，一体化的实现，既有哲学本身的天合，亦有天下一统的作用。《新语·怀虑》篇道："举一事而天下从，出一政而诸侯靡。故圣人执一政以绳百姓，持一概以等万民，所以同一治而明一统也。故天一以大成数，人一以（缺一字）成伦。"而"圣人之教，所齐一也"③。《淮南子·精神训》论述得高屋建瓴："夫天地运而相通，万物总而为一。能知一，则无一之不知也；不能知一，则无一之能知也。"

显然，"一"已成为那个时代的最根本特征。老子是强调"一"的："昔之得一者：天得一以清，地得一以宁，神得一以灵，谷得一以盈，万物得一以生，侯王得一以为天下贞。"④庄子也大讲其"一"："唯

---

① 高诱：《淮南子》，载国学整理社编《诸子集成》，中华书局，2006，第131页。

② 陆玉林：《论〈淮南鸿烈〉的道儒整合》，《中国人民大学学报》1993年第2期。

③ 陆贾：《新语》，载国学整理社编《诸子集成》，中华书局，2006，第15、19页。

④ 王弼：《老子注》，载国学整理社编《诸子集成》，中华书局，2006，第24—25页。

达者知通为一"①"'通天下一气耳。'圣人故贵一"②。所以，一提到
"一"，人们首先想到的便是道家范畴，这已经成为人们的思想习惯。但
是，值得注意的是，秦汉时期的"一"，却已经不再是纯粹道家意义上的
"一"了，因为先秦道家的"一"，是指把人化归于天道自然、让人"并
道而一"的"一"；而秦汉时期的"一"，则是指在天道自然向人类回归
和令社会原则顺应天道的双向交流的过程中所形成的中和的"一"。

　　如前所述，老庄哲学的本体是"道"，它生成事物的顺序为"道生
一，一生二，二生三，三生万物"，是属于从本体推万物的思维模式。相
比之下，儒家的知行特征是"尽人事而待天命"，属于把"天"视为其认
识过程中之理论极限的由伦常而推本体的思维模式。由于感到冥冥之中似
乎有一种超越于人事经验之上的客观规律在支配和制约着人类的行为，因
此，儒者每每对天抱有敬畏感和宿命感。而关于"天"究竟是怎么回事，
具体该怎样掌握和利用等问题，儒家则多半持"敬而远之"或"置而不
论"的态度。可尽管如此，它毕竟与哲学意义上的"天"搭上了界，这主
要体现为儒家的"天"与道家的"天"在意义上的交汇与叠合。这种交汇
与叠合，被《淮南鸿烈》非常得体地描绘了出来。《天文训》称："所谓
一者，无匹合于天下者也。"我们看到，《淮南鸿烈》通过以上安排，已
把"道"和"一"在不知不觉间调换了位置，而这个行为却非同小可，它
把被老子认为是"一"的创造者并高于"一"的"道"，降格至"一"的
下面，且认为"一"上无物。这样，就把老庄原意中的万物皆源于"道"
的"道生一"系列，变成了万物皆源于"一"的"一生道"系列。而这种
排列组合，恰好使儒家的类似范畴与道家实现了接轨。适才说，儒家的
"天"与道家的"天"是可以叠合的范畴，在"人法地，地法天，天法

① 王先谦：《庄子集解》，载国学整理社编《诸子集成》，中华书局，2006，第
　　11页。
② 王先谦：《庄子集解》，载国学整理社编《诸子集成》，中华书局，2006，第
　　138页。

道"的序列里，"天"的格位在"道"之下而且是仅次于"道"的格位；而在"道生一，一生二，二生三，三生万物"的序列当中，"一"则直承于道，亦仅次于道。从这个意义上讲，"一"可否视为具有与"天"同等的格位和意义呢？因为我们发现，在道家的范畴降格的同时，儒家的范畴也由宗教的感觉获得了哲学的上升，即它们实际上已拥有了一个共同的哲学本体"一"或"天"。它使虽不失为宇宙终极真理但却充满神秘色泽的"道"由抽象走向具体，也使虽不失为人类社会之终极关怀，但却有有限和相对之嫌的伦常原则由具体而趋于抽象。而当着这两组具体和抽象的哲学联袂为一的时候，中国哲学便成为既不失规律的普遍和抽象，又不失事物的繁复与具体的"合和为一"的世界观和方法论。它第一次实现了必然而超越的形上世界与应然而具体的形下世界的分离后的统一。而哲学道路的开辟，在统一前后的政治局面里，具有权威性的意义。当时的典籍，从各个方面全面地展现了儒道整合的首次盛况。其于人性，《淮南子·俶真训》云："夫人之所受于天者，耳目之于声色也，口鼻之于芳臭也，肌肤之于寒燠，其情一也。或通于神明，或不免于痴狂者，何也？其所为制者异也。""外内无符，而欲与物接，弊其元光，而求知之于耳目，是释其昭昭而道其冥冥也。是之谓失道。"《本经训》称："在内而合乎道，出外而调于义。"又《人间训》："清净恬愉，人之性也；仪表规矩，事之制也。知人之性，其自养不勃；知事之制，其举不惑。"其于人伦，《本经训》谓："夫三年之丧，非强而致之，听乐不乐，食旨不甘，思慕之心，未能绝也。""故……乐者所以致和，非所以为淫也；丧者所以尽哀非所以为伪也。故事亲有道矣，而爱为务；朝廷有容矣，而敬为上；处丧有礼矣，而哀为主；用兵而有术矣，而义为本。本立而道行，本伤而道废。"其于政治，《泰族训》称："天之所为，禽兽草木；人之所为，礼节制度，……治之所以为本者，仁义也。"而《要略》中的两句话，堪称对大一统思想的一个总结："故言道而不言事，则无以与世浮沉；言事而不言道，则无以与化游息。"董仲舒说"以类合之，天人一也"[1]，亦是之谓。

---

① 苏舆：《春秋繁露义证》，中华书局，1992，第341页。

第三章　变与不变

一、不同背景下的相同境遇

严格意义上讲，秦王朝是一个没有理论，至少是没有完备理论的时代。十五年二世而亡，似足以证之。秦始皇父子要的是武力上的不得不一统，而不要文化上的所谓大一统，这具体表现为：1. 排斥吕氏，偏认法家。《吕氏春秋》那些符合天人规律和历史规律的政治思想方面的合流统一理论，并没有在秦王朝派上应有的用场。《云梦秦简》中所见"为人君则怀，为人臣则忠，为人父则慈，为人子则孝""君怀臣忠，父慈子孝，政之本也"等字样，也不过是具文而已。由于不懂"速于置邮而传命"之德政的重要性，因此，铸金人以求安定、治驰道以为震慑等行为，在埋葬它的秦末战争面前，便显得空前的幼稚和荒唐。2. 排斥以儒者为主的有识之士。为了装潢门面，秦始皇也曾招徕过学者，但"博士虽七十人，特备员弗用"[①]。而"焚书坑儒"的无知行为无异于给自己判了死刑。因为从此以后，知识分子与秦廷之间的这种思想的纷争迅速转化为政治上的角逐。从儒生们的流向上看，陈涉军中有孔甲等人，刘邦麾下有郦食其、

---

① 司马迁：《史记》，中华书局，1982，第258页。

陆贾，有日后说高祖迁都长安、和亲匈奴的娄敬，亦有为汉制订朝仪的叔孙通。至于张良、陈平等谋臣，又何尝不源出于儒？太史公在解释这种现象时指出："及至秦之季世，焚诗书，坑术士，六艺从此缺焉。陈涉之王也，而鲁诸儒持孔氏之礼器往归陈王。于是孔甲为陈涉博士，卒与涉俱死。陈涉起匹夫，驱瓦合適戍，旬月以王楚，不满半岁竟灭亡，其事至微浅，然而缙绅先生之徒负孔子礼器往委质为臣者，何也？以秦焚其业，积怨而发愤于陈王也。"①很难将"其业"理解为个人的事业，否则，孔甲"卒与涉俱死"就不好解释了。

秦朝的十五年，留给人们的是"其兴也速，其亡也疾"的空前巨大的兴亡教训。对此，人们很早就开始了有关的反省和深思，《史记·郦生陆贾列传》载陆贾事迹道：

> 陆生时时前说称《诗》《书》。高祖骂之曰："乃公居马上而得之，安事《诗》《书》！"陆生曰："居马上得之，宁可以马上治之乎？且汤武逆取而以顺守之，文武并用，长久之术也。昔者吴王夫差、智伯极武而亡；秦任刑法不变，卒灭赵氏。向使秦已并天下，行仁义，法先圣，陛下安得而有之？"高帝不怿而有惭色，乃谓陆生曰："试为我著秦所以失天下，吾所以得之者何，及古成败之国。"陆生乃粗述存亡之征，凡著十二篇。每奏一篇，高帝未尝不称善，左右呼万岁，号其书曰《新语》。

然而，虽说汉高祖懂得"马上得之不可以马上治之"的道理，也颇晓"行仁义，法先圣"的重要性，但由于长期的不学无术和偏见（尝溲溺儒冠），使他对以上学说并没有做出实质性的反应。可是，文景时期那场来势凶猛的吴楚七国之乱，则暴露出汉朝统治上的巨大弱点。在这种"天子

---

① 司马迁：《史记》，中华书局，1982，第3116页。

不尊，宗庙不安"①的危险境地中，理智的选择应该是什么？是重新通过秦的苛政来维护中央一统吗？不可，因为秦朝速亡的教训便是"仁义不施而攻守之势异也"（贾谊语），岂能重蹈覆辙？是继续推行汉初以来的黄老政治？但过度的"无为"，最终已导致了无政府。看来，儒学的前来调和，已经成为事实上的需要，因为历史的记忆经常提醒人们如下两件事：其一是儒生叔孙通为刘邦制朝仪，使刘邦"知为皇帝之贵也"②；其二是汉文帝因缇萦上书而废止肉刑③。叔孙通的朝仪，让人们看到的，其实是人类社会必不可少的秩序；而文帝的仁义之举，又令人想起了孟轲的"不忍人之政"。它表明，儒家的学说，已经在自觉不自觉间渗透到政治社会中来，也在自觉不自觉间成为人们自然奉行的社会价值尺度和伦理行为准则。汉武帝乘其势，乃"招方正贤良文学之士"。从此，"言《诗》于鲁则申培公，于齐则辕固生，于燕则韩太傅。言《尚书》自济南伏生。言《礼》自鲁高堂生。言《易》自菑川田生。言《春秋》于齐鲁自胡毋生，于赵自董仲舒"，而五经博士官，亦由此而设。其目的很明确，即："明天人之际，通古今之义""昭至德，开大明，配天地，本人伦，劝学修礼，崇化厉贤，以风四方"，因为这是治国之本、"太平之原也"。值得注意的是，当时的统治层有一个很强的"正己以正人"的理念，即："其令礼官劝学，讲议洽闻兴礼，以为天下先""故教化之行也，建首善自京师始，由内及外"④。然而，这种导向本身也同时向天下昭明，天下无道之弊无则便罢，有，则必自官始。太史公曰："文武不备，良民惧然身修者，官未曾乱也。"⑤此确当之言也，因为二百多年的汉代盛世，最后终以官乱而竟。

---

① 司马迁：《史记》，中华书局，1982，第2747页。

② 司马迁：《史记》，中华书局，1982，第2723页。

③ 司马迁：《史记》，中华书局，1982，第428页。

④ 司马迁：《史记》，中华书局，1982，第3119页。

⑤ 司马迁：《史记》，中华书局，1982，第3099页。

　　截至汉和帝（刘肇）时止，东汉王朝已走过了它的稳定阶段，从此滑入外戚宦官交替专政的最黑暗时期。外戚是裙带的产物，而宦官则是刑余之人，很难想象他们当中会产生很多知书达礼、明仁辨义的人物。因此，他们的专政，已对受经学之风深刻影响的社会秩序和人伦纲常造成了重大破坏，这种情形尤以汉末之宦官专政为甚，但也终于酿激起一场维护公理和正义的群众运动，这一被贬称为"党锢之祸"的事件，实具有超出事件本身的重大历史意义。

　　这里的"党"，是一个以民众为上、以道义为高的知识分子群。时有太学诸生三万余人，他们有自己的道德领袖，即："天下楷模李元礼（李膺），不畏强御陈仲举（陈蕃），天下俊秀王叔茂（王畅）"。有了这样的尺度，于是乎中外承风，竟以臧否相尚，结果，"自公卿以下，莫不畏其贬议，屣履到门"①。但狐假虎威的宦竖却有恃无恐。侯览家在防东，母丧还家，大造茔冢。督邮张俭举奏览罪，但因侯览作梗，奏本无法上达。张俭乃破其冢宅，没收资财，具奏其状，但终不得亲炙帝所，张侯结怨；徐璜兄子徐宣为下邳令，暴虐尤甚。曾向故汝南太守李暠之女求婚而弗得，遂带吏卒到李家，掳其女归，并戏射杀之。东海相黄浮闻之大怒，说："徐宣国贼，今日杀之，明日坐死，足以瞑目矣！"即案徐宣罪当弃世，暴其尸。于是，宦官之属诉冤于帝，浮与张俭上司翟超并蒙刑坐。平原人襄楷上谏痛陈利害，然帝不纳，宦官由此疾之弥甚，只因襄楷是名臣，暂时不敢加害而已。宦官敢如此猖獗，原因在哪儿呢？襄楷在讥刺桓帝佯信黄老而实纵欲时揭露道："今陛下淫女艳妇，极天下之丽，甘肥饮美，单（殚）天下之味，奈何欲如黄、老乎！"②说明罪恶的渊薮实在皇帝那里。道家理论运用于朝廷内外，每每以"反其性"为旨，令君长节欲。《淮南子·泰族训》尝谓："故为治之本，务在宁民，在于足用。足用之本，在于勿夺时。勿夺时之本，在于省事。省事之本，在于节用。节用之

---

① 范晔：《后汉书》，中华书局，1965，第2186页。

② 司马光：《资治通鉴》，中华书局，2011，第1830页。

本，在于反性。未有能摇其本而静其末、浊其源而清其流者也。……故不高宫室者，非爱木也；不大钟鼎者，非爱金也。直行性命之情，而制度可以为万民仪。今目悦五色，口嚼滋味，耳淫五声，七窍交争以害其性，日引邪欲而浇其身，夫调身弗能治，奈天下何？故自养得其节，则养民得其心矣。所谓有天下者，非谓其履势位，受传籍，称尊号也。言运天下之力，而得天下之心！"可桓帝之行，未尝因陈蕃之谏而稍敛，说明他已与朝廷奸吏沆瀣一气，同流合污。结果，公正日失，而民心日乖。适逢李膺斩杀人犯张成之子，宦竖见机会已到，乃教张成弟子上书诬陷道："膺等养太学游士，交结诸郡生徒，更相驱驰，其为部党，诽讪朝廷，疑乱风俗。"于是天子震怒，下令搜捕党人，陈蕃以此"皆海内人誉，忧国忠公之臣"为由全力阻止。帝愈怒，一举将二百余人投入大监。逃遁不获者，则张榜悬赏，四处搜寻。[①]

这是正义与邪恶、清廉与腐败的公开冲突。在这场冲突中，手持人间公理的学人们并没有被腐朽的统治集团的暴力所吓倒，"天下士大夫皆高尚其道而污秽朝廷，希之者唯恐不及，更共相标榜，为之称号"，遂以窦武、陈蕃、刘淑为"三君"，以李膺、荀翌、杜密、王畅、刘祐、魏朗、赵典、朱寓为"八俊"，以郭泰、范滂、尹勋、巴肃、宗慈、夏馥、蔡衍、羊陟为"八顾"，以张俭、翟超、岑晊、苑康、刘表、陈翔、孔昱、檀敷为"八及"。这种状况，吓得宦官每下诏书，必申党人之禁，并大开杀戒，翦除异己。结果，"凡党人死者百余人，妻子皆徙边。天下豪杰及儒学有行义者，宦官一切指为党人，有怨隙者，因相陷害，睚眦之忿，滥入党中。州郡承旨，或有未尝交关，亦离祸毒，其死、徙、废、禁者又六七百人"。郭泰见微知著，明确断言："汉室灭矣！"之所以会得出这一结论，恐怕还是因为代表天理人义的党人所具有的深厚的民众基础，这已从张俭"望门投止"的经历中得到了充分的证明。而民众之所以宁可为张俭"伏重诛者以十数，连引收考者布遍天下，宗亲并皆殄灭，郡县为之

---

① 司马光：《资治通鉴》，中华书局，2011，第1831—1832页。

残破"而不辞者，就在于党人身上凝聚着他们的最高信仰——"仁义"，为了"仁义"行于天下，他们竟然能"一门争死"，也认可了"一人逃死，祸及万家"[1]。后来的事实准确无误地验证了先觉者们的预言。然先觉是少数人，而后觉则是广大民众，先后之别，唯时间之差而已。当先觉者已无法以真理和正义为刀锯，通过局部手术来匡正当局、抑制腐败的时候，后觉者的民众就要以极端手段来否定该政治集团继续存在的理由和根据，因为对惩治腐败呼声的镇压，已变相地告诉贪官，政府本身就是腐败的渊薮和保护伞。于是，在汉灵帝"著商贾服"、为狗"著进贤冠"并"标价鬻爵"的时候，"京师转相仿效"的目标，便由当年的仁义礼智变成了今日的声色犬马，贾谊所总结的秦亡原因则获得了再度显现。

窃察党锢和黄巾所由以致者，其实一也。正如张钧上书所言："窃惟张角所以能兴兵作乱，万民所以乐附之者，其源皆由十常侍多放父兄、子弟、婚亲、宾客典据州郡，辜榷财利，侵掠百姓，百姓之冤，无所告诉，故谋议不轨，聚为盗贼。宜斩十常侍，悬头南郊，以谢百姓！"[2]但是，跟皇上说这些，无异于与虎谋皮；而杀掉阉宦，亦已为时晚矣。作奸死狱，反成张钧之结局，而后汉亡谶，倒也丝缕不爽。从这个意义上讲，党锢之祸是假祸，而黄巾起义才是真祸。倘不能把险象抑之于未萌，那么，一旦真祸降临，遇难者就不再是几十人、几百人，而是几千、几万甚至几十万生灵，事实也确乎如此。

在镇压黄巾军起义的过程中，州郡官吏和地方豪强，拥兵割据，形成了独霸一方的军阀。它虽然一时克服了宦官专权，但同时也进入了新的一重恶性循环，即军阀混战。战争的结果，虽形成了三国鼎立的局面，可它的代价却极端惨重。曹操东征西讨，目睹了当时的惨状："吾起义兵，为天下除暴乱。旧土人民，死丧略尽，国中终日行，不见所识，

---

① 司马光：《资治通鉴》，中华书局，2011，第1860页。

② 司马光：《资治通鉴》，中华书局，2011，第1908页。

使吾凄怆伤怀。"①"铠甲生虮虱，百姓以死亡。白骨露于野，千里无鸡鸣。生民百遗一，念之断人肠。"②王粲目之所及亦然："出门无所见，白骨蔽平原。"③陈琳哀叹："边城多健少，内舍多寡妇"，"君独不见长城下，死人骸骨相撑拄。"④而曹植的诗，更令人痛彻肺腑："步登北邙阪，遥望洛阳山。洛阳何寂寞，宫室尽烧焚。垣墙皆顿擗，荆棘上参天。不见旧耆老，但睹新少年。侧足无行径，荒畴不复田。游子久不归，不识陌与阡。中野何萧条，千里无人烟。念我平生亲，气结不能言。"⑤仲长统在回顾历史战乱所造成的死丧时指出："以及今日，名都空而不居，百里绝而无民者，不可胜数！"⑥裴松之〔注〕用数字较精确地统计了汉魏疆域人口之差："孝平帝时，凡郡国一百三，县邑一千三百一十四，道三十四，侯国二百四十一。地东西九千三百二里，南北一万三百六十八里。人户一千二百二十三万三千六十二，口五千九百五十九万四千九百七十八。此汉家极盛之时。遭王莽丧乱，暨光武中兴，海内人户，准之于前，十裁二三，边方萧条，略无孑遗。孝灵遭黄巾之寇，献帝婴董卓之祸，英雄棋峙，白骨膏野，兵乱相寻三十余年，三方既宁，万不存一也。"

西晋统一，本期"以佚代劳，以治易乱"⑦。然而，其大封宗室之举，却使豪门世族间势成水火。武帝死后，惠帝继位，以汝南王司马亮为太宰，专权。在惠后贾南风阴谋参与下，赵王司马伦等八亲王先后起兵，史称"八王之乱"。这场动乱，使黄河流域的各族人民遭到了极大的灾

① 陈寿：《三国志》，中华书局，2011，第22页。
② 夏传才主编《建安邺下诗文集》，河北教育出版社，2017年，第13页。
③ 俞绍初辑校《建安七子集》，中华书局，2016，第97页。
④ 俞绍初辑校《建安七子集》，中华书局，2016，第40—41页。
⑤ 夏传才主编《建安邺下诗文集》，河北教育出版社，2017，第576—577页。
⑥ 范晔：《后汉书》，中华书局，1965，第1649页。
⑦ 房玄龄等：《晋书》，中华书局，1974，第81页。

难，乱中有数十万人被杀、上百万人流亡，三国以来逐渐恢复的北方经济以及洛阳、长安等繁华都市，均被摧毁。①由此，举国境内，遍地匪盗，统一的政治局面土崩瓦解，所谓"公私罄乏，所在寇乱，州郡携贰，上下崩离"②者，均属真实。

然而，造成以上政治军事大屠杀的根本原因是什么呢？如概括说来，可一言以蔽之曰"利"。正是在掀起于后汉的逐利大潮的驱动下，"天地之性人为贵"和"人所以异于禽兽者"即代表"人之所以为人"的各种伦理仪范的道德标准和社会舆论，均失去了它应有的功能。如果说，年表的递续并不都代表着社会进步的话，那么，汉末魏晋之际的这种变化，乃是历史的倒退。理由很简单，即：人的生物性已远远超过了他的社会性，人的整体质量出现了空前的滑坡。

毋庸讳言，汉（指东汉末）魏晋三朝，是逐利慕势之风甚嚣尘上的年代。至于这种风潮出现的原因、后果，汉魏之际的仲长统，在他的《昌言》中有过较系统的表述。他认为有两个方面的原因。

一是统治层靡烂生活的恶劣导向。他这样描述道：

> 彼后嗣之愚主，见天下莫敢与之违，自谓若天地之不可亡也，乃奔其私嗜，骋其邪欲，君臣宣淫，上下同恶。目极角骶之观，耳穷郑、卫之声。入则耽于妇人而不反，出则驰于田猎而不还……③

二是豪民士子见利忘义式的模仿和豪夺。在统治集团骄奢淫逸生活的刺激下，"求士之舍荣乐而居穷苦，弃放逸而赴束缚，夫谁肯为之者邪？"于是，出现了一批富比公卿的暴发户：

---

① 参见《晋书·惠帝纪》《晋书·怀帝纪》。
② 房玄龄等：《晋书》，中华书局，1974，第1625页。
③ 仲长统：《昌言校注》，孙启治校注，中华书局，2012，第261页。

　　豪人之室，连栋数百，膏田满野，奴婢千群，徒附万计。船车贾贩，周于四方；废居积贮，满于都城。琦赂宝货，巨室不能容；马牛羊豕，山谷不能受。妖童美妾，填乎绮室；倡讴妓乐，列乎深堂。宾客待见而不敢去，车骑交错而不敢进。三牲之肉，臭而不可食；清醇之酎，败而不可饮。睇盼则人从其目之所视，喜怒则人随其心之所虑。此皆公侯之广乐、君长之厚实也……①

　　而就后果而言，他提出了三个事实：一是政治腐败。逐私利的结果，竟使权力机构中私宦充斥"权移外戚之家，宠被近习之竖，亲其党类，用其私人，内充京师，外布列郡"，甚者出现了察举荐官过程中的"颠倒贤愚、贸易选举"②现象。汉灵帝即明码标价，卖官鬻爵，那种只有在察举中才能最充分地体现出来的至高无上的德才标准，在灵帝手上，居然也成了可以买卖的商品。而文官所服的"进贤冠"，竟被汉灵帝戴到了狗的头上——其斯文扫地也如此！对此，《续汉志》忍不住痛骂："灵帝宠用便嬖子弟，转相汲引，卖关内侯，直五百万。强者贪如豺狼，弱者略不类物，真狗而冠也！"结果是："举秀才，不知书；察孝廉，父别居。寒素清白浊如泥，高第良将怯如鸡。"③"以顽鲁应茂才，以桀逆应至孝，以贪饕应廉吏，以狡猾应方正，以谀谄应直言，以轻薄应敦厚，以空虚应有道，以闇暗应明经。"④"疲驽守境，贪残牧民，挠扰百姓，忿怒四夷，招致乖叛，乱离斯瘼。怨气并作，阴阳失和，三光亏缺，怪异数至，虫螟食稼，水旱为灾。"⑤第二个事实是，政治腐败导致了民风的败坏，即：

① 仲长统：《昌言校注》，孙启治校注，中华书局，2012，第264—265页。
② 仲长统：《昌言校注》，孙启治校注，中华书局，2012，第308—309页。
③ 葛洪：《抱朴子》，载国学整理社编《诸子集成》，中华书局，2006，第127页。
④ 王符：《潜夫论》，载国学整理社编《诸子集成》，中华书局，2006，第29页。
⑤ 仲长统：《昌言校注》，孙启治校注，中华书局，2012，第309页。

"时政凋敝，风俗移易，纯朴已去，智慧已来。出于礼制之防、放于嗜欲之域久矣！"①它使战国时代"贵诈力而贱仁义"的世风似乎又来了一次循环，因为富贵王侯的财产和地位，"苟能运智诈者，则得之焉；苟能得之者，人不以为罪焉"②。而第三个事实则是武装争利的不可避免："豪杰之当天命者，未始有天下之分者也。无天下之分，故战争者竞起焉。于斯之时，并伪假天威，矫据方国，拥甲兵与我角才智，程勇力与我竞雌雄，不知去就，疑误天下，盖不可数也。"③而自从道义也可以用钱买卖以来，上述行为的发生便具有了一种不可逆性。这种不可逆性，在魏晋时期，表现得尤其突出。当然，它更集中地反映在世风上面。

1. 教育所受到的冲击

汉末所形成的趋利慕势风尚，这时已明显地体现在教育上了。三国时魏人董昭述当时读书人情况时说："当今年少，不复以学问为本，专更以交游为业；国士不以孝悌清修为首，乃以趋势游利为先。"④由于"魏武好法术"⑤，故"今之学者，师商、韩而上法术，竞以儒家为迂阔"⑥。而当曹操发现这种短期行为，必将带来长远忧患的时候，似乎已经晚了："令曰：'丧乱已来，十有五年，后生者不见仁义礼让之风，吾甚伤之。其令郡国各修文学，县满五百户置校官，选其乡之俊造而教学之，庶几先王之道不废，而有以益于天下。'"⑦

2. 政坛之乖悖

逐利谋私，是西晋统治集团所奉行的一个公开准则。其取士的标准

① 仲长统：《昌言校注》，孙启治校注，中华书局，2012，第275页。
② 仲长统：《昌言校注》，孙启治校注，中华书局，2012，第265页。
③ 仲长统：《昌言校注》，孙启治校注，中华书局，2012，第257页。
④ 陈寿：《三国志》，中华书局，2011，第442页。
⑤ 房玄龄等：《晋书》，中华书局，1974，第1317页。
⑥ 陈寿：《三国志》，中华书局，2011，第502页。
⑦ 陈寿：《三国志》，中华书局，2011，第24页。

有两条：一个是财富，一个是门第。晋武帝本人即公开卖官鬻爵，并将卖得的钱揣入私囊。《晋书·刘毅传》载："帝尝南郊，礼毕，喟然问毅曰：'卿以朕方汉何帝也？'对曰：'可方桓、灵。'帝曰：'吾虽德不及古人，犹克己为政。又平吴会，混一天下。方之桓、灵，其已甚乎！'对曰：'桓、灵卖官，钱入官库；陛下卖官，钱入私门。以此言之，殆不如也。'"王沈所写《释时论》，对时政的揭露可谓入木三分："百辟君子，奕世相生，公门有公，卿门有卿，指秃腐骨，不简蚩仁。多士丰于贵族，爵命不出闺庭""心以利倾，智以势昏，姻党相扇，毁誉交纷""京邑翼翼，群士千亿，奔集势门，求官买职""时因接见，矜厉容色，心怀内荏，外诈刚直，谭道义谓之俗生，论政刑以为鄙极。高会曲宴，惟言迁除消息；官无大小，问是谁力"。而逐利和斗富，更堪谓当时难治的官场病。王戎"性好兴利，广收八方园田水碓，周遍天下。积实聚钱，不知纪极，每自执牙筹，昼夜算计，恒若不足"[1]。此人肥水不流外人田，据载，他家中园里的李子长得颇好，于是唯恐种子移种别宅，必得先钻了李核然后出卖。这种弥富弥啬的贪婪本性，即便对他女儿也一视同仁："王戎女适裴頠，贷钱数万。女归，戎色不说，女遽还钱，乃释然。"据《晋书·石崇传》记载，身为荆州刺史的石崇，为了捞取财货，竟公开抢劫客商，因而成为巨富。他拥有水碓三十余区，家奴八百多人。正是在这一攫取不义之财的过程中，汰侈之俗，亦日日以长。据载，石崇每邀客宴集，常令有姿色的女奴陪酒，倘客人饮酒不尽，女奴便处斩于堂下；石崇家的厕所常有十余婢侍列，皆丽服藻饰。置甲煎粉沉香之属，无不必备。来这儿的客人，多羞而不能如厕。由于大族官员们每每如此，因此，斗富的怪现象，便不可遏止地出现了。外戚王恺，素喜（用麦芽糖水洗锅，石崇不服，就以蜡烛代替柴草烧饭；王恺做紫丝步障四十里，石崇就做锦料步障五十里。有趣的是，晋武帝也不时参与这种斗富活动。武帝是王恺的外甥，因此，在王恺与他人斗富的过程中，武帝常常阴下助之。

---

[1]　房玄龄等：《晋书》，中华书局，1974，第1234页。

他曾经给王恺一株高二尺许的珊瑚树，枝柯扶疏，世罕其匹。一日，王恺拿出向石崇炫耀，没想到，石崇竟用铁如意一下子击碎了它。王恺以为妒己也，遂大怒，可石崇却异常得意地说："不足恨，今还卿！"于是命左右悉取珊瑚树，有三尺四尺，皆条干绝世，光彩夺目。王恺只好自叹不如。有一次，晋武帝到王济家做客，席间，感到王家的蒸豚肥而鲜美，异于常味，遂怪而问之。不料王济竟答曰："以人乳饮豚。"帝甚不平，食未毕便去，因为连王恺和石崇这样的富豪也不晓得天下还有这种吃法！①奢侈所造成的浪费是巨大的。官员傅咸曾上疏痛陈："奢侈之费，甚于天灾！"②显然，汰侈之俗在统治层中已成为一种风尚。

逐利谋私的结果，使人们的政治品质亦空前败坏，为了一己之私，彼此间损人利己，诈欺公行，心口胡越，人各自危，物我人际间已失去了起码的信任。曹操为了保住自己的性命，奸邪斗狠，屡杀无辜。他曾经张扬说，人欲危己，己辄心动。于是告诉他身边的侍从说，汝怀刃密来我侧，我必说心动，捉住你后佯装行刑，你只要不说出是受我指使，日后定然重赏。侍从信以为真，如其言为之而不以为惧，不意真的被斩，弄得他至死不知。结果"左右以为实，谋逆者挫气矣"③；曹操叛董卓后路过世交吕伯奢家，《世说新语》是这样记载这段故事的："太祖过伯奢。伯奢出行，五子皆在，备宾主礼。太祖自以背卓命，疑其图己，手剑夜杀八人而去。"孙盛《杂记》所云者，亦与此颇类："太祖闻其食器声，以为图己，遂夜杀之。既而凄怆曰：'宁我负人，毋人负我！'遂行。"小说《三国演义》中所谓吕伯奢言"杀"是指杀猪犒劳曹操的艺术处理固不可信，但吕伯奢作为曹家世交从不怀杀操之意的记载却是事实。曹操的行

---

① 刘义庆：《世说新语》，载国学整理社编《诸子集成》，中华书局，2006，第232页。

② 房玄龄等：《晋书》，中华书局，1974，第1324页。

③ 刘义庆：《世说新语》，载国学整理社编《诸子集成》，中华书局，2006，第224页。

为，恰恰是对他"宁我负人，毋人负我"之处世原则的一种实践，有人对他政治品质的预言恐非诬枉："君实是乱世之英雄，治世之奸贼！"①曹操的做人准则，被后人拿来，以为诛除异己的指导思想。曹丕是比较"杰出"的实践者，尽管他的手段不及其父"高明"。"魏文帝忌弟任城王骁壮，因在卞太后阁共围棋，并啖枣，文帝以毒置诸枣蒂中，自选可食者而进，王弗悟，遂杂进之。既中毒，太后索水救之。帝预敕左右毁瓶罐，太后徒跣趋井，无以汲，须臾遂卒。"然而，这样一种政治氛围，却难以保证国家的长治久安。当晋明帝从王导处得知前朝创业时是采取了诛夷名族、宠树同己、妄杀曹髦等卑鄙手段的时候，乃"覆面著床曰：'若如公言，祚安得长！'"可谓明察之言也②。

3. 各界恶习的推波助澜

官府逐利的恶劣导向，使整个民间都不同程度地染上了铜臭味。人们纷纷拜倒在"孔方兄"的脚下，掀起了中国历史上空前的拜金狂潮。有感于时弊之害，遂有南阳人鲁褒作《钱神论》以刺之。兹录全文如下：

> 钱之为体，有乾坤之象，内则其方，外则其圆。其积如山，其流如川。动静有时，行藏有节，市井便宜，不患耗折。难折象寿，不匮象道，故能长久，为世神宝。亲之如兄，字曰"孔方"，失之则贫弱，得之则富昌。无翼而飞，无足而走，解严毅之颜，开难发之口。钱多者处前，钱少者居后。处前者为君长，在后者为臣仆。君长者丰衍而有余，臣仆者穷竭而不足。《诗》云："哿矣富人，哀此茕独"。
>
> 钱之为言泉也，无远不往，无幽不至。京邑衣冠，疲劳讲

---

① 刘义庆：《世说新语》，载国学整理社编《诸子集成》，中华书局，2006，第100页。

② 刘义庆：《世说新语》，载国学整理社编《诸子集成》，中华书局，2006，第237—238页。

肆，厌闻清谈，对之睡寐，见我家兄，莫不惊视。钱之所祐，吉无不利，何必读书，然后富贵！昔吕公欣悦于空版，汉祖克之于赢二，文君解布裳而被锦绣，相如乘高盖而解犊鼻，官尊名显，皆钱所致。空版至虚，而况有实；赢二虽少，以致亲密。由此论之，谓为神物。无德而尊，无势而热，排金门而入紫闼。危可使安，死可使活，贵可使贱，生可使杀。是故忿争非钱不胜，幽滞非钱不拔，怨仇非钱不解，令问非钱不发。

洛中朱衣，当途之士，爱我家兄，皆无己己。执我之手，抱我终始，不计优劣，不论年纪，宾客辐辏，门常如市。谚曰："钱无耳，可使鬼。"凡今之人，惟钱而已。故曰军无财，士不来；军无赏，士不往。仕无中人，不如归田。虽有中人，而无家兄，不异无翼而欲飞，无足而欲行①。

"惟钱而已"之俗的形成，可谓由来非一朝。而自从以钱为唯一尺度，来衡量万物之是非曲直的那一天开始，人类社会所特有的道德意义和伦常价值，便次第失去了其神圣的光环。孔子说："天地之性人为贵。"这显然是从伦常道德意义上讲的，唯其如此，人是贵贱无价的。可是，王莽之时，竟"置奴婢之市，与牛马同阑，制于民臣，颛断其命，奸虐人因缘为利，到略卖人妻子，逆天心，悖人伦"②。而人既可卖，又何不可卖？葛洪在谈到汉朝政府卖官鬻爵给民风带来的恶劣影响时指出："于时悬爵而卖之，犹列肆也，争津者买之。犹市人也，有直者无分而径进，空拳者望途而收迹。其货多者其官贵，其财少者其职卑。故东园积卖官之钱，崔烈有铜臭之嗤。上为下效，君行臣甚。……俗之随风而动，逐波而流者，安能复身于德行，苦思于学问哉？是莫不弃检括之劳，而赴用赂之

① 房玄龄等：《晋书》，中华书局，1974，第2437—2438页。
② 班固：《汉书》，中华书局，1962，第4110页。

速矣。"①在这种情况下，往昔淳朴的民风和人类特有的道德价值系统整个发生了倒转，即："夫佞者鼓珍赂为劲羽，则无高而不到矣；乘朋党为舟楫，则无远而不济矣。持之以夙兴侧立，加之以先意承指。其利口谀辞也似辨，其道听途说也似学，其心险貌柔也似仁，其行污言洁也似廉，其好说人短也似忠，其不知忌讳也似直，故多通焉。"②

　　由于真的变成了假的，所以假的也就被当成了真的。孔子说过："古之学者为己，今之学者为人。"③为己者涵养其德，为人者则欺世盗名。自后汉以名取士以来，世上遂多矫伪之人。他们尚虚浮，重表面，色取行违，居之不疑，这种风气，虽易朝而不革，到晋代而尤甚焉。《晋书·郭翻传》云："尝坠刀于水。路人有为取者，因与之。路人不取，固辞。翻曰：尔向不取，我岂能得？路人曰：我若取此，将为天地鬼神所责矣。翻知其终不受，复沈刀于水。路人怅焉，乃复沉没取之。翻于是不逆其意，乃以十倍刀价与之。其廉不受惠，皆此类也。"其廉之假，一目了然。《世说新语·文学》载："人有问殷中军（殷浩），何以将得位而梦棺器，将得财而梦矢秽？殷曰：官本是臭腐，所以将得而梦棺尸；财本是粪土，所以将得而梦秽污。时人以为名通。"很难说这真是殷氏的肺腑之言，否则，既知如此，又何必熬上个"中军"之职呢？又何苦去"梦棺器""梦矢秽"呢？可他的虚伪，却博得了"名通"的美誉。又，"王夷甫雅尚玄远，常嫉其妇贪浊，口未尝言钱字。妇欲试之。令婢以钱绕床不得行。夷甫晨起，见钱阂行，呼婢曰：举却阿堵物！"④末了也没有说出这个"钱"字。但注中却云："夷甫求富贵得富贵，资财山积，用不能

---

① 葛洪：《抱朴子》，载国学整理社编《诸子集成》，中华书局，2006，第127—128页。

② 葛洪：《抱朴子》，载国学整理社编《诸子集成》，中华书局，2006，第137页。

③ 刘宝楠：《论语正义》，载国学整理社编《诸子集成》，中华书局，2006，第318页。

④ 刘义庆：《世说新语》，载国学整理社编《诸子集成》，中华书局，2006，第147页。

消，安须问钱乎？而世以不问为高，不亦惑乎？"当年，桑弘羊就特别鄙视这类仕儒，说："文学言行，虽有伯夷之廉，不及柳下惠之贞。不过高瞻下视，洁言污行，觞酒豆肉，迁延相让。辞小取大，鸡廉狼吞。"①对此，吕思勉先生的话可谓洞穿其质："《晋书》所载，居丧过礼，庐墓积年，负土成坟，让产让财，抚养亲族，收恤故旧之士甚多，岂皆笃行？盖以要名也""预（指杜预——引者注）尝言德不可企及，立功立言，可庶几也。而恶知夫能立德则无慕乎外，学问犹以为粗，事功犹以为末；虽有盖世之勋，不朽之言，湮灭而无传于后，而亦无所憾乎？"②而当这种腐朽败坏的作风在官民之间搭界，官与民狼狈为奸的公开欺诈行为便像蝗灾一样迅速蔓延开来。《抱朴子·道意》篇记录了一个具有典型意义的故事："兴古太守马氏在官，有亲故人投之，求恤焉。马乃令此人出外住，诈云是神人道士，治病，无不手下立愈。又令辨士游行，为之虚声云：能令盲者登视，躄者即行。于是四方云集，趋之如市。而钱帛固已山积矣。又敕诸求治病者，虽不便愈，当告人言愈也，如此则必愈；若告人未愈者，则后终不愈也。道法正尔，不可不信。于是后人问前来者，前人则告之云已愈，无敢言未愈者也。旬日之间，乃至巨富焉。"

那么，举国造假的根本原因是什么呢？曰礼义之失。而"礼"，除了带有强制意义的外在规矩外，其更为重要的乃是孟子所说的内在的"辞让之心"。有感于时弊，刘寔作《崇让论》云："古之圣王之化天下，所以贵让者，欲以出贤才，息争竞也。""在朝之士相让于上，草庐之人咸皆化之，推贤让能之风从此生矣。为一国所让，则一国士也；天下所共推，则天下士也。推让之风行，则贤与不肖灼然殊矣。"然"在朝之人不务相让久矣，天下化之。自魏代以来，登进辟命之士，及在职之吏，临见受叙，虽自辞不能，终莫肯让有胜己者。夫推让之风息，争竞之心生。孔子曰：上兴让则下不争，明让不兴下必争也"。结果"一人有先众之誉，

---

① 桓宽：《盐铁论》，载国学整理社编《诸子集成》，中华书局，2006，第22页。

② 吕思勉：《吕思勉读史札记》，上海古籍出版社，1982，第782、800页。

毁必随之""能否混杂,优劣不分""观在官之人,政绩无闻,自非势家之子,率多因资次而进也"。他认为,改此风俗并非难事,只要讲礼兴让,世上就会出现一种天然的有序局面,即:"窃以为改此俗甚易耳""夫人情争则欲毁己所不知"①"让则竞推于胜己。故世争则毁誉交错,优劣不分,难得而让也。时让则贤智显出,能否之美历历相次,不可得而乱也"②。

然而,礼让之所以不存,更重要的,则在于天下人已丧失了共同的崇高追求和形上标准,即代表着内在的"羞恶之心"和外在的公理中正的"义"。傅玄上疏,从古今对比的角度揭开了时人的这一致命伤:"臣闻先王之临天下也,明其大教,长其义节;道化隆于上,清议行于下,上下相奉,人怀义心。亡秦荡灭先王之制,以法术相御,而义心亡矣。近者魏武好法求,而天下贵刑名;魏文慕通达,而天下贱守节。"他公开反对唯利是图,反对全国一律的群众性经商运动,更反对青年后生不学无术和佯求学而实逐利等行为,要扭转这种局面,他认为,既要继承古典政治中四民分业的合理化因素,更要加强礼义文化教育。关于前者,他说:"臣闻先王分士农工商以经国制事,各一其业而殊其务。自士已上子弟,为之立太学以教之,选明师以训之,各随其才优劣而授用之。农以丰其食,工以足其器,商贾以通其货。故虽天下之大,兆庶之众,无有一人游手。分数之法,周备如此。汉魏不定其分,百官子弟不修经艺而务交游,未知莅事而坐享天禄;农工之业多废,或逐淫利而离其事;徒系名于太学,然不闻先王之风。今圣明之政资始,而汉魏之失未改,散官众而学校未设,游手多而亲农者少,工器不尽其宜。臣以为亟定其制,通计天下若干人为士,足以副在官之吏;若干人为农,三年足有一年之储;若干人为工,足其器用;若干人为贾,足以通货而已。尊儒尚学,贵农贱商,此皆事业之要务也。"关于后者,他着重指出:"夫儒学者,王教之首也。尊其道,贵其

---

① 《资治通鉴》卷八十二"知"作"如"。

② 房玄龄等:《晋书》,中华书局,1974,第1195页。

业，重其选，犹恐化之不崇；忽而不以为急，臣惧日有陵迟而不觉也。仲尼有言：'人能弘道，非道弘人。'然则尊其道者，非惟尊其书而已，尊其人之谓也。贵其业者，不妄教非其人也。重其选者，不妄用非其人也。若此，而学校之纲举矣。"[1]赵翼说："《傅玄传》载兴学校、务农功等疏，固切于时政也。"[2]可谓确当之评。

但是，刘寔的良好愿望和傅玄的慷慨陈词，充其量却只能小补于当世而不可能使整个局面为之改观。汉末以来积弊之深，是足以令第一流的政治家自告不敏的。因为我们看到，当时有很多直臣名士，"或隐居以求其志，或回避以全其道，或静己以镇其躁，或去危以图其安，或垢俗以动其概，或疵物以激其清"[3]，在无以复加的腐败和贪浊面前，他们已无力回天。干宝对时事的状摹是："悠悠风尘，皆奔竞之士，列官千百，无让贤之举。"[4]庾峻复称："普天之下，先竞而后让，举世之士，有进而无退。"[5]而葛洪的描述，亦并非丑化："世故继有，礼教渐颓，故让莫崇，傲慢成俗。俦类饮会，或蹲或踞。暑夏之月，露首袒体。盛务唯在摴蒲弹棋，所论极于声色之间；举足不离绮缛纨袴之侧，游步不去势利酒客之门。不闻清谈讲道之言，专以丑辞嘲弄为先。以如此者为高远，以不尔者为骎野。于是驰逐之庸民，偶俗之近人，慕之者，犹宵虫之赴明烛；学之者，犹轻毛之应飙风。嘲戏之谈，或上及祖考，或下逮妇女。"[6]"俗间有戏妇之法：于稠众之中，亲属之前，问以丑言，责以慢对，其为鄙黩，不可忍论。"[7]这是一幅活生生的终日声色犬马、穷年追腥逐臭的众

[1]　房玄龄等：《晋书》，中华书局，1974，第1318—1320页。

[2]　赵翼：《廿二史劄记校证》，中华书局，2013，第160页。

[3]　范晔：《后汉书》，中华书局，1965，第2755页。

[4]　房玄龄等：《晋书》，中华书局，1974，第136页。

[5]　房玄龄等：《晋书》，中华书局，1974，第1393页。

[6]　葛洪：《抱朴子》，载国学整理社编《诸子集成》，中华书局，2006，第146页。

[7]　葛洪：《抱朴子》，载国学整理社编《诸子集成》，中华书局，2006，第149页。

生相画面，从这一众生百态上，除了人的生物性本能外，我们已很难找到社会属性意义上的人的踪影。《晋书·阮籍传》载有这样一例暗喻："有司言有子杀母者。籍曰：'嘻！杀父乃可，至杀母乎！'坐者怪其失言。帝曰：'杀父，天下之极恶，而以为可乎？'籍曰：'禽兽知母而不知父，杀父，禽兽之类也。杀母，禽兽之不若！'"

如此上行下效，上下相激的腐朽局面，使风俗淫僻，耻尚失所，一时已无法救药。其如干宝所云："夫作法于治，其弊犹乱；作法于乱，谁能救之！"①

显然，这是继春秋战国后出现在中国文明史上的又一度绝境——生存与意义的终极境遇。和东周时代相仿佛，连绵不断的战争和惨无人道的杀戮，再一次向人类文明提出血的质疑；而人类朝自身本质的反面——生物属性（或称自然属性）的大跨度滑坡，则又使意义和价值问题重新被提出讨论。终于，一个以玄学为目的出现的终极关怀理论，从此走上中国思想史的讲坛。

二、人性的再度复苏与意义的痛苦履践

连绵不断的战乱，作为人类生存的终极境遇，实际上乃是人的生物属性恶性回归的最极端表现。《淮南子·兵略训》讲述了这样一个形象而寓意深刻的事实："凡有血气之虫，含牙带角，前爪后距，有角者触，有齿者噬，有毒者螫，有蹄者趹。喜而相戏，怒而相害，天之性也；人有衣食之情，而物弗能足也，故群居杂处。分不均，求不澹，则争。争则强胁弱

---

① 房玄龄等：《晋书》，中华书局，1974，第134页。

而勇侵怯。人无筋骨之强，爪牙之利，故割革而为甲，铄铁而为刃，贪昧饕餮之人，残贼天下，万人搔动，莫宁其所有。"就是说，由于历史的进化，人本来已经丧失了的一般含血之属所具有的爪牙之利和筋骨之强，却可以因为战争的需要而重新以兵甲的形式回归到人体上来。说明战争有时是人类兽性发作的一个标志。杨泉《物理论》载有这样一则故事，说一名叫管秋阳者，携其弟与另一伙伴一道逃难。遇大雪，食物已尽，兄弟俩乃密议曰：倘不食伴，三人将俱亡。遂杀而食之。对此，孔融以为："管秋阳爱先人之遗体，食伴无嫌也。"荀彧与孔融辩曰："管秋阳贪生杀生，岂不罪邪？"孔融却冷酷地说："向所杀者特鸟兽而能言耳。今有犬啮一狸，狸啮一鹦鹉，何足怪也？"意思是说，他刚才杀的不过是一个能说话的禽兽罢了。一条狗咬死一只猫，一只猫咬死一只鹦鹉，这又有什么值得大惊小怪的呢？这一切表明，在战争和极端的情况下，人的生物属性会迅速淹没人类族属的全部进化和文明，使人的质量陡然出现滑坡。面对这种把人的社会性打回到生物性原点的现实，人们再度提出了最原始的问题，即：人到底是怎样一种存在？又应该怎样存在？魏晋学人刘劭和锺会，分别就这两个问题重新进行了审视和反思。

刘劭，是魏晋之际的法律学家和著作家，他的名著《人物志》，通过五行和五常的匹配，揭示了人的存在特征和本质。虽未尽当，但却不失为对人自身的本性与社会关系问题所做的积极的探讨。他说："凡有血气者，莫不含元一以为质，禀阴阳以立性，体五行而著形。""若量其材质，稽诸五物。五物之征，亦各著于厥体矣。其在体也，木骨、金筋、火气、土肌、水血，五物之象也。"然而，刘劭所要表达的不仅仅是人的生理特征，重要的是人天生所具有的与五行相匹配的五种德行——"五常"。他认为，"五行"是人的道德品质和性格才能的基础，即木为仁，火为礼，土为信，金为义，水为智。"五质恒性，故谓之五常矣。"[1]显然，他在把五行的质和五常的性赋予了先验属性后已注入了必然和永恒的

---

[1]　刘劭：《人物志》，中州古籍出版社，2007，第31—32、35页。

意义，即只要是人，他就必然要具有金木水火土的不同的质，也就永远会呈现出仁义礼智信的不同的性。一定意义上说，锺会关于人的应然性问题实际上来源于刘劭的关于人的必然性的论述，即后来的所谓"才"与"性"的问题。

锺会有一篇名著叫《四本论》。写什么呢？《世说新语·文学》刘注引《魏志》云："会论才性同异，传于世。四本者，言才性同，才性异，才性合，才性离也。尚书傅嘏论同，中书令李丰论异，侍郎锺会论合，屯骑校尉王广论离。文多不载。"其实，"才性合"与"才性同"当是一回事，由于《四本论》早已亡佚，所以，从言"才性同"的其他人的一些论述中亦可了解到锺会的基本思想。据《三国志·魏书·卢毓传》载："毓于人及选举，先举性行而后言才。黄门李丰尝以问毓。毓曰：'才所以为善也，故大才成大善，小才成小善。今称之有才，而不能为善，是才不中器也。'丰等服其言。"这里，才乃才能，而性，乃德行之谓，它重点表现为人的本善之德。才能只有跟善德结合起来，方能"小才成小善""大才成大善"。反之，如不具备本善之德的人被提拔到政权机关，他或许也能做出成绩，但"穷斯滥矣"的危险性似乎更大些。故傅嘏干脆就把"才"与"行"和"道"等量齐观。[1] 然而，锺会的"才性合"标准毕竟是德才兼备，因此，它可以排除两种极端倾向，一是孔门只重德行，不重才学的"唯德是视"舆论："事父母能竭其力，事君能致其身，与朋友交，言而有信，虽曰未学，吾必谓之学矣。"[2] 一是曹操只重才、不要德的"唯才是举"论调："今天下尚未定，此特求贤之急时也，……唯才是举。"即不管是"负汙之名，见笑之行，或不仁不孝"，只要"有治国用兵之术"者，便悉可荐举为官[3]。显然，锺会的"才性合"理论，才应当是人，尤其是官员的应然状态。

---

① 参见《三国志·魏书·傅嘏传》。

② 刘宝楠：《论语正义》，载国学整理社编《诸子集成》，2006，第11页。

③ 陈寿：《三国志》，中华书局，2011，第32、49页。

那么，人的本然性、质既然是这样的，为什么还会造成人的禽兽化局面呢？产生于汉末的"名实"论问题乃是解惑破谜的关键。

"名教"，是以正名定分为中心的礼教。东汉末年，其主要内容已变成僵化了的"三纲"。以往的"正名"之"名"，易而为只重名而不问实之假"名"，从前的真名教也就变成了今日的假名教。只要他们被称为君、父、夫，那么，他们的对立项的臣、子、妻就得事之若神明、畏之若雷霆。与此同理，各档次的人才和各级官员，也普遍存在着这一类问题。然而，由孔子留下来的"正名"传统，却使名实相符、循名责实的观念深入人心，而恰恰是在这块明鉴面前，社会上名实相违的假面目才越来越让人感到名教的难以忍受和积弊之深。

葛洪根据考察认为，当时世上的大部分事物都"名不准实、贾不本物"①。因此，很多士大夫均奋力呼吁要"综核名实"。王符指出，当时的官员，多半是正事不足而害民有余的名不符实之辈："令长守相，不思立功，贪残专恣，不奉法令，侵冤小民，州司不治，令远诣阙上书讼诉，尚书不以责三公，三公不以让州郡，州郡不以讨县邑，是以匈恶狡猾，易相冤也。侍中博士谏议之官，或处位历年，终无进贤嫉恶拾遗补阙之语。"这样下去，可怎生了得？因此他急切地谏议，要"有号则必称于典，名理者必效于实"，只有这样，才能"官无废职，位无非人"②。时人徐干也说："名者，所以名实也。实立而名从之，非名立而实从之也。故长形立而名之曰'长'，短形立而名之曰'短'，非长短之名先立而长短之形从之也。仲尼之所贵者，名实之名也。"③

自桓灵以来，世风日下。非但为君者名不符实，即使是父母和兄长，也完全变了味道。孔融把亲子关系讲得异常禽兽化，他说："父之于子，当有何亲？论其本意，实为情欲发耳。子之于母，亦复奚为？譬如寄物

---

① 葛洪：《抱朴子》，载国学整理社编《诸子集成》，2006，第136页。

② 王符：《潜夫论》，载国学整理社编《诸子集成》，中华书局，2006，第27页。

③ 徐干：《中论解诂》，孙启治解诂，中华书局，2014，第205页。

瓶中，出则离矣。"①所以会得出这种结论，是因为人们发现做父母的完全不具备父母之德，是不值得儿女孝敬和赡养的，所以，"若遭饥馑，而父不肖，宁赡活余人"②。即倘遇荒年，这个人的父亲如果不配为父的话，那么宁可把粮食救济别人，也绝不养活自己的父亲。魏文帝为了保住皇位，在杀死弟弟任城王之后，又把刀对准了另一个弟弟东阿王曹植。曾逼他七步成诗，"不成者行大法"。亏得曹植辞诚意切，才思敏捷，才免遭杀身之祸。③可见，以往维系人际关系的政治原则和伦常标准，均由于名实相违而丧失了本然的价值和固有的约束力，而人们通过"综核名实"后对"名教"所提出的异议，因含具返璞归真之旨，故很容易唤起公众同情的理解。其如李充在《学箴》中所云者："老子云：'绝仁弃义，家复孝慈。'岂仁义之道绝，然后孝慈乃生哉？盖患乎情仁义者寡而利仁义者众也。道德丧而仁义彰，仁义彰而名利作，礼教之弊，直在兹也。先王以道德之不行，故以仁义化之，行仁义之不笃，故以礼律检之；检之弥繁，而伪亦愈广，老庄是乃明无为之益，塞争欲之门。……化之以绝圣弃智，镇之以无名之朴。圣教救其末，老庄明其本，本末之途殊而为教一也。人之迷也，其日久矣！见形者众，及道者鲜，不窥千仞之门而逐适物之迹，逐迹愈笃，离本愈远，遂使华端与薄俗俱兴，妙绪与淳风并绝。……惧后进惑其如此，将越礼弃学而希无为之风，见义教之杀而不观其隆矣。"④从这段议论中我们发现，里面虽有名实之辩的内容，但更多的，则是老庄的理论和观点。这是一个很大的转变。究其所以，是因为真正倡"综核名实"者纷纷被诛的缘故。

名实乖离的社会现实，使早在东汉时期的名士们即已开始为之不满。

---

① 范晔：《后汉书》，中华书局，1965，第2278页。

② 陈寿：《三国志》注引《魏略》，中华书局，2011，第373页。

③ 刘义庆：《世说新语》，载国学整理社编《诸子集成》，中华书局，2006，第63页。

④ 房玄龄等：《晋书》，中华书局，1974，第2389页。

他们清议朝政，臧否人物，自公卿以下莫不畏其贬议。可结果呢？李膺、范滂等因此而死于党锢之祸。后来，承此传统的孔融，也因为说了前述那番骇俗之语而惨遭杀戮。血淋淋的现实，使士大夫不肯再为名实问题做杀头的冒险了，遂改清议为清谈，改"名实"之学而为"玄理"之学。对此，鲁迅先生有过一段较精辟的论述："这种清谈，本从汉之清议而来。汉末政治黑暗，一般名士议论政事，其初在社会上很有势力，后来遭执政者之嫉视，渐渐被害，如孔融、祢衡等被曹操设法害死，所以到了晋代底名士，就不敢再议论政事，而一变为专谈玄理；清议而不再谈政事，这就成了所谓清谈了。但这种清谈的名士，当时在社会上却仍旧很有势力，若不能玄谈的，好似不够名士底资格；而《世说》这部书，差不多就可以看作一部名士底教科书"[1]——其实也就是"玄学"的来历。

玄学其实不玄。它不过是中国历史上以抽象思辨的形式所表现出来的一种时代思潮而已，是中国哲学发展史上的一个阶段。而所以称其不玄，更重要的还在于玄学胚胎期的"综核名实"之主旨并没有在后来的进程中发生本质上的改变。形式上看似乎"名实"之论已转化为"名理"之学，可这种"理"，却不过是以虚无抽象的外在形式对"名实"所做的更高层次，因而也是更加哲学的"综核"而已。因此，"有无"从本质上说并不是玄学的主题，而只是玄学所借以展开的形式。不过，玄学家倒的确是超然了，也正是在这种超越于具体的假"名实"的过程中把握到了一种真"名实"，即抽象出了具有终极和永恒意义的至公之"理"。

魏晋清谈名士甚多，兹举其大概如下：

魏：傅嘏、锺会、刘劭、何晏、王弼、山涛、阮籍、嵇康、王戎、向秀、刘伶、阮咸。

西晋：东广、王衍、卫玠、诸葛玄、谢鲲、庚敳、光逸、胡毋辅之、山简（涛子）、阮瞻（咸子）、阮脩（籍子）、阮简（咸从子）、裴颇、

① 鲁迅：《中国小说的历史变迁》，载《鲁迅全集》第九卷，人民文学出版社，1981，第309页。

裴遐。

东晋：简文帝、王导、庾亮、殷浩、刘惔、王濛、孙盛、谢尚、支遁、许询、韩伯、桓玄。

篇幅所限，不可能把全部人物及其思想一一写出，这里只想就主要代表人物及其思想做一交代，并希望沿着玄学发展的不同阶段寻出其中的规律和联系。

《世说新语・文学》注引刘孝标语道：袁宏的《名士传》把魏晋时期的名士分为"正始名士""竹林名士"和"中朝名士"。其中，"正始"是魏・齐王芳年号，时间为二百四十至二百四十九年，这个时期的名士有何晏、王弼等；"竹林名士"指嵇康、阮籍等竹林七贤；而"中朝名士"是指西晋中期的裴𫖮和郭象等名士，这可谓传统的玄学三阶段说。冯友兰先生则以"有无"的论辩为标志而重新划为三个阶段，即第一阶段是贵无论，第二阶段是裴𫖮的崇有论，第三阶段则是郭象的无无论。[①]袁宏的问题在于，他把单纯否定"贵无"的裴𫖮与认为有无不可偏废，名教、自然一体的郭象极不协调地拼合在一起，颇有牵强之嫌；而冯先生的分断法中，则由于把虽同是贵无但指导思想和行为方式均有极大差异的何、王与嵇、阮投诸一室，遂无法从相同之中寻出不同。因此，笔者以为当分为四阶段为宜，即"正始名士""竹林名士""中朝前期名士"和"中朝后期名士"。

1. "正始名士"何晏和王弼

中国古代社会有一个特殊现象，即每到一个王朝的末期，道家思想都异常活跃。原因很简单，即人们对本真的渴望和向往使然。汉以后，儒学思想跃居统治地位，然而，它之所以能够成为统治思想，是因为其与天理人情保持着高度的一致性，是以自然法为基础的正义和公理的象征。遗憾的是，家天下的政治制度总是使这种理想的政治原则在具体运营过程中出现这样或那样的偏差，这比较集中地表现在名实关系问题的纠葛当中。

---

① 参见冯友兰：《中国哲学史新编》第四册，人民出版社，1986，第42页。

即：当权者的所作所为，既违背了他要求人民做到的"金科玉律"，更不符合他作为支配者所具有的身份和地位。在这种情况下，"去伪存真"便成为时代生活中最突出的主题。道家思想的影响，使中国古人形成了一种难以动摇的观念，即名实相符者为自然，名实乖离者为不道。当着虚假的名实关系必须整顿或抛弃的时候，伦理政治原则便只剩下了其最原始和最基本的标准——自然规律或自然法则。由此才能理解，为什么武器的批判（黄巾军起义）和批判的武器（魏晋玄学）都不约而同地归于老聃，也容易理解美国教授德·乔治（De George）的话：中国古代的天人合一思想很难说明自然规律与社会法则之差异。[①]

玄学家的全部工作也正是在这两种无法分开的法则中间寻找着人类社会健康发展的根本性答案的，无论是把道家系统落入儒家系统里去的何晏还是把儒家系统落入道家系统中的王弼，其目的均不外乎此。从这个意义上讲，玄学向道家的回归这种消极的觉醒，是否具有更积极的社会作用呢？因为只有通过"辨名析理"，名实相符、天人合一的社会秩序才能够得以重新确立，因此，如果说兽性大作的战争迫使刘劭和钟会不得不重新思考什么是人，那么，名实相违的现实，则是促使玄学家冷静思索人在宇宙社会中的意义和价值的根本原因。

然而，"道"的体悟，毕竟带有一定的玄虚色彩。仲长统曾说过，他的人生追求是："安神闺房，思老氏之玄虚；呼吸精和，求至人之仿佛。"[②]何晏和王弼的哲学论辩亦每每如此。这个"玄"字，最早出于《老子·一章》。本义为深黑色，引申为深远、看不透的意思。"玄"既可称"有"，又可称"无"，"有"和"无"都叫"玄"，所以，老子说："无名，天地之始；有名，万物之母。故常无，欲以观其妙；常有，欲以观其微。此两者同出而异名，同谓之玄。玄之又玄，众妙之门。"老

---

① 万俊人：《关于"人与自然"的国际文化对话》，《中国社会科学》，1987年第6期。

② 范晔：《后汉书》，中华书局，1965，第1644页。

子称"道"为"玄",是从普通人的角度着眼而命名的,而一般人之所以视"道"为"玄",关键在于人们对"有"和"无"的抽象性缺乏深入而平易的理解。对此,冯友兰先生的解释,颇得有无之真味。他认为,有和无是什么意思,如果不弄清楚,玄学家们的辩论就好似玩弄名词。其实,他们所讨论的是共相与殊相,一般和特殊的关系的问题。他具体分析道:"有一个最大的类,把一切的东西都包括在内。这个'一切',中国哲学叫'天地'或'天地万物'。不过这些名词都是集体名词。如果用一个类名,那就是'有'。为了区别于这一类名的'有',中国哲学称天地万物为'群有'或'众有'。'有'是一个最大的类名,它的内涵就很难说了。因为天地万物除了它们都'存在'以外,就没有别的共同性质了。所以这个最高类,就只能称为'有',这个最高类的规定性,就是'没有规定性'。所以,'有'这个名的内涵也就是没有规定性。实际上没有,也不可能有没有任何规定性的东西。这就是说实际上没有,也不可能有不是任何东西的东西,这样也就是无了。直截了当地说,抽象的有就是无。"与此同时,他又从逻辑上对有无给予了更加明晰的阐释:"从逻辑上说,一个名的外延越大,它的内涵就越少,在理论上说'有'这个名的外延最大,可以说是'至大无外',它的内涵也就越少,少至等于零,既然它的内涵等于零,它的外延也就等于零,这也就是无。[①]"玄学家所谓贵无也好,崇有也罢,其有与无的内涵和外延都未尝如此。

何晏、王弼之所贵者,便是这个意义上的"无"。两人是魏晋时期新经学和新哲学的创始人。说他们是新经学的创始人,是因为其以儒释道或以道释儒式的经学研究,彻底摆脱了东汉以来与社会上名实乖违相一致的学术上的华而不实作风,从此扭转了"章句渐疏,而多以浮华相尚"的"儒者之风"[②];而说他们是新哲学的创始人,则在于他们以"贵无"为缺口,开创了(亦有人说是继往开来)魏晋玄学的新局面。何晏著有《论

---

① 冯友兰:《中国哲学史新编》第四册,人民出版社,1986,第30—32页。

② 范晔:《后汉书》,中华书局,1965,第2547页。

语集解》，本来也欲注《老子》，但见王弼所注，自觉弗如远甚，遂罢此念，仅作《道德论》一篇。考虑到在《老子》的问题上王弼见解最高，故仅以王弼为例，试行说明"贵无论"的基本精神。

前面说过，"玄之又玄"的玄学，其本质问题仍然是名实之辨。但是，进行具体的"综核名实"的人却次第被杀。这一残酷的现实，使王弼毅然跃出具体的名实范围，飞升到了"无形名"的境界。然而，恰恰在这种"无"的境界中，他实现了名与实的更高层次的综核。他说："夫物之所以生，功之所以成，必生乎无形，由乎无名。无形无名者，万物之宗也。"他认为，"万物之宗"之所以能为"万物之宗"，就是因为它包含万物。万物都可以在"万物之宗"上找到自己的根本，但"万物之宗"却又不可能表现为某一个具体的"有"或"物"，因此，在这个意义上，"万物之宗"，就是"无"，所以，他用老子的"大音希声，大象希形"来譬况自己的"万物之宗"，是对老子的一种非常正确的理解。但是，这个"无"毕竟表现为"万有"，因此，既然有了一定的形，就必须要有与之相符的一定的名，故云："凡名生于形，未有形生于名者也。故有此名必有此形，有此形必有其分。"这样，当把这一原则落实到社会政治和道德伦常上，就必须要名实相符，即："仁不得谓之圣，智不得谓之仁，则各有其实矣！"[1]

王弼复以释"爻"为例，暗喻了真伪不符所能导致的政治恶果："夫爻者，何也？言乎变者也。变者何也？情伪之所为也。夫情伪之动，非数之所求也；故合散屈伸，……巧历不能定其算数，圣明不能为之典要，法制所不能齐，度量所不能均也。"[2]这里，"情伪"是本段文字的中心概念，其中"情"是事物的真实情况和表现，"伪"是"情"的反面，是事

[1] 王弼：《老子指略》，载《王弼集校释》，楼宇烈校释，中华书局，1980，第195、199页。

[2] 王弼：《周易略例》，载《王弼集校释》，楼宇烈校释，中华书局，1980，第597页。

物的不真实的情况和表现。而"伪"只有成为"情",才能名实不违,名副其实。

王弼认为,社会上名实不符的现象之所以会发生,是因为公理丧失、徇私妄法所致。因此,他把"无"发挥成为一个具有去私去伪功能的存在,认为只有去私去伪,才能接近于"至德":"何以尽德?以无为用。……故灭其私而无其身,则四海莫不瞻,远近莫不至。殊其己而有其心,则一体不能自全,肌骨不能相容。"①它的逻辑生成是这样的:真正的无私,必须无分别,无分别就是混沌,混沌就是"体无",这是"以无为用"的极限。

王弼说:"故仁德之厚,非用仁之所能也;行义之正,非用义之所成也;礼敬之清,非用礼之所济也。载之以道,统之以母,故显之而无所尚,彰之而无所竞。"②这段话,证明他并不反对名实相符的仁义礼智,他所反对的,只是汉末以来虚伪的假伦常,他的所谓"厚""正""清",充满了正名主义精神,这也正是他以"无"为武器保护起来的玄学的本旨。而这一本旨的真正实现,却必须以自然为原则。只有自然的才是真实的,而只有真实的才是终极和永恒的。因此他认为,就人的道德行为来说,它应该是人类本性的一种自然流露。比方说,儿女对于父母,要以"自然亲爱为孝"③。推及社会,便应该有这样的观念,即一切社会道德规范和制度,都不过是为了顺应人的自然本性的礼仪伦常而已。既明此理,那么,圣人对人民的教育和引导就应该顺人性之自然,体万物之本真。也正是基于这样的认识,王弼才提出了以自然为本,以名教为末的理论命题。他认为,由于人们在现实生活当中远离"自然",舍本逐末,才使得社会上诈欺公行,虚伪成风,它的最终结果,恰恰是断送

---

① 王弼:《老子注》,载国学整理社编《诸子集成》,中华书局,2006,第23页。

② 王弼:《老子注》,载国学整理社编《诸子集成》,中华书局,2006,第24页。

③ 王弼:《论语释疑》,载《王弼集校释》,楼宇烈校释,中华书局,1980,第621页。

了道德。这种看似正确导向的结果反而失去了导向本身，这不能不说是导向的根本——自然之丧失的缘故。有感于上行下效之恶劣行为所造成的民风淫辟局面，他提出了依民间淳朴之本性而建立社会伦常和政治制度的经世原则。他说："夫喜、惧、哀、乐，民之自然，应感而动，则发乎声歌。所以陈诗采谣，以知民志风。既见其风，则损益基焉。故因俗立制，以达其礼也。"①而内在自然的东西一旦具备，外在的纲常强化也就遁无影迹了："若六亲自和，国家自治，则孝慈、忠臣不知其所在矣。"②显然，从根本上来说，他是要实不要名，必也要名，则一定要与实相符。因为内容既然是假的，还要那虚名骗人干吗？

王弼的名实自然论固然存在着相当的缺陷，如不能很好地区分人的生物属性之自然和社会属性之自然，但在社会属性之自然已完全背离了自然本真而成为欺世盗名的代名词的情况下，其理论上的矫枉过正在当时来说仍具有十分重要的现实意义，因为在社会和人伦均已蜕化到最原始状态的情况下，欲整顿这一局面，似乎也只能从最原始的问题开始。从这个意义上说，我们只有给玄学家的片面理论以同情的理解，才能把握那个时代的社会真实和时代精神。

然而可叹的是，何晏于正始十年（二百四十九年），被权奸司马懿所杀；王弼与何晏政治态度相同，见黜后，亦于二百四十九年病死，年仅二十四岁。事实证明，他们用"无"笼罩起来的名实综核理论，并没有因这件玄虚的外衣而使个体生命幸免于难。他们追求的是真，却最终为假所害。这一残酷的现实，对社会良知的伤害是巨大的，因为我们发现，士大夫的心态和行为都因此而发生了重大的变化，暴力→无力→个人主义，这一由社会的无道而带来的知识分子痛苦扭曲的心理历程，使受伤害者对道的偏好更染上了越加浓重的虚无色彩，自然，对世事的是非曲直也就表现

① 王弼：《论语释疑》，载《王弼集校释》，楼宇烈校释，中华书局，1980，第625页。

② 王弼：《老子注》，载国学整理社编《诸子集成》，中华书局，2006，第10页。

了空前的无谓和冷漠。于是，玄学进入了它的第二发展阶段——"竹林名士"时期。

"竹林名士"主要包括以下七位人物：阮籍、嵇康、山涛、王戎、向秀、刘伶、阮咸，因经常以竹林为活动场所，故也见称"竹林七贤"。这个时期，玄学的整个指导理论发生了人物和经典上的明显变化。就人物而言，由过去的黄老转而为老庄；从经典上看，则由对《老子》的信奉变成了对《庄子》的崇拜。其背景根据，刚好是政治高压下摇手触禁、动辄得咎的社会现实。庄子当年曾说："方今之时，仅免刑焉。"这与魏晋之际士大夫阶层的社会境遇几乎完全相同："籍本有济世志，属魏晋之际，天下多故，名士少有全者，籍由是不与世事，遂酣饮为常。"[①]"（嵇康见孙登）登沉默自守，无所言说。康临去，登曰：'君性烈而才隽，其能免乎！'"[②]山涛一生中虽仕宦多年，但亦曾有因"曹爽之事，遂隐身不交世务"[③]的经历。

但如果认为传自汉末的名实综核运动到此已告终止，那就大错而特错了。理想的真与现实的假这一巨大的反差在士大夫心中所造成的极度痛苦，把"竹林名士"中的大部分人整个变成了"疯疯道人"。即，丑恶现实的长期不变，反过来竟使他们的心理和行为发生了"变态"。而值得注意的是，他们也正是以非常规人生的巨大牺牲为代价在呼唤着常规社会的早日到来。名士们"或取诸怀抱，悟言一室之内，或因寄所托，放浪形骸之外"[④]的疯癫百态，体现了"子规夜半犹啼血，不信东风唤不回"的特种顽强。只是，从形式上看，"七贤"的世界已变得更加虚无和荒诞。

名士们的特点可用两个字来概括：一曰抑，二曰放。这一"抑"一

---

① 房玄龄等：《晋书》，中华书局，1974，第1360页。

② 房玄龄等：《晋书》，中华书局，1974，第1370页。

③ 房玄龄等：《晋书》，中华书局，1974，第1223页。

④ 房玄龄等：《晋书》，中华书局，1974，第2099页。

"放"，体现在两个方面：一个是精神；一个是形体。而无论是精神还是形体，又全都是对名教而发。

阮籍是"抑"的代表人物。庄子说过："有人之形，无人之情。"这是方外畸人的特征。《世说新语·任诞》篇载："阮步兵（籍）丧母，裴令公往吊之。阮方醉，散发坐床，箕踞不哭。裴至，下席于地，哭唁毕，便去。或问裴曰：'凡吊，主人哭，客乃为礼。阮既不哭，君何为哭？'裴曰：'阮方外之人，故不崇礼制；我辈俗中人，故以仪轨自居。'"阮籍之待物，面不露喜怒，口不言臧否，沉默寡语，醉酒免灾。《晋书·阮籍传》云：籍"傲然独得，任性不羁，而喜怒不形于色……时人多谓之痴""籍虽不拘礼教，然发言玄远，口不臧否人物。"[1]对此，嵇康曾自叹不如："阮嗣宗口不论人过，吾每师之，而未能及。"[2]阮籍平素很少说话，常以眼神表达心情："籍尝随叔父至东郡，兖州刺史王昶请与相见，终日不开一言，自以不能测。""籍又能为青白眼，见礼俗之士，以白眼对之。及嵇喜来吊（康兄往吊其母——引者注），籍作白眼，喜不怿而退。喜弟康闻之，乃赍酒挟琴造焉，籍大悦，乃见青眼。"而在危险时刻，酒往往能帮他逃灾："文帝初欲为武帝求婚于籍，籍醉六十日，不得言而止。钟会数以时事问之，欲因其可否而致之罪，皆以酣醉获免。"

然而，庄子境界是难以企及的。阮籍虽曾著《达庄论》以自勉，但过分的人为压抑，却只能造成变态式的宣泄。母亲死了，他的确抑住了泪水，并极力在外人面前显出一副无所谓的样子。可是，倒流的眼泪和着酒，竟化成鲜血，从口中喷出："母终，正与人围棋，对者求止，籍留与决赌。既而饮酒二斗，举声一号，吐血数升。及将葬，食一蒸肫，饮二斗酒，然后临诀，直言穷矣，举声一号，因又吐血数升。毁瘠骨立，殆致灭性。"又："邻家少妇有美色，当垆沽酒。籍常诣饮，醉，便卧其侧。籍

---

① 房玄龄等：《晋书》，中华书局，1974，第1361页。

② 房玄龄等：《晋书》，中华书局，1974，第1371页。

既不自嫌，其夫察之，亦不疑也。兵家女有才色，未嫁而死。籍不识其父兄，径往哭之，尽哀而还。""时率意独驾，不由径路，车迹所穷，辄恸哭而反。"①

　　精神上的"抑"，导致形体上的"放"，而这种形体之放在某种意义上说，已经成为笼罩魏晋之际的特殊时代氛围。何晏即"性自喜，动静粉白不去手，行步顾影"②；曹植亦"呼常从取水自澡讫，傅粉"③。男女之别既已不存，其他的礼节又何足道哉！考其端绪，荡检逾闲之习实起自汉末："汉末之世"，士大夫"或袒衣以接人，或裸袒而箕踞。朋友之集，类味之游，莫切切进德，闿闿修业，攻过弼违，讲道精义。其相见也，不复叙离阔，问安否。宾则入门而呼奴，主则望客而唤狗，其或不尔，不成亲至而弃之，不与为党。及好会，则狐蹲牛饮，争食竞割，掣拨淼折，无复廉耻"，"诬引老庄，贵于率任，大行不顾细礼，至人不拘，检括啸傲纵逸谓之体道"④。至于魏晋，此风循而未改。箕踞：阮籍；裸袒：王澄、胡毋辅之⑤；啸：成公绥⑥等。值得多书一笔的是这里面的"啸"。啸是盛行于魏晋时期的无字之歌，最早产生于先秦。如《诗·召南·江有汜》："之子归，不我过，其啸也歌。"《诗·小雅·白华》："啸歌伤怀，念彼硕人。"其本意乃是妇女心怀忧愁时的悲鸣。后被好道者引做知己，以为无语之言："（向栩）恒读《老子》，状如学道，……不好语言而喜长啸。"⑦到了魏晋，啸又被饱受压抑的士大夫拿来，当成了直抒胸臆却又不坐科律的工具。根据成公绥《啸赋》可知，

① 房玄龄等：《晋书》，中华书局，1974，第1361页。

② 陈寿：《三国志》注引《魏略》，中华书局，2011，第292页。

③ 陈寿：《三国志》注引《魏略》，中华书局，2011，第603页。

④ 葛洪：《抱朴子》，载国学整理社编《诸子集成》，中华书局，2006，第150页。

⑤ 参见刘义庆：《世说新语》，载国学整理社编《诸子集成》，中华书局，2006年。

⑥ 萧统编《文选》，李善注，中华书局，1977，第262页。

⑦ 范晔：《后汉书》，中华书局，1965，第2693页。

啸的发声特征为："近取诸身，役心御气。动唇有曲，发口成音。"其效果却是："散滞积而播扬，荡埃蔼之溷浊。变阴阳之至和，移淫风之侈俗。"历史上，阮籍是最善啸的，南京西善桥太岗寺南朝墓出土的《竹林七贤与荣启期》砖画中的阮籍，即作长啸状。①《世说新语·栖逸》篇中亦有是载。而形体之放的极端杰作，则当首推"七贤"之一的刘伶和他的《酒德颂》。

　　酒，是魏晋士人排忧解闷的最好伴侣。通过酒所带来的烈性刺激，人们一时可进入物我两忘、无所挂怀的不仁状态，对于满目不平而产生满腹不满的士大夫来说，酒无疑更是息怒浇愁、寄托感慨的安慰剂。《世说新语·任诞》篇所谓"胸中垒块，故须酒浇之"者，正得其旨。所以，孔融最大的满足就是："坐上客恒满，尊中酒不空，吾无忧矣。"②曹植更是一个无底酒坛："倾东海以为酒""饥若灌漏卮"。孔融的杀手曹操也深晓酒能消愁，而且是唯一能消愁的东西："对酒当歌，人生几何！譬如朝露，去日苦多。慨当以慷，忧思难忘。何以解忧？唯有杜康。"③但刘伶之酗酒，更像毕茂世："得酒满数百斛船，四时甘味置两头，右手持酒杯，左手持蟹螯，拍浮酒船中，便足了一生矣。"④也像张翰和王忱："使我有身后名，不如即时一杯酒"（张），"三日不饮酒，觉形神不复相亲"（王）。⑤

　　从形式上看，刘伶好酒，纯系身心的自我作践。他喝得赔了名声，因为他经常扮演在正常人看来是酒后失德的角色："刘伶恒纵酒放达，或脱衣裸形在屋中。人见讥之，伶曰：'我以天地为栋宇，屋室为裈衣，诸

---

① 参见孙机：《魏晋时代的"啸"》，《文史知识》，1983年第7期。

② 范晔：《后汉书》，中华书局，1965，第2277页。

③ 夏传才主编《建安邺下诗文集》，河北教育出版社，2017年，第29—30页。

④ 房玄龄等：《晋书》，中华书局，1974，第1381页。

⑤ 刘义庆：《世说新语》，载国学整理社编《诸子集成》，中华书局，2006，第192、198页。

君何为入我裈中?'"①也喝酒喝得赔了身体:"尝醉与俗人相忤,其人攘袂奋拳而往。伶徐曰:'鸡肋不足以安尊拳。'其人笑而止。"更为了酒而不计贫富死生:"初不以家产有无介意。常乘鹿车,携一壶酒,使人荷锸而随之,谓曰:'死便埋我。'其遗形骸如此。"②一次,因酗酒而卧病的刘伶突然感到酒瘾难耐,遂索酒于妻。妻流着泪劝他说:"君饮太过,非摄生之道,必宜断之!"刘伶诳其妻道,你说的对,但是我只有在鬼神面前发誓才能戒掉,你快替我准备祭神用的酒肉吧!妻信以为真,遂供酒肉于神前,请刘伶发誓。伶跪而祷曰:"天生刘伶,以酒为名,一饮一斛,五斗解醒。妇人之言,慎不可听!"③说完,拿过酒肉便吃,一会儿又醉倒了。其实,刘伶的这种自我摧残,完全是为了精神上的需要,这在他的代表作《酒德颂》中有充分的显示:"有大人先生,以天地为一朝,万期为须臾,日月为扃牖,八荒为庭衢。行无辙迹,居无室庐,幕天席地,纵意所如。止则操卮执觚,动则挈榼提壶,惟酒是务,焉知其余?"而最令他心驰神往的,是醉酒后的那种境界:"无思无虑,其乐陶陶。兀然而醉,恍尔而醒。静听不闻雷霆之声,熟视不睹泰山之形。不觉寒暑之切肌,利欲之感情。俯视万物,扰扰焉若江海之载浮萍。二豪侍侧焉,如蜾蠃之与螟蛉。"④显然,这已经成为他的终极关怀,那种和《达庄论》相一致的"万物一体"、返归本原的终极关怀。在这个境界中,世间万物泯然失去了差别,在这个万物齐一的世界里,人间的真真假假、是是非非,不亦随之而烟消云散吗?由此可知,他的所谓"以细宇宙齐万物

---

① 刘义庆:《世说新语》,载国学整理社编《诸子集成》,中华书局,2006,第189页。

② 房玄龄等:《晋书》,中华书局,1974,第1376页。

③ 刘义庆:《世说新语》,载国学整理社编《诸子集成》,中华书局,2006,第188—189页。

④ 房玄龄等:《晋书》,中华书局,1974,第1376页。

为心"①之境界，当为醉态中所见。可是，这种精神上的愉悦毕竟是短暂的，当酒醒梦回、双目复张时，精神的苦闷，又迅速包围了一切，于是，他又想到了酒，又想到了周身的一丝不挂，终于，他在形体的放达中走完了生命的里程。

嵇康的形体之放很特别，《晋书·嵇康传》云："初，康居贫，尝与向秀共锻于大树之下，以自赡给。颍川钟会，贵公子也，精练有才辩，故往造焉。康不为之礼，而锻不辍，良久会去，康谓曰：'何所闻而来？何所见而去？'会曰：'闻所闻而来，见所见而去。'会以此憾之。及是，言于文帝曰：'嵇康，卧龙也，不可起。公无忧天下，顾以康为虑耳。'"嵇康生活困难，固然是打铁的一个原因，但钟会往顾而不理，且锻铁不住，却乃是他对世俗愤懑的一种宣泄。因为从此以后，他不仅饱受了政治上的压抑——"不可起"，更因自己已成司马昭心腹之患而被刑东市。其实，名教的虚伪和现实的黑暗，早已给正直有加的嵇康造成了巨大的身心压抑，但是，这反倒激酿起他的全部浩然之气，他要鸣放，而老庄，尤其是庄子的思想，更使他的鸣放精神日趋深邃和高远："又读老庄，重增其放。"②终于，和庄子一样，在新的历史条件下，他再度完成了人类精神对现实世界的反吞没。

冯友兰先生认为，嵇康所论的精神境界有两个层次：第一层次是"越名教而任自然"；第二层次是"心不违乎道"③。其实，这不过是庄子当年所走过的心路历程而已，它的全部理论集中体现在嵇康的下面两句话中。一句是："物情顺通，故大道无违。"另一句是："越名任心，故是非无措也。"④只是，这种思想史中的回头现象，却不能不令人回忆起当年"成就"庄子的那段社会现实。当时，社会上有两个最刺目

① 房玄龄等：《晋书》，中华书局，1974，第1375页。

② 房玄龄等：《晋书》，中华书局，1974，第1371页。

③ 冯友兰：《中国哲学史新编》第四册，人民出版社，1986，第77—86页。

④ 嵇康：《嵇康集校注》，戴明扬校注，人民文学出版社，1962，第234页。

的特点：一是是非不明；二是真假莫辨。由于"此亦一是非，彼亦一是非"，因而最终逼得庄子不得不得出无是非的结论。同时，由于"捐仁义者寡，利仁义者众"，所以最后也惹出庄子一句否定式的咒骂："虎狼，仁也！"既如此又何必死守住原本可利国利民然现已成欺世盗名之工具的伦常道德不放呢？显然，这是现实与真实在庄子心中纠缠可又不得其通的扭曲表现。现实如此，他也只能通过价值尺度的转换，用超越现实的办法来辞而辟之，可这却是有违初衷的不得已之举。对庄子这种矛盾而痛苦的心态，吕思勉先生做了至当的理解和把握。他说："天下既无是非矣，复事学问何为？曰：不然，摧邪所以显正。庄生之齐是非，正以执一己之是非，以为天下之公是非者，贻害其烈，故欲辞而辟之耳。知一己之是非，不可以为天下之公是非，则能随顺万物，使万物各得其所；而己之所以自处者，亦得其道矣。"《庄子·胠箧》篇曰："为之斗斛以量之，则并与斗斛而窃之。为之权衡而称之，则并与权衡而窃之。为之符玺以信之，则并以符玺而窃之。为之仁义以矫之，则并与仁义而窃之。"吕先生的理解是："盖窃仁义之名，以行不仁不义之实，正惟不仁不义者而后能之。是则仁义之立，徒为能行仁义者加一束缚，更为不仁不义之人，资之利器耳。是以仁义为药，对治不仁不义之病，丝毫未能有效，且因药而加病也。……此则庄生之所以瘏口哓音，欲齐是非以明真是非也。"[①]而"欲齐是非以明真是非"，却也正是嵇康哲学的真意。

首先，看"物情顺通，故大道无违"。

儒家强调："名不正则言不顺，言不顺则事不成。"在名实相符、是非有宗的情况下，此话无疑具有真理性意义。可是，当名实乖离、是非无主时，却只有自然的，才是真实的，也只有自然的，才是公正的。而欲求得这一真实和公正，就必须超越或废止乱真之假名教，肯定或顺应去伪之真物情。嵇康说："夫称君子者，心无措乎是非，而行不违乎

---

① 吕思勉：《先秦学术概论》，中国大百科全书出版社，1985，第39—41页。

道者也。何以言之？夫气静神虚者，心不存乎矜尚；体亮心达者，情不系于所欲。矜尚不存乎心，故能越名教而任自然；情不系于所欲，故能审贵贱而通物情。"①这里的"自然"和"物情"，都是指事物的本然状态。嵇康认为，人的心思只有不为假名教的伦理纲常肆志，才能体味到真伦常的甘美；人的情绪只有不为伪政府的贵贱贫富左右，才能识得物本然的差别。"是故言君子，则以无措为主，以通物为美。言小人，则以匿情为非，以违道为阙。何者？匿情矜吝，小人之至恶；虚心无措，君子之笃行也。"②与庄子比较而言，我们发现，在他们所共有的相同处之外，却存在着一个明显的不同，即"君子小人观"问题。与庄子的"君子小人无别论"不同，嵇康很看重理想人格的价值和意义。这种现象要从两方面看：一是秦汉大一统时代自然法则社会化所带来的儒道一体化格局所具有的稳定性和不可逆性使然；二是嵇康本意所在的去伪（小人）存真（君子）之名实综核模式所致。但从他赋予人格的价值和意义上看，他的道家理念，却存在着肯定现世之合理制度并视之为真的明显倾向，而这，却又从根本上决定于儒道难分理论的历史惯性。因此，他对社会的反吞没，是"真"对"假"的吞没，是靠"真"的化身——"君子"来实现的。这乃是嵇康境界的第一个层次——人世理想境界，虽说他认为这个境界是"大道无违"的，但这不过是"身不违乎道"而已。

现实世界很快砸碎了他的梦想，这一打击，使他迅速超越了人世理想境界而进入"越名任心，故是非无措"的第二个层次。

某种意义上说，嵇康的这个层次，已越老而齐庄。之所以这样讲，关键在于他的"任心"，即"心不违乎道"。我们知道，庄子之所以能逐层超越空间之屋宇、天地、宇宙，社会组织之家族、社会、国家和社会组织原则之法律、道德、伦常且能并道而一，其唯一的依凭，就是那能够超越

---

① 嵇康：《嵇康集校注》，戴明扬校注，人民文学出版社，1962，第234页。

② 嵇康：《嵇康集校注》，戴明扬校注，人民文学出版社，1962，第234页。

时空的"心"——精神。它至大无外，至小无内，形式上是无，可又是最大的有——嵇康亦几乎准确无误地找到了这个"真宰"。他说："无为自得，体妙心玄，忘欢而后乐足，遗生而后身存。"①"忽然任心，而心与善遇；倘然无措，而事与是俱也。"②他还在一首赋中写道："凌扶摇兮憩瀛洲，要列子兮为好仇，餐沆瀣兮带朝霞，眇翩翩兮薄天游，齐万物兮超自得，委性命兮任去留。"③这种境界，与庄子游心万物并道通为一，已无所差别，这对嵇康来说，可谓最大的心满意足。在这种满足的比照下，人间价值岂特无意义，简直如粪土耳："故世之难得者，非财也，非荣也，患意之不足耳！意足者，虽耦耕畎亩，被褐啜菽，岂不自得。不足者虽养以天下，委以万物，犹未惬然。则足者不须外，不足者无外之不须也。无不须，故无往而不乏。无所须，故无适而不足。不以荣华肆志，不以隐约趋俗。混乎与万物并行，不可宠辱，此真有富贵也。""苟得意有地，俗之所乐，皆粪土耳，何足恋哉？"④这显然已经进入了一种目无一切的虚无状态。

所以，在给"竹林名士"以充分的同情和理解的同时，也绝不能无视他们身上所存在着的"过度"的致命伤，即他们在反对假名教的激烈言行中，有时把真名教的合理内核也否定掉了。如嵇康说："六经以抑引为主，人性以从欲为欢，抑引则违其愿，从欲则得自然；然则自然之得，不由抑引之六经，全性之本，不须犯情之礼律。故仁义务于理伪，非养真之要术，廉让生于争夺，非自然之所出也。"⑤不难看出，如此舆论，已经从他们反对人的社会属性失真化的合理主张转而为要求人的

---

① 嵇康：《嵇康集校注》，戴明扬校注，人民文学出版社，1962，第157页。

② 嵇康：《嵇康集校注》，戴明扬校注，人民文学出版社，1962，第235页。

③ 嵇康：《嵇康集校注》，戴明扬校注，人民文学出版社，1962，第96页。

④ 嵇康：《嵇康集校注》，戴明扬校注，人民文学出版社，1962，第173—174、190页。

⑤ 嵇康：《嵇康集校注》，戴明扬校注，人民文学出版社，1962，第261页。

自然属性生物化的非合理妄想，而以下丑态，便是这种舆论的自然走向："去巾帻，脱衣服，露丑恶，同禽兽，甚者名之为通，次者名之为达也。"①因此，它自然引起了玄学界另一种极端舆论的不平，于是乎，玄学便进入了它的第三个发展阶段——"中朝前期名士"、裴𬱖的"贵有论"阶段。

裴𬱖是西晋中期的"名士"。在玄学名士当中，他的"贵有"理论摧辩众口，所著《崇有论》更是"才博喻广，学者不能究"。与当时"贵无"派领袖王衍不相上下，成为西晋玄学界各领风骚的两座高峰。所谓"裴𬱖谈理，与王夷甫不相推下"②是也。

平实地说，裴𬱖的《崇有论》，不过是对过"度"的"贵无"学说的一种理论匡正。他的针对性很明确，除了反对弥漫于全社会的"贵无"思潮外，首先把矛头指向何晏、王弼的"贵无"理论，继而对"竹林名士"的"贵无"行动及其所造成的严重后果展开批判。

他发现，"贵无"在当时已成为时髦的显学，且大有蔓延的趋势。而当时的所谓"名士"更是设教以笃无、陈说以虚有，令人深感忧虑："𬱖深患时俗放荡，不尊儒术，何宴、阮籍素有高名于世，口谈浮虚，不遵礼法，尸禄耽宠，仕不事事；至王衍之徒，声誉太盛，位高势重，不以物务自婴，遂相仿效，风教凌迟。"有感于此，裴𬱖遂以振衰起弊为志，做"崇有"之论，以为匡正。

《崇有论》开宗明义："夫总混群本，宗极之道也。方以族异，庶类之品也。形象著分，有生之体也。化感错综，理迹之原也。夫品而为族，则所禀者偏。偏无自足，故凭乎外资。是以生而可寻，所谓理也。理之体，所谓有也。有之所须，所谓资也。资有攸合，所谓宜也。择乎厥宜，

---

① 刘义庆：《世说新语》，载国学整理社编《诸子集成》，中华书局，2006，第6页。

② 刘义庆：《世说新语》，载国学整理社编《诸子集成》，中华书局，2006，第50页。

所谓情也。"

裴𬱟认为，尽管玄而论之，至无便是有，但那却是一个大而空的有。真正的有，其最了然的表现，还应是具体事物及其形象。因为，人类生存的基本活动，都离不开具体的有，这几乎已成为人间事务的唯一前提和条件："唯夫用天之道，分地之利，躬其力任，劳而后飨。"而最高的道理，也都离不开"有"这一基础。物质基础既以真实的"有"为内容，那么，伦常名教，也就是"有"的一种客观真实："居以仁顺，守以恭俭，率以忠信，行以敬让，志无盈求，事无过用，乃可济乎。"并认为如此便可"以为民极"："故大建厥极，绥理群生，训物垂范，于是乎在。斯则圣人为政之由也。"

可是既然如此，人们为什么还要汲汲于虚而喋喋于无呢？裴𬱟认为，贵无论本身之所以通篇是无，实乃缘于他们无力谈有，因为有就是事实，就是从事实出发来探讨事物发生发展的原因和规律，是不容易讲清楚的；相反，当人们谈及那些表面上看来难以企及的事物时，便自可浮华溢美、海阔天空了。然而遗憾的是，无毕竟是不着边际的。"盖有讲言之具者，深列有形之故，盛称空无之美。形器之故有征，空无之义难检。辩巧之文可悦，似象之言足惑。"唯其如此，"贵无"本身便是有害真实的邪说，因为在无的纵横捭阖下，社会秩序和伦常道德已全部陷于瘫痪："是以立言借于虚无，谓之玄妙；处官不亲所司，谓之雅远；奉身散其廉操，谓之旷达。故砥砺之风，弥以陵迟。放者因斯，或悖吉凶之礼，而忽容止之表；渎弃长幼之序，混漫贵贱之级，其甚者至于裸裎，言笑忘宜，以不惜为弘，士行又亏矣。"这显然是针对"竹林名士"的放达行为而言。由于名士们的言行在社会上发生了很大的影响，因此，在相当长的时间里，这已成为一种时髦的社会风尚。于是便相应地出现了一大批得其形而遗其神的"作达"者。他们从形式上学习嵇、阮的任性放荡，其行为往往有过之而无不及，以至危及了维持社会秩序和正常风尚的最起码的礼制法度，其逻辑生成及具体危害是："贱有则必外形，外形则必遗制，遗制则必忽防，忽防则必忘礼。礼制弗存，则无以为政矣。"①它已经乖离了贵无派更深层的意义，走向了反假却作假的另一个极端，因此，裴頠的这种批判，无疑具有正面意义。

如果说，"竹林名士"的过错在于"假作真时真亦假"，那么，裴頠的不足则在于"真作假时假亦真"；何、王、嵇、阮咎在"无为有处有还无"，裴頠的理论则憾于"有为无处无还有"。综核名实，一直是玄学的主题。但是，长期以来所形成的弄虚作假风气，使"名教"所提倡的内容已大多与事实不符，由于统治集团的特权和利益刚好建筑于这一假名教之上，因此，统治者对来自任何一方的非议均报以残酷斗争和无情打击，在这种情况下，士大夫们被迫请出《老子》《庄子》和《周易》，把求真的顽强信念罩上了"自然"和"虚无"的面纱，试图以"自然"来求得真实，以"虚无"来影射虚假。体此，才能理解玄学第一阶段何以会提出"名教出于自然"和"天地万物以无为本"的命题，也能理解用虚无衣襟把自己裹得严严的阮籍为什么竟忍不住要发出"时无英雄，使竖子成名"的感叹！冯友兰认为："王弼也不是从根本上反对礼，他所反对的只是汉末流行的虚伪的名教教条。"②此亦如鲁迅先生所总结的那样："魏晋时代，崇奉礼教的看来似乎很不错，而实在是毁坏礼教，不信礼教的。表面上毁坏礼教者，实则倒是承认礼教，太相信礼教。"③然而，"贵无"论者毕竟是以虚无为外衣进行活动的。因此，本来是他们真实目的之假象的落拓不羁，竟然导致"作达"者们真假同捐的极端局面。与此相反，裴頠虽也不赞成假名教，但却在充分肯定名教之合理内核的过程中，不自觉地包庇了当世名教之伪诈和虚假，客观上帮了欺世盗名的统治者的忙，而反映在玄学理论上，便每每呈现出有与无各抱极端、相

---

① 房玄龄等：《晋书》，中华书局，1974，第1044页。

② 冯友兰：《中国哲学史新编》第四册，人民出版社，1986，第69页。

③ 鲁迅：《而已集·魏晋风度及文章与药及酒之关系》，载《鲁迅全集》第三卷，人民文学出版社，1956，第391页。

持不下的僵局；贵无论者只看到贵有论中的假有，而忽视了其中的真有；贵有论只一味否定贵无论中无用虚无之一面，而并不了解"以假名数为虚无"和"人与自然为一"的贵无论本旨。显然，它们需要综合—— 一种抽取各家本义、捐弃有无极端的综合，这个任务历史地落在了"中朝后期名士"郭象的身上。

三、综合、超越与美的升华

在"名教"与"自然"的关系上，玄学是倾向于"自然"的。其指导理论固为"三玄"，且由《老子》过渡到《庄子》。只是从结果看，某种程度上，玄学似已流为异端。故王坦之作《废庄论》云："夫自足者寡，故理悬于羲农；徇教者众，故义申于三代……先王知人情之难肆，惧违行以致讼……故陶铸群生，谋之未兆，每摄其契，而为节焉……天下之善人少，不善人多，庄子之利天下也少，害天下也多。"[1] 然而，在名教与自然的关系问题上，李充的话却堪称持平之论。他说："世有险夷，运有通坦，损益适时，升降惟理。道不可以一日废，亦不可以一朝拟。礼不可以千载制，亦不可以当年止。非仁无以长物，非义无以齐耻，仁义固不可违，去其害仁义者而已。"[2] 显然，这是一种理论指向，它预示着二者综合局面的即将到来。只是，完成这种理论超越，却并非易事，阮瞻"见司徒王戎，戎问曰：'圣人贵名教，老庄明自然，其旨同异？'瞻曰：'将

---

① 房玄龄等：《晋书》，中华书局，1974，第1965—1966页。

② 房玄龄等：《晋书》，中华书局，1974，第2390页。

无同。'戎咨叹良久，即命辟之。时人谓之'三语掾'"①。意思是说，虽然看上去有相同处，但二者毕竟是不同的。

郭象向使王戎"咨叹良久"的问题发起挑战。他的思想全部体现在他名为"注"而实为"著"的《庄子注》中。其对以往两派哲学高屋建瓴的综合与超越，令人不能不承认"中朝后期名士"所体现的乃是玄学的最高阶段和最高水平。

由于现实政治的压力，遂使辨真伪这个玄学的根本问题在外观上不得不以有无等清谈形式出现。贵无论者认为，天下万物生于无；贵有论者则主张，天下万物生于有。实际上，这不过是为了证明各自学派的权威性而做之于来源问题上的文章而已。但由于它所具有的哲学意义，故郭象首先便把论锋指向了这个问题。他认为，天下万物既不是生于超然世外的无，也不是生于抽象于万物的有，而是生于自然："请问：夫造物者有耶？无耶？无也，则胡能造物哉？有也，则不足以物众形。故明众形之自物，而后始可与言造物耳。……故造物者无主，而物各自造，物各自造而无所待焉，以天地之正也。"他说，所谓："正"，就是"自然""天然""自尔"，也就是万物之"极"："无既无矣，则不能生有；有之未生，又不能为生。然则生生者谁哉？块然而自生耳。""自己而然，则谓之天然。天然耳，非为也，故以天言之，所以明其自然也。"②"天地者，万物之总名也。天地以万物为体，而万物必以自然为正。自然者，不为而自然者也。故大鹏之能高，斥鷃之能下，椿木之能长，朝菌之能短，凡此皆自然之所能，非为之所能也。不为而自能，所以为正也。"③"夫物事之近，或知其故。然寻其原以至乎极，则无故而自尔也。自尔则无所

① 房玄龄等：《晋书》，中华书局，1974，第1363页。
② 郭庆藩：《庄子集释》，载国学整理社编《诸子集成》，中华书局，2006，第24页。
③ 郭庆藩：《庄子集释》，载国学整理社编《诸子集成》，中华书局，2006，第10页。

稍问其故也，但当顺之。"①就是说，自物、自生是不可追问的，也没有必要追问。既然如此，"自尔"本身就是一个极限问题，既为其"极"，无论怎样格致，都不会改变其最高而永恒的本质特征。可是，郭象的所谓"正"，已明显地蕴含了在"贵无"与"贵有"两者间相与"中和"的意义，因为它是由两个不同所推导出的一个相同，而这个相同却是终极和永恒的。从贵无派观点看，"自然"似乎也是"道"之特性，即所谓"道法自然"，但这个"自然"是独立于天地万物之外的"道"的本然状态，而不是物自生的条件及由此而产生的实体；从贵有派的倾向看，他们虽然也说过"故始生者，自生也"的话，但很快就被"形象著分，有生之体也"②这种更根本的学说原理斩杀了。而郭象对这个问题的中和式解决，便使他跳出了以有无为形式的外在对立，而迅速进入综合与超越的实质性问题。

第一，名教的有序化问题。

无论何时何地，只要是人类社会，就永远是一个有意义的问题。但是，其意义的有无或大小，关键要视其是否为"真"或"真"的程度如何。《庄子·胠箧》篇云："天下之善人少而不善人多，则圣人之利天下也少，而害天下也多。"对此，郭象注曰："信哉斯言。斯言虽信而犹不可亡圣者，犹（由）天下之知未能都亡，故须圣道以镇之也。群知不亡，而独亡于圣知，则天下之害，又多于有圣矣，然则有圣之害虽多，犹愈于亡圣人之无治也。虽愈于亡圣，故未若都亡之无害也。甚矣，天下莫不求利，而不能一亡其知，何其迷而失致哉！"③理论上讲，他也并不反对人皆无知故不需圣人的理想状态。但事实上并非如此，而且今后也永远不可

---

① 郭庆藩：《庄子集释》，载国学整理社编《诸子集成》，中华书局，2006，第219页。

② 房玄龄等：《晋书》，中华书局，1974，第1044页。

③ 郭庆藩：《庄子集释》，载国学整理社编《诸子集成》，中华书局，2006，第157页。

能如此的情况下，有圣人出来主持秩序总比无圣人要好得多。当圣人所推行的秩序与社会真实情况相符时，其道德礼教便是有意义的，可一旦失去或逝去了那种真实，再把昔圣之说教不加调整地拿来以匡时事，便不但是无用的，而且是助纣为虐的："圣人者，民得性之迹耳，非所以迹也""夫圣迹既彰，则仁义不真，而礼乐离性，徒得形表而已矣"。①《庄子·天道》篇中有一则寓言颇得其旨："桓公读书于堂上，轮扁斫轮于堂下，释椎凿而上，问桓公曰：'敢问：公之所读者何言邪？'公曰：'圣人之言也。'曰：'圣人在乎？'公曰：'已死矣。'曰：'然则君之所读者，古人之糟魄已夫！'……臣也，以臣之事观之。斫轮，……臣不能以喻臣之子，臣之子亦不能受之于臣，是以行年七十而老斫轮。古之人与其不可传也，死矣，然则君之所读者，古人之糟魄已夫！"②以往礼教的失去意义，确也在今天的现实当中得到印证："夫知礼意者，必游外以经内，守母以存子，称情而直往也。若乃矜乎名声，牵乎形制，则孝不任诚，慈不任实，父子兄弟，怀情相欺，岂礼之大意哉？"③名教一旦成为假的，则其害有甚于无。因此，这个时候的当务之急，就应该在返璞归真上下功夫，它需要对贵有贵无两大学派做理论"扬弃"，即：保存或发扬贵有论中肯定名教合理性的思想而抛弃其在矫枉过正当中被保护起来的假名教成分；保存或发扬贵无论中求真的主张和观念而抛弃其虚化人生的思想内容。但扬弃却有一个不变的内涵，即具有人类社会之终极意义的"有序亲和"。郭象说："夫人之一体非有亲也，而首自在上，足自处下，府藏居内，皮毛在外。外内上下，尊卑贵贱，于其体中各任其极，而未有亲爱于

---

① 郭庆藩：《庄子集释》，载国学整理社编《诸子集成》，中华书局，2006，第152页。
② 郭庆藩：《庄子集释》，载国学整理社编《诸子集成》，中华书局，2006，第217—218页。
③ 郭庆藩：《庄子集释》，载国学整理社编《诸子集成》，中华书局，2006，第121页。

其间也。"①更云:"夫仁义自是人之情性,但当任之耳。恐仁义非人情而忧之者,真可谓多忧也。"②这样,名与实,名教与自然,便终于在这里交汇并合流。

第二,人与社会间的正常联系。

人与社会相交接的条件是明是非。如前所述,庄子是不讲是非的,是认为是非莫辨的。当然,就本质来说,由于存在着主观之是非、客观之是非、主客观杂糅之是非,因此,是非本身即可称得上是古今最难厘定的是非问题。庄子有感于此,便主张不要这对范畴。可是,不要并不等于没有,自欺欺人没有,也不可能使问题得到丝毫解决。对此,郭象提出了中和是非的认识论方法。他说:"天下莫不自是而莫不相非,故一是一非,两行无穷,唯涉空得中者,旷然无怀,乘之以游也。"③这个"中",也叫"天均":"夫天地之理,万物之情,以得我为是,失我为非;适性为治,失和为乱。然……殊性异便,是非无主。若以我之所是,则彼不得非,此知我而不见彼者耳。故以道观者,于是非无当也,付之天均,恣之两行,则殊方异类,同焉皆得也。"④而之所以"中"和"天均"能够解决是非问题,乃是因为论是非者已涉足于"道枢""玄极"和"冥物"之高度,而这恰恰是居"中"而与对立双方均不相对的高度。他在解释庄子的"彼是莫得其偶,谓之道枢"一语时注道:"偶,对也。彼是相对,而圣人两顺之。故无心者与物冥而未尝有对于天下也。此居其枢要而会其玄

---

① 郭庆藩:《庄子集释》,载国学整理社编《诸子集成》,中华书局,2006,第220页。

② 郭庆藩:《庄子集释》,载国学整理社编《诸子集成》,中华书局,2006,第143页。

③ 郭庆藩:《庄子集释》,载国学整理社编《诸子集成》,中华书局,2006,第33页。

④ 郭庆藩:《庄子集释》,载国学整理社编《诸子集成》,中华书局,2006,第257页。

极以应夫无方也。"①就是说，只有如此高度上的中和之法，才可以应对各式各样的是非问题。

人与社会相交接的途径是作为。贵无派是主张无为的，而贵有派则恰好相反。郭象认为，之所以会出现这两种截然且颇为绝对的对立，是因为双方对有为与无为在理解上都存在着错误的认识。他认为，所谓无为者，实际上指的不过是"率性而动，动不过分"②的原则而已。具体说来，则是："无为者，非拱默之谓也，直各任其自为，则性命安矣。"③就是说，无为并不是人们所理解的整日坐在那里无事打拱，而是各自按照其本性去活动，去做自己想做又有能力做好的事，只要是其天然能力的发挥，无论怎样适度运作，都是顺乎自然的，因此也是无为的。在这一认识的基础上，他对庄子"牛马四足是谓天；落马首，穿牛鼻，是谓人"的"天""人"命题提出了完全相反的看法："牛马不辞穿落者，天命之固当也。苟当乎天命，则虽寄之人事，而本在乎天也。"④他举例道："夫工人无为于刻木，而有为于用斧。主上无为于亲事，而有为于用臣。臣能亲事，主能用臣，斧能刻木，而工能用斧，各当其能，则天理自然，非有为也。""故各司其任，则上下咸得，而无为之理至矣。"⑤马有骥驽，速有疾迟，倘为骥骥，就任它跑遍八荒之表好了。但倘为驽马，也不要逼它奔驰，这样，马的自然属性便各得其所了。但这并不是有为，而是无

---

① 郭庆藩：《庄子集释》，载国学整理社编《诸子集成》，中华书局，2006，第32页。

② 郭庆藩：《庄子集释》，载国学整理社编《诸子集成》，中华书局，2006，第84页。

③ 郭庆藩：《庄子集释》，载国学整理社编《诸子集成》，中华书局，2006，第168页。

④ 郭庆藩：《庄子集释》，载国学整理社编《诸子集成》，中华书局，2006，第260页。

⑤ 郭庆藩：《庄子集释》，载国学整理社编《诸子集成》，中华书局，2006，第207页。

为，因为马的天性就是跑，而有人"闻任马之性，乃谓放而不乘；闻无为之风，遂云行不如卧。何其往而不返哉？斯失乎庄生之旨远矣"①。

但是，由于"动不过分"方为"无为"，因此，行"无为"之事时，须把握"度量"才行。譬如举重，"举其性内，则虽负万钧，而不觉其重也。外物寄之，虽重不盈锱铢，有不胜任者矣"②。

如此看来，郭象的"无为"早已不是老庄本意上的"无为"了，也不是贵无派所说的无为，其在理论上的建树及特色有以下几点：1. 打破了贵无派"无为"理论在实际社会生活当中的长期尴尬局面，把顺应自然的有为统统视为无为。这可谓对贵无派理论思维上的一次重大突破；2. 为崇有派无限作为的观念和行为做了度量限定。告诫人们，任何有为都要以自然度量为极限，切莫超越本分，否则，无往而不败；3. 把自然的有为归之于无为，使崇有与贵无在人与社会相交接的途径问题上合二而一；4. 继承并完善了《淮南鸿烈》对老庄"无为"思想的扬弃传统，使儒道在新的历史条件下实现了新的互补与合一。

第三，人自身生命现象中的基本事实。

"死生亦大矣"，这是人类的共同心理。郭象在注释这句话时也说："人虽日变，然死生之变，变之大者也。"③对死生问题，先秦时期的儒道两家有着完全相反的看法。儒家是忌死重生的，而道家则多半是乐死轻生。裴𬱟认为："人之既生，以保生为全，全之所阶，以顺感为务。若味近以亏业，则沉溺之衅兴；怀末以忘本，则天理之真灭。"④而刘伶却主

---

① 郭庆藩：《庄子集释》，载国学整理社编《诸子集成》，中华书局，2006，第150页。

② 郭庆藩：《庄子集释》，载国学整理社编《诸子集成》，中华书局，2006，第84页。

③ 郭庆藩：《庄子集释》，载国学整理社编《诸子集成》，中华书局，2006，第86页。

④ 房玄龄等：《晋书》，中华书局，1974，第1045—1046页。

张遗其形骸，告人曰："死便埋我！"①但是，郭象跳出了这一生死观的圈子，提出了符合其哲学前提的"物质不灭"理论："非唯无不得化而为有也，有亦不得化而为无矣。"②正是在这一理论前提下，他兼容了儒道有无并超越了它。他认为，人秉有一颗与天地万物一体的"妙心"，"体夫极数之妙心，故能无物而不同。无物而不同，则死生变化，无往而非我矣。故生为我时，死为我顺。时为我聚，顺为我散。聚散虽异，而我皆我之。则生故我耳，未始有得；死亦我也，未始有丧。夫死生之变，犹以为一。既睹其一，则蜕然无系。玄同彼我，以死生为寤寐，以形骸为逆旅，去生如脱屦，断足如遗土，吾未见足以缨萦其心也。"③这段话所说的，只是一个道理，即无论死生聚散，我总还是我。这个超然的我，不会被死生变化所左右，事实上对我来说也没有什么死生之限。有了这样的生死观，怕死的活命哲学就会通物理而淡死生、舍瞬间而求永恒了："不知与化为体而思藏之使不化，则虽至深至固，各得其所宜，而无以禁其日变也。故夫藏而有之者，不能止其遁也。无藏而任化者，变不能变也。……人形乃是万化之一遇耳，未足独喜也。……夫于生为亡而于死为存，则何时而非存哉。"④同时，也通过新说打破了以往道家死生观之尴尬："旧说云：庄子乐死恶生，斯说谬矣。若然，何谓齐乎？所谓齐者，生时安生，死时安死。生死之情既齐，则无为当生而忧死耳。此庄子之旨也。"⑤而其实这哪里是什么"庄子之旨"呢？分明是郭象的思想。而懂得了以上道理，人

---

① 房玄龄等：《晋书》，中华书局，1974，第1376页。
② 郭庆藩：《庄子集释》，载国学整理社编《诸子集成》，中华书局，2006，第332页。
③ 郭庆藩：《庄子集释》，载国学整理社编《诸子集成》，中华书局，2006，第87页。
④ 郭庆藩：《庄子集释》，载国学整理社编《诸子集成》，中华书局，2006，第110—111页。
⑤ 郭庆藩：《庄子集释》，载国学整理社编《诸子集成》，中华书局，2006，第273页。

处天地间，就会既不怕死也不恶生："故生时乐生，则死时乐死矣。死生虽异，其于各得所愿一也，则何系哉？"郭象的死生观，最终统一了儒道二论，也综合了玄学中的有无两家，成为玄学一统时期理性且超理性的最高生命理论。

郭象治学的方法准则是反对异端，主张对万事都求得个统一的结论："夫学者尚以成性易知为德，不以能攻异端为贵也。"[1]"故虽参糅亿载，千殊万异，道行之而成，则古今一成也。物谓之而然，则万物一然也。"[2]这种定式的形成，除却贵无崇有分久必合的必然性外，西晋的短期统一，不能说对郭象的理论没有影响。因为我们发现，他在对最切近的"竹林名士"思想进行纠偏时，比较注意和着力于对名教的等级秩序方面的强化，例如，他说："千人聚，不以一人为主，不乱则散。故多贤不可以多君，无贤不可以无君。此天人之道，必至之宜。"[3]而君主以下的人则当各安其分，各守其职，否则，"若皆私之，则志过其分，上下相冒，而莫为臣妾矣。臣妾之才而不安臣妾之任，则失矣"[4]。由玄学而带来的贵无社会思潮的不容漠视，使郭象在提倡名教的同时，又必须兼顾之和重视之。裴頠时官员们的特点是"处官不亲所司，谓之雅远"。对此，裴頠当然是义愤填膺了，但郭象却来了个中和。他认为，当政者，在恪尽职守的情况下，是允许有个人的精神世界或境界的自由存在的，并指出如此相得益彰的行为反倒有益于政治，是真政治："夫圣人，虽在庙堂之上，然其心无异于山林之中，世岂识之哉？徒见其戴黄屋，佩玉玺，便谓足以缨绂其心矣；见其历山川，同民事，使谓足以憔悴其神矣；岂知至至者之不

---

① 《庄子·天下》（古抄卷子本）注。

② 郭庆藩：《庄子集释》，载国学整理社编《诸子集成》，中华书局，2006，第48页。

③ 郭庆藩：《庄子集释》，载国学整理社编《诸子集成》，中华书局，2006，第71页。

④ 郭庆藩：《庄子集释》，载国学整理社编《诸子集成》，中华书局，2006，第27—28页。

亏哉？"①"知而非为，则无害于恬；恬而自为，则无伤于知。斯可谓交相养矣。二者交相养，则和理之分岂出它哉！"②如此久之，自然塑造出了中国士大夫阶层所特有的心理结构和行为模式，即：游外（精神逍遥）与弘内（奔走俗务）的结合，内圣（达到内心至高精神境界的圣人）与外王（从事世间政务的帝王或官员）的统一。而郭象的妙处更在于，他把他之前的"名教"合于"自然"的理论倾向直接发展到"名教"即"自然"的学说。这种"名教自然论"，把外在的社会道德规范与个人的内在本性糅而为一，试图证明，一切贵贱上下的等级感和秩序感都由人的本性所决定，倘满足了人的本性，"名教"的秩序自然也就安定了，这就使"名教"获得了一种自然合理的属性，而人们对社会道德规范的遵守便完全成了天性的自愿自觉而不是强制。表明玄学是人心自觉和本真复苏的标志，儒与道，名教与自然，在人的心灵世界获得了本真上的统一。

玄学，作为魏晋时期最主要的时代思潮，是继春秋战国后我国历史上的又一次思想解放运动，虽然没有"百家争鸣"的规模，但"百家争鸣"后所形成的儒道两家的主要思想流派及其理论上的争鸣传统，却在魏晋时期获得继承和发展，它至少有以下几重意义：

1. 通过对"虚""旷""清""玄"的追求和对"玄冥之境""惚恍之庭"的体悟，净化了腐败贪婪、唯利是图的恶浊世风，使人们在与万物为一、与宇宙共存的终极意义上重新审视了人生的价值和意义，从而增进了人们的求真意识。

2. 通过对名教的还原，使人们对有序亲和的人际关系生发了新的企慕和憧憬，从而增进了全社会的求善意识和秩序观念。

3. 通过"辩名析理"，提高了中国古典哲学的理论层次和思维水

---

① 郭庆藩：《庄子集释》，载国学整理社编《诸子集成》，中华书局，2006，第14页。

② 郭庆藩：《庄子集释》，载国学整理社编《诸子集成》，中华书局，2006，第242页。

平，高尚了人的精神世界。精神的逆反所导致的人们对客观世界的超越与反吞没，产生了崇高的艺术境界，并由此而形成了一代人的精神风貌——魏晋风度，从而增进了人们对美的意识。

但是，在对人生和宇宙的终极价值进行意义履践的过程中，知识人却付出了血的代价。孔融、何晏、嵇康、裴𬱟，这些死难者的追求，无非是以"真"为基调的"天人合一"和"有序亲和"。他们的死，固然有各自不同的背景，但是为"主义"而献身，却是其不同中的相同，它反向证明了定型于先代的"终极关怀"思想的巨大感召力和再生力，作为哲学意义上的共相和一般，它一经形成，便会以终极的价值标准和永恒的意义来改变社会而不会为社会所改变。

按照正常的逻辑，只有现实社会中存在着真实的内容、善良的情感和愉悦的心理，才能产生或形成真善美的人生境界。然而，当现实中出现真假易位、善恶不分和美丑难辨的倒逆情形时，老子的逻辑，便将在形式上变换真善美所由此产生的因果顺序了，即：社会中失去了真，人们才更加追求真理；人际间失去了善，人们才体会到善之可贵；心灵里失去了美，美才愈发擒摄人心。东汉后期以来尤其是魏晋时期名实乖离的社会现实给人们生活所带来的，便恰恰是这种非正常的境况。由于真善美在现实中已难以寻觅，因此，由逆反而导致的精神境界的升华，成为魏晋士人的共同而普遍的观念行为特征。这种特征，除了对"玄冥之境"和"惚恍之庭"的哲学上的格致探求外，还更多地表现在文学上的倾泻与升华。正是通过在这绚烂阔大的文学境界的遨游，宇宙天地和人间世界的真与善，才得以以美的形式被重新展现出来。这比较集中地反映在阮籍和陶渊明身上。

阮籍是"竹林七贤"之一，他不单是一代名士，更是一位造诣颇深的诗人。在现实生活中，他是以情感自抑而著称的人，这直接导致了他行为上落拓不羁的"放"，而当他把心灵的苦痛用文学的形式记录下来后，却又间接地完成了精神的升华。如前所述，魏晋之际，以假充真、名实乖离者，比比皆是。通过门第、裙带或攀缘而窃据禄位的无能小辈，已势如连天蔓草，难以芟除。相形之下，有真才实学的直士和君子，却徒发"花容月貌为谁妍"之慨。他这样写道：

> 幽兰不可佩，朱草为谁荣？修竹隐山阴，射干临增城。葛藟延幽谷，绵绵瓜瓞生。乐极消灵神，哀深伤人情……①

当年，孔子有泣麟之悲，而"幽兰""朱草"句亦何其相似乃尔！"射干"是传说中的一种小矮树。《荀子·劝学》云："西方有木焉，名曰射干，茎长四寸，生于高山之上，而临百仞之渊，木茎非能长也，所立者然也。"阮籍的移用，与左思的《咏史》乃属同义，即：

> 郁郁涧底松，离离山上苗，以彼径寸茎，荫此百尺条。世胄蹑高位，英俊沉下僚。地势使之然，由来非一朝。金张藉旧业，七叶珥汉貂。冯公岂不伟，白首不见招。

它直接导致了阮籍的感伤主义情怀。他是追求人间关系的纯朴与真实的，可是非纯朴、不真实的人和事，却严重地损伤了它们，使这种本该自然的关系变得极其不自然。阮籍曾极尖刻地描绘过一个道貌岸然、口谈仁义道德而内心极端龌龊的可鄙形象，表现了作者对那种口头宣扬礼教而实际犬彘不若的儒生和那些虚伪礼教鼓吹者们的极端厌恶和愤慨：

> 洪生资制度，被服正有常。尊卑设次序，事物齐纪纲。容饰整颜色，磬折执圭璋。堂上置玄酒，室中盛稻粱。外厉贞素淡，户内灭芬芳。放口从衷出，复说道义方。委曲周旋仪，姿态愁我肠。②

---

① 黄节：《阮步兵咏怀诗注》，中华书局，2008，第383页。
② 黄节：《阮步兵咏怀诗注》，中华书局，2008，第416页。

鲁迅曾经说过："魏晋时所谓崇奉礼教，是用以自利……于是老实人以为如此利用，亵渎了礼教，不平之极，无计可施，激而变成不谈礼教，不信礼教，甚至于反对礼教。"①言之有理。和其他名士一样，阮籍伊始是以"修齐治平"为宿志的，这从他的诗作中可以清楚地看到这一点：

> 昔年十四五，志尚好书诗。被褐怀珠玉，颜阁相与期。②
> 王业须良辅，建功侯英雄。元凯康哉美，多士颂声隆。③

可是，现实的黑暗，却使本末发生倒置，于是，不平之极，无计可施之时，这才起而反对礼教。然而，过于公开化的反抗，又极易招致杀身之祸，于是，在发出"名士少有全者"的慨叹后，旋即陷入了惶惑与恐惧中：

> 一日复一夕，一夕复一朝。颜色改平常，精神自损消。胸中怀汤火，变化故相招。万事无穷极，知谋苦不饶。但恐须臾间，魂气随风飘。终身履薄冰。谁知我心焦。④

而恐惧之余，便是极度的苦闷：

> 夜中不能寐，起坐弹鸣琴。薄帷鉴明月，清风吹我襟。孤鸿号外野，翔鸟鸣北林。徘徊将何见，忧思独伤心。⑤

---

① 鲁迅：《而已集·魏晋风度及文章与药及酒之关系》，载《鲁迅全集》第三卷，人民文学出版社，1956，第391—392页。
② 黄节：《阮步兵咏怀诗注》，中华书局，2008，第339页。
③ 黄节：《阮步兵咏怀诗注》，中华书局，2008，第379页。
④ 黄节：《阮步兵咏怀诗注》，中华书局，2008，第367页。
⑤ 黄节：《阮步兵咏怀诗注》，中华书局，2008，第313—314页。

　　显然，在阮籍看来，客观世界已失去了按真善美原则所能理解的任何内在含义和合乎规律的过程，它的存在，不过是杂乱无章的事物不合逻辑的结合而已。于是，一股超现实主义的冲动，迅速淹没了他以往所有的不满、恐惧和苦闷，从而实现了精神的腾跃和美的升华。这种腾跃和升华，主要体现在两个方面。一是进入玄冥的"无"的境界，以求在利害之上来化解利害：

　　　　炎光延万里，洪川荡湍濑。弯弓挂扶桑，长剑倚天外。泰山成砥砺，黄河为裳带。视彼庄周子，荣枯何足赖。捐身弃中野，乌鸢作患害。岂若雄杰士，功名从此大。①
　　　　竟知忧无益，岂若归太清。……②

　　二是挺身于现实的"有"中，以鱼死网破的精神去兴利除害：

　　　　壮士何慷慨，志欲吞八荒。驱车远行役，受命念自忘。良弓挟乌号，明甲有精光。临难不顾生，身死魂飞扬。岂为全躯士，效命争战场。忠为百世荣，义使令名彰。垂声谢后世，气节故有常。③

　　两种不同的表现，分别透射出了清俊美和悲壮美，体现了阮籍"义之所在"即不同流俗的崇高气节和豪迈气概。这是一种全新的精神状态，在这种状态中，升腾起空前的解放感和超越感，也形成了玄学家所特有的意境美。
　　晋末陶渊明，虽称不上是玄学理论家，但却是清雅高洁之玄风的最

---

① 黄节：《阮步兵咏怀诗注》，中华书局，2008，第372页
② 黄节：《阮步兵咏怀诗注》，中华书局，2008，第383页。
③ 黄节：《阮步兵咏怀诗注》，中华书局，2008，第373—374页。

优秀的实践者。这种实践,固有政治行为上的不与秽污合流、不为斗米折腰,但更重要的还是其诗赋方面的重大成就。他能用极简练、看来像是极平常的语言创造出极其高超的艺术境界,而这恰恰是玄风的最根本的美学特征。因此,某种意义上说,陶渊明才是魏晋以来玄风诗歌传统的真正继承者。该风格感染力之强,非但能令他在当时即已独树一帜,就是对后代的诗坛也产生了非凡的影响,以致唐代的王维、孟浩然、韦应物、柳宗元,宋代的苏轼、辛弃疾,甚至直到晚清的龚自珍都对他的为人和作品欣赏景慕并仿效不已。

陶渊明的作品,现存的有诗歌一百二十多首,散文六篇,辞赋两篇。其中成就最高的,要数他描写田园生活的诗作了,即美不能言的"田园诗"。他著名的《归园田居》组诗和《桃花源诗》(并记),通过生活形式的丰富,鲜明地体现了生活的充实与和谐,给人以端庄恬静、心旷神怡、闲逸快适的感觉。这是风景画的美,通过这一幅幅天成的画面体现了大自然的美妙和人类的幸福。这更是人类日常生活的美,这里没有畸形的、人压迫人的不合理现象,所有的,只是大地的一望无际,江河湖泊的一平如镜,林间芳草的静谧幽雅和阳光斜映下的艳丽与温存。森林、草地、田野,交融汇合,彼此勾连,更有缤纷的落英,悠悠的白云,一尘不染的村庄和纯真善良的人民……大都会和天子脚下的假恶丑在这里匿影遁形,而别来久矣的真善美却如璞玉浑金般在田园世界里完好无损,一种天人无际、友善亲和的理想境界获得了美的定型。该用怎样的语言来把握这种美呢?陶渊明在《饮酒》组诗里写过这样几句话:"采菊东篱下,悠然见南山。山气日夕佳,飞鸟相与还。此中有真意,欲辨已忘言。"

这便是所谓"得意以忘言"。它所触及的刚好是玄学家们的热门话题——"言意之辩"。历史上,荀粲认为,言语所能表达的,不过是些表面粗糙的东西,而更细微的道理和更高的境界,却是语言之力所不逮的,这就叫"言不尽意"[1]。而后来被赵王司马伦所杀的欧阳健,则特作《言

---

[1] 陈寿:《三国志》注引《魏略》,中华书局,1959,第822页。

尽意论》，来批驳荀粲等人的说法。然而，"言"能否"尽意"，属于哲学思辨问题；而"得意以忘言"，则属于艺术哲学问题，即美学问题，它的宗旨并不是描述现实和探求原理，而是人对现实的一种鉴赏和审美。在这种鉴赏和审美活动中，人的情感因素起了很大的作用，而"境界"之得，实乃情与景相与合一所致。王夫之在《薑斋诗话》中指出："情景名为二，而实不可离。神于诗者，妙合无垠。巧者则有情中景，景中情。"王国维在《人间词话》中更言："词以境界为最上，有境界则自成高格。"关于"境界"，他认为："境非独谓景物也。喜怒哀乐，亦为人心中之一境界。故能写真景物、用真感情者，谓之有境界，否则谓无境界。""情景合一""穷情写物"，正因为有情在其中连系，因此"意可至而辞不达"或"此时无声胜有声"的现象便自然屡见不奇了。钟嵘在《诗品序》中所谓"使味之者无极，闻之者动心，是诗之最也"的把握，颇得真味。在这一点上，嵇康的诗与陶诗颇为神似："目送归鸿，手挥五弦，俯仰自得，游心太玄。嘉彼钓叟，得鱼忘筌。"①嵇、陶之意又均与王弼所论相通："是故，存言者，非得象者也；存象者，非得意者也。象生于意而存象焉，则所存者乃非其象也；言生于象而存言焉，则所存者乃非其言也。然则，忘象者，乃得意者也；忘言者，乃得象者也。得意在忘象，得象在忘言。故立象以尽意，而象可忘也；重画以尽情，而画可忘也。"②而他们合在一起，又都归宗于庄子："筌者所以在鱼，得鱼而忘筌；蹄者，所以在兔，得兔而忘蹄；言者，所以在意，得意而忘言。"③冯友兰先生认为："王弼主张'得意忘言'，还是在于保存那个'无名之域'，也就是'混沌'"……陶潜所说的"这个'真意'，就是菊花、南

---

① 嵇康：《嵇康集校注》，戴明扬校注，人民文学出版社，1962，第16页。

② 王弼：《周易略例》，载《王弼集校释》，楼宇烈校释，中华书局，1980，第609页

③ 郭庆藩：《庄子集释》，载国学整理社编《诸子集成》，中华书局，2006，第407页。

山、飞鸟和他自己融为一体的那一片混沌。……但是得到这个真意以后，就要忘言，不忘言就破坏了那一片混沌。贵无论所讲的无，也有混沌这个意义"①。而令人"忘言"的"混沌"，却恰恰是难以名状的境界美。老子说过："道可道，非常道；名可名，非常名。"陶渊明诗赋能够独领风骚上千载，是否得益于对这一至高原理的超凡感悟呢？

成书于南北朝时期的文学理论巨著——《文心雕龙》，除却对魏晋玄学有持平之论外，更受到了玄学的影响。玄学家们特别重视自然，何、王如此，嵇、郭亦未尝不然。此"自然"所指，并非自然界之"自然"，而是物本然，是合乎本性、本来如此和自然而然的意思。而刘勰崇尚自然的美学原则也正是本此而来。在《原道》篇中，他把"自然之道"，作为中心命题，认为天文、地文，尤其是圣文，都是"自然之道"的外现，只有自然之道，才能纠写作中"讹滥"之偏。他甚至提出，自然美比艺术美更高、更有价值，这可以说是对美学的一个了不起的贡献。德国诗人歌德说过，一种行为之所以美，首先是因为它轻松自然，仿佛无须费力。

同时，玄学家及后世诗人"言不尽意""得意忘言"等理论，对刘勰也产生了很大影响。他说："夫形而上者谓之道，形而下者谓之器。神道难摹，精言不能追其极；形器易写，壮辞可得喻其真。"②"意翻空而易奇，言征实而难巧。"③正因为在整体思路上《文心雕龙》与玄学原理相契合，所以，刘勰对玄学家及其名士的作品均给予了非常公允的评价，尤其对阮籍和嵇康这两位竹林名士之代表人物，刘勰除了对其玄论评价甚高外，还特别从纯文学的角度给予了应有的肯定，认为："何晏之徒，率多浮浅。唯嵇志清峻，阮旨遥深，故能标焉。"④而更加难能可贵的是，他居然能够对七贤的处境、过激言论和不羁行为给予设身处地的着想和体

---

① 冯友兰：《中国哲学史新编》第四册，人民出版社，1986，第126—127页。

② 刘勰：《文心雕龙注》，范文澜注，人民文学出版社，1958年，第608页。

③ 刘勰：《文心雕龙注》，范文澜注，人民文学出版社，1958年，第494页。

④ 刘勰：《文心雕龙注》，范文澜注，人民文学出版社，1958年，第67页。

谅，并寄予深深的同情。有学者指出："他虽不是玄学一派人物，但能用哲学思辨头脑汲取玄学的滋养以提高《文心雕龙》的理论水平。""站在时代精神前沿的刘勰，受玄学影响而运用其部分理论来论文叙笔，正是时代要求的表现，也是他兼容并包思想的生动体现。"①某种意义上可以说，《文心雕龙》及其笔下的人物正因为站在了这样的高度，敞开了如此的胸怀，才能把握并提炼了那数百年历史凝结而成的独到的美，这种美，对后来的中国文化产生了巨大而深远的影响。

---

① 姜葆夫：《〈文心雕龙〉与儒学及玄学的关系》，《文史哲》1993年第4期。

第四章　"身心关系"哲学

一、"终极关怀"的至高体现

　　司马光在历数"汉唐之季"的社会实况时指出："惰者沈酗宴安，虑不及远，善恶杂糅，是非颠倒，日复一日，至于不振，汉唐之季是也。"而随之而来的五代，情况则转而为惨烈："至于五代，三纲颓绝，五常殄灭，怀玺未暖，处宫未安，朝成夕败，有如逆旅。祸乱相寻，战争不息。流血成川泽，聚骸成丘陵。生民之类，其不尽者无几矣！"[①]应该说，司马光的话并非危言耸听，即便从中国文化精神的发展轨迹上看，五代时期确实形成了一个空前的低谷。显然，在宋儒的心目中，五代时期实不啻中国历史上的又一度终极境遇。司马光是把这一境遇的原因归咎于"三纲颓绝"和"五常殄灭"的，这固然不错，但如果说孔子时代的"礼废乐坏"和魏晋时期的"名实乖离"等责难意在将人世的祸乱归因于社会伦常之堕落的理论，在当时确有振聋发聩之功效的话，那么，长期积累而成的不良社会抗体，则使偏于外在原因之寻觅、在历史上曾经发挥过良好作用的手段和方法，已不再具有往昔的功效。人们日益发现，情和欲以及经常受无

---

① 司马光：《进五规状》，载《司马温公文集》，商务印书馆，1936，第47页。

212

节度的情欲所支配的人的"邪动",乃是社会上一切良好秩序发生崩溃和变乱的更本质的原因;同时也发现,代表率真与正直、不勉而中、自然中节的人的心性,却天然地具有匡正其身、节度情欲、并驱人之善的本体意义。而且,当人们切实感受到"人心正是宇宙生命本原的最大透露"①这一真谛时,"宇宙便是吾心,吾心即是宇宙"的理论便成为中国古代"终极关怀"理论的至高表现。显然,要体此境界,有关研究和调整形式上糅为一体的人身与人心之相互关系,并使其达到最完美结合的观念与行为,便具有了至关重要的、较诸天人关系和人际关系都更为根本的意义。程朱理学和陆王心学,也正是在此意义上双双登临中国文化之精神殿堂的。

于是,孟子在宋明学界的复苏和隆盛,便不足为奇了。在朱熹集注的、后来被官方选定为标准教材的《四书》中,除《论语》不太明显外,其他三部都是大谈心性的著作。《大学》讲"正心""诚意",讲"明明德",是以"心性"为主的;《中庸》一书亦谈"心性",且被理学家作为孔门传授心法的书而表彰出来。当然,其中谈心性最多、在儒家系列中最具有鼻祖意义的,则要数《孟子》:

> 君子所性,仁义礼智根于心……②
>
> 仁义礼智,非由外铄我也,我固有之也,弗思耳矣。故曰:求则得之,舍则失之。③
>
> 恻隐之心,仁义端也;羞恶之心,义之端也;辞让之心,礼之端也;是非之心,智之端也。人之有是四端也,犹其有四

---

① 梁漱溟:《人心与人生》,学林出版社,1984,第123页。
② 焦循:《孟子正义》,载国学整理社编《诸子集成》,中华书局,2006,第534—535页。
③ 焦循:《孟子正义》,载国学整理社编《诸子集成》,中华书局,2006,第446页。

体也……①

　　仁，人心也。……学问之道无他，求其放心而已矣。②

　　尽其心者，知其性也。知其性则知天矣③。

　　究竟什么是"心"呢？孟子说"心之官则思"，这显然是从"心"所具有的生理功能上讲的。又说："仁，人心也。"这个"心"，则是就其所具有的道德意义而言的。王守仁在《传习录下》讲："心不是一块血肉。"近世梁漱溟称："心非一物也，固不可以形求。所谓人心，离开人的语嘿动静一切生活则无以见之矣。是故讲到人心必于人生求之。"④又谓："古语云：'直心是道。'求真恶伪者，即人心之直也。伪者欺伪；伪则不直，故恶之。求真，非他，只不自欺耳。求真恶伪是随着人心对外活动之同时自觉中，天然有的一种力量。"⑤

　　说人心具有一种天然的道德本性，具有天然的正直与善良，用孟子的话说，即"四端""良知"和"良能"，这倒的确有某些实例或理论为佐。看到别人家的小孩掉井，过路者的第一个本能反应是如何先救下他，显然，这是无条件的，因为过路者既不是小孩父母的好友，也没有沽名钓誉之念，他疾步前趋的全部动力，均来自"仁义礼智"这"善端"的载体——人心。这显然与荀子"人之性恶，其善者伪（人为）也"的理论相悖。按照这种理论，人类之道德，均属后天矫揉造作的产物。可这又不符合近人克鲁鲍特金体现在《互助论》中的科学结论。梁漱溟很欣赏克氏的

---

① 焦循：《孟子正义》，载国学整理社编《诸子集成》，中华书局，2006，第139页。

② 焦循：《孟子正义》，载国学整理社编《诸子集成》，中华书局，2006，第464页。

③ 焦循：《孟子正义》，载国学整理社编《诸子集成》，中华书局，2006，第517页。

④ 梁漱溟：《人心与人生》，学林出版社，1984，第2页。

⑤ 梁漱溟：《人心与人生》，学林出版社，1984，第59页。

这项成果，指出："《互助论》从虫、豸、鸟、兽以至原始人群搜集其同族类间生活上合群互助的种种事实，证明互助正是一种本能——可称社会本能——在自然选择中起着重要作用而逐渐得到发展来的。以往进化论者单讲'物竞天择'一义，失于片面，到此乃得其补充修正。此显有不同于神秘主义一流，而为可信之科学论证。在其论道德的小册中，更直言'吾人有道德感觉是一种天生的官能，一同于其嗅觉或触觉（The moral sense is a natural faculty in us, like the sense of smell or of touch.）'。此不唯于中国古时性善论者之孟子为同调，抑且其口吻亦复逼肖。"①

可如果说，在"社会本能"上人与动物有某些相似之处的话，那么，能够强烈地意识到这种本能之支配者的"心"具有全部道德属性之萌芽的，却只是露呈于人类身上的一种特有现象。人之所以自称为人也正是在意识到人兽有别后才形成的新的族属概念。可见，人心所承载和体现的道德属性，早已超越了人禽共有的"社会本能"层次。一个最明显的标志是：动物只有利害，没有是非，是百分之百的趋利避害者；而人类固有利害，但更有是非，为了道义，人宁可趋害弃利而不辞。某种意义上，这已成为较高层次的人兽判别标准。显然，从"社会本能"到"道德自觉"，对人类当中的所有人来说，都不是一蹴而就的，它需要一个漫长而艰辛的过程。孟子是主张身心一致的，尽管趋救落婴属于"社会本能"层次上的身心谐动，是"仁之端"，但这毕竟是发扬本善的第一步，顺此方向发展下去，人才能把"社会本能"发掘出来、保存下去，并最终臻于"道德自觉"。

然而，实际情况却并非完全如此。孟子发现，有相当一部分人无法控制"身"的四体之情和五官之欲。他认为，情欲所追求的满足，不过是肉体的满足，是肉体中次要器官的满足；而心所追求的，却是道德的满足，是肉体中最重要器官的满足，显然，他认为，"心"是最重要的人体器官。下面一段对话，颇能反映孟子的这种思想：

① 梁漱溟：《人心与人生》，学林出版社，1984，第77—78页。

> 公都子问曰："钧是人也，或为大人，或为小人，何也？"
>
> 孟子曰："从其大体为大人，从其小体为小人。"
>
> 曰："钧是人也，或从其大体，或从其小体，何也？"
>
> 曰："耳目之官不思，而蔽于物。物交物，则引之而已矣。心之官则思，思则得之，不思则不得也。此天之所与我者。先立乎其大者，则其小者不能夺也。此为大人而已矣。"

这里面确实存在着身与心的巨大矛盾和难以避免的冲突。正是在这种矛盾和冲突面前，很多人屈于耳目感官之欲，忘记了自己保持和发扬良知良能、并实现其道德自觉的天职，而"心"的特点恰恰是应当努力培养，即"操则存，舍则亡；出入无时，莫知其乡"，而一旦失去了这"四端"的凭依，"则其违禽兽不远矣"。是贤者与常人，甚言之，是人与兽有何差别吗？曰："非独贤者有是心也，人皆有之，贤者能勿丧耳。"又曰："虽存乎人者，岂无仁义之心哉？其所以放其良心者，亦犹斧斤之于木也，旦旦而伐之，可以为美乎？"他哀叹那些不知轻重的人："舍其路而弗由，放其心而不知求，哀哉！人有鸡犬放，则知求之；有放心而不知求！"故"学问之道无他，求其故心而已矣！"

可见，孟子是追求高层次的身心一致和灵肉谐动的，而当身心或灵肉发生冲突和矛盾时，心绝不可屈从于身，灵亦绝不得臣服于肉。相反，身或肉要绝对服从合道之"直心"才行，这甚至表现于在最大的利害——生死抉择面前其肉体生命对内在道德命令的绝对服从上：

> "生亦我所欲也，义亦我所欲也，二者不可得兼，舍生而取义者也。生亦我所欲，所欲有甚于生者，故不为苟得也；死亦我所恶，所恶有甚于死者，故患有所不避也。"①

---

① 焦循：《孟子正义》，载国学整理社编《诸子集成》，中华书局，2006，第461—462页。

孟子认为只要有心中的道义在，作为生命个体的他，就永远能做到："居天下之广居，立天下之正位，行天下之大道，得志与民由之；不得志独行其道。富贵不能淫，贫贱不能移，威武不能屈。此之谓大丈夫！"[①]

道家曾在灵与肉之间做过相当深刻的文章，黄老学亦然，如《管子》的《心术》上下、《白心》《内业》四篇，即专论心之运作之术。惜乎这一从内心深处来寻找肉体生命与真、善、美间距离的观念和行为，并没有从其发轫期的先秦时代，被当作最根本的问题而不间断地存续下来。如果说，以孟子为代表的身心关系哲学开中国儒家心性论之先河的话，那么，对孟学的继承并真正识得其本体意义的学说，却直到宋明时代才正式产生。因为风行于魏晋南北朝时期的玄学，其本体论的落脚点在真名教的社会制度和社会理想。而当盛唐气象降临中国，和平与发展时期人们对完美心灵的渴望日益迫切的时候，佛教中的佛性理论却迅速地赶来填充，于是，历史给后人形成了这样的印象，即：在世界和中国人自己所为之骄傲的盛唐时代，本该成为反映该时代社会风貌的儒家学说，却走上了一条下滑的路线，而佛教反因此而大盛[②]。儒学的缺憾也正在于此。魏晋思想家们虽然使儒家的社会理想在本体论上臻于理论高峰，但却没有且在当时的社会背景下也不可能对心性理想做出本体论上的注释。佛性论的乘虚而入，较充分地暴露了先秦以来中国思想界所存在着的严重不足，即心性之学的未见重视和心本体论研究的空前缺乏。但是，从"终极关怀"意义上讲，佛教所讲求的身心关系，除了在天人关系方面与中国传统哲学比较切近外，其于传统的人际关系哲学则更多地表现为排斥和否定。它的出现，极易把固有的人际关系搞得大乱。宋李觏在《潜书》中云："事亲以孝，

---

① 焦循：《孟子正义》，载国学整理社编《诸子集成》，中华书局，2006，第246页。

② 参见冯菊盛、草草：《佛学对儒家价值理想建构的影响》，《世界宗教研究》1993年第2期。

事君以礼，圣人以是师天下也。佛之法曰：必绝而亲，去而君，剔发而胡衣，捐生以事我，其获福不知所尽。此独何歟？受亲之体而不养于其侧，食君之田而无一拜之谒，家有叛子而族人爱之，邦有傲民而吏不肯诛，以佛之主其上也。纣为诸侯逋逃主，而诸侯伐之；佛为天子逋逃主，而天子未尝怒。哀哉！"①显然，对于容忍佛法违反人伦和有损国家法令的行为，时人是深感痛惜的。但是，李觏《富国策》中的下面一段话，却也非常令人深思。他说："所谓修心化人者，舍吾尧舜之道，将安之乎？彼修心化人而不由于礼，苟简自恣而已矣。"②它给后世透露了这样两大时代信息：一是在五代战乱后人们已充分意识到正确处理人的身心关系即"修心化人"的重要性；二是这种"修心化人"哲学却又必须与中国传统的人际关系理论相协调才行。前者是哲学的需要，而后者则是伦理的渴求。孟子曾经指出，有"不忍人之心"，斯有"不忍人之政"。正是这种把"仁心"与"仁政"有机地结合在一起的儒学传统，才真正打开了佛教心性说与中国传统人际关系间所形成的纠结，这也是宋明儒学在谈及身心关系时言必称孟子的根本原因。也正是在继承和发扬往圣之学的过程中，中国历史上才形成了真正意义上的心性哲学本体论。

朱熹说：

> 性是太极浑然之体，本不可以名字言，但其中含具万理，而纲理之大者有四，故命之曰仁、义、礼、智。孔门未尝备言，至于孟子而始备言之者，盖孔子时性善之理素明，虽不详著其条而说自具；至孟子时，异端蜂起，……而四端之说于是而立。盖四端之未发也，虽寂然不动，而其中自有条理、自有间架，不是侊侗都无一物，所以外边才感，中间便应。如赤子入井之事感，则仁之理便应，而恻隐之心于是乎形；如过庙过朝之事感，则礼

---

① 李觏：《李觏集》，王国轩点校，中华书局，2011，第227页。
② 李觏：《李觏集》，王国轩点校，中华书局，2011，第145页。

之理便应，而恭敬之心于是乎形。盖由其中间众理浑具，各各分明，故外边所遇随感而应。①

王阳明云：

> 知是心之本体，心自然会知：见父自然知孝，见兄自然知弟，见孺子入井自然知恻隐，此便是良知，不假外求。②

自唐朝的韩愈和李翱高抬孟子以来，宋明儒士亦更以发扬孟子之说为己任。"新儒家"云者，一是说宋明理学继承了旷绝已久的孟子身心关系哲学；另一重含义，则是宋儒在继承的基础上创立了真正意义上的心性之学，因为比较于孟子之学，宋明理学中的各种学派，都在细致入微地讨论心性问题，"无事袖手谈心性"的时代氛围，使"心性之学"成了理学的代名词，而其最主要的特点就是把心性本体化，并通过"工夫"③来完善"本体"，"本体与工夫"是该时期思想的主旋律④。那么，通过怎样的"工夫"才格致到了"本体"呢？在回答这一根本问题之前，对两对概念性的指代需要做必要的说明。

首先，是"心"和"性"。关于"心"，适才已做了一定的交代，但欲系统地辨识和理解"心"，则需从以下几个意义上给予把握：1. 在生理学的意义上，心指心脏。这在《孟子》《管子》《荀子》《黄帝内经》《神灭论》等书中，均有一定的说明；2. 在人的生存欲望的意义上，心指情欲。《孟子》《韩非子》《春秋繁露》等著作中，有如是解；3.

---

① 朱熹：《答陈器之》，载《朱子全书》，上海古籍出版社、安徽教育出版社，2010，第2778—2779页。

② 王守仁：《传习录》，载《王文成公全书》，中华书局，2015，第8页。

③ "工夫"与"功夫"同。

④ 参见王国轩：《本体与工夫——理学主旨新探》，《孔子研究》1992年第1期。

在伦理学意义上，心指道德意识。《孟子》《荀子》《象山先生全集》中，多言及此"心"；4. 在认识论意义上，心指"知"或称"智"。《管子》《墨子》《西铭》等书中，每有此论；5. 在本体论意义上，心指宇宙本体（或本源）。《成唯识论》《象山先生全集》《传习录》等著作中，均赋心以此终极意义。有学者指出："在中国哲学史上，所谓'心'，不完全同于西方的近代哲学。它往往是本体论、道德论和认识论的统一。"①至于"性"，《孟子》书中虽出现过37次，但除了"本性"的意义外，却难以讨论更多的内涵。尤其是对"心""性""知"之间的关系，孟老夫子则更是语焉不详。他讲："尽其心者，知其性也；知其性则知天矣。存其心，养其性，所以事天也。"②因此语有歧义，故产生了两种不同的理解。一种理解是"一体圆融"式的："尽心"即"知性"，亦即"知天"，"存心"即为"养性"，亦即为"事天"，结果是心＝性＝天；另一种理解则是"层级上升"式的："尽心"进而"知性"，"知性"进而"知天"，"存心"进而"养性"，"养性"进而"事天"，即心→性→天。有学者认为，正是对心、性、天关系理解的不同，才导致了后来陆王与程朱两大学派的分歧，即陆王的理解是"一体圆融"式的，而程朱的理解则是"层级上升"式的。有学者指出这种理解上的分迹，酝酿于孔子，形成于孟子，爆发于朱陆，消解于阳明。③这种把握，除了在程朱学派关于心、性、天的次序判断上缺乏审慎外（朱熹在《语类》卷六十中讲："人能尽其心者，只为知其性，知性却在先""人往往说先尽其心而后知性，非也……其语脉是尽其心者，知其性，心只是包含着这道理，尽知得其性之道理，便是尽其心。若只要理会尽心，不知如何地

---

① 参见葛荣晋：《重新认识"心性之学"》，《孔子研究》1993年第3期。

② 焦循：《孟子正义》，载国学整理社编《诸子集成》，中华书局，2006，第517页。

③ 赵士林：《心本体与天本体——论儒家内圣之学的基本矛盾》，《中国社会科学》1998年第6期。

尽？""尽其心者，知其性也。所以能尽其心者，由先能知其性，知性则知天矣。知性知天，则能尽其心矣"），基本上勾画出了两大学术流派的来龙去脉。而"消解于阳明"者也正是我们所欲说明的另一对概念的关系问题，即程朱理学与陆王心学的形二实一问题。

从最广泛的意义上讲，理学亦心学，心学亦理学。陆九渊说："苟此心之存，则此理自明。""先生言：万物森然于方寸之间，满心而发，充塞宇宙，无非此理。"①王阳明亦有此论："阳明倡良知之说，即心是理，即知是行，即工夫是本体，直探圣学本源。"②"圣人之学，心学也。心即理也。"③他在《传习录中》讲："若鄙人所谓致知格物者，致吾心之良知于事事物物也。吾心之良知，即所谓天理也。致吾心良知之天理于事事物物，则事事物物皆得其理矣。致吾心之良知者致知也。事事物物皆得其理者，格物也。是合心与理而为一者也。"朱熹亦主张"明理于心"："今先说一个心，便教人识得个情性底总脑，教人知得个道理存著处。"④王阳明之所以把"理学"径呼为"心学"，除了是对理学的重大发展这一意义外，说明心学本身并无与理学对立之嫌，这一点，已在心性本体论上取得了终极性认同。当代新儒家、"新心学"代表贺麟指出："讲程、朱而不能发展至陆、王，必失之支离。讲陆、王而不能回复到程、朱，必失之狂禅。""理也，气也，心也，三者不可离者也。"⑤

这样，再来看"本体与工夫"问题时，就会发现，"新儒家"所孜孜以求的"心性之学"，不过是对"终极关怀"哲学两大基础门类的提炼和升华。具体说来，即对人际关系哲学的心性本体化和对天人关系哲学的

---

① 陆九渊：《陆九渊集》，中华书局，1980，第423页。

② 黄宗羲：《明儒学案》，中华书局，2008，第12页。

③ 黄宗羲：《明儒学案》，中华书局，2008，第181页。

④ 朱熹：《朱子语类》，载《朱子全书》，上海古籍出版社、安徽教育出版社，2010，第227页。

⑤ 贺麟：《五十年来的中国哲学》，辽宁教育出版社，1989，第33页。

心性本体化。而"工夫"云者，恰到好处地体现了心性之学的内在磨砺特征。若把这种自我磨砺现象做具体化显微，便是身心之间的纠葛和统一。

"新儒家"比较重视的一个命题是"知行合一"。"行"是有感而发的行为或行动；"知"既有知觉之义，更指"本心"和"天理"。①前者体现于人者为身之属性，而后者则是人心的特征。那么，何谓"身"，又何谓"心"呢？梁漱溟先生指出："说身，指其生来的机体暨本能。""说心，指人类生命从机体本能解放而透露出来那一面，即所谓理智理性者。"②显然，"知行"或"身心"只有合一才属真关系。然若细而论之，"知行合一"或"身心合一"，实每每表现为高下有别的两种层次。一种是本能的层次，它包括生物本能和社会本能这两个不同的发展阶段。而社会本能本身，又分为两个高下不同的层次：一个是动物的社会本能；一个是人类的社会本能。如果说以互助为标志的社会本能是动物的最高级表现的话，那么，这种表现，却是人类标准的最基本要求，即动物之极只是人类之端。动物的社会本能是不稳定的，它每每要退步为生物本能。而人的社会本能应当是永恒的，它经常要转化成价值伦常。只是，在这个层次上，即身即心，即知即行，身心合一，知行一致，彼此间不分不隔，它仍然属于原始的统一。另一种则是理智的层次，它要求身或行要符合天理与人心的最高原则和终极价值——真、善、美，其最明显的初级表现是：身心有间和知行有隔。但此身或此行却能超本能、超利害，在"心"或"知"的终极原则支配下实现最高层次的"身心合一"和"知行一致"，此亦如梁漱溟先生所说："夫人类非无机体无本能也，然其机体本能曾不足以限定之矣。是知人类社会构成之所依重宁在其心也。"③显然，我们所要讨论的"身心关系"刚好属于这后一个层次。而克服这种"合一"之艰难、助人臻至心性本体高度的，便是人们对身和体现身之低

① 黄宗羲：《明儒学案》，中华书局，2008，第180—187页。
② 梁漱溟：《人心与人生》，学林出版社，1984，第3页。
③ 梁漱溟：《人心与人生》，学林出版社，1984，第3页。

级本能感觉的"心"的部分构成所下的磨砺和剔除的"工夫"了。

首先,看人际关系哲学的心性本体化过程。

仁、义、礼、智、信和温、良、恭、俭、让等,是儒家学说体系中最重要的伦理道德原则,是维系人际关系的永远有效的纽带。为了使之达到本体论的高度,"新儒家"先后从正身与正心两个方面做"工夫"。其中,正身原则的提出者是周敦颐。他从人的本心中发掘出一个"圣人之道,仁义中正而已矣"的本体原则,提醒人们,此"身"在此"心"面前要"慎动":"动而正,曰道,用而和,曰德。匪仁,匪义,匪礼,匪智,匪信,悉邪也。邪动,辱也;甚焉,害也。故君子慎动。"①"心"既含具伦常,且为"身"之圭臬,那么,纯其心就显得非常重要了:"十室之邑,人人提耳而教且不及,况天下之广,兆民之众哉?曰:纯其心而已矣。仁义礼智四者,动静、言貌、视听,无违之谓纯。"无论是"慎动"还是"纯心","身"的行动都不得违背"仁义礼智",因为这"四端"乃是"心本体"的具体体现,"身"对"四端"的服从就是对"心本体"之真、善、美的服从。

只是周敦颐的"纯心说"给人的第一个感觉就是"心本体"中尚有"不纯"的部分。如果"不纯"的部分不被自觉地认识和解决,那么,"慎动"不但成了对"身"的强制手段,而且会迅速化为无用的说教。朱熹充分地注意到了这个事关重大的身心关系问题,他经过周密细致的研究后,终于在"心"上直接找到了"身心相扰"的哲学根据,这便是他的"心、性、情、欲"层次论。

朱子认为:"性、情、心,惟孟子横渠说得好。仁是性,恻隐是情,须从心上发出来。心统性情者也。""伊川'性即理也',横渠'心统性情'二句,颠扑不破。性是未动,情是已动,心包得已动未动。盖心之未动则为性,已动则为情,所谓心统性情也。欲是情发出来底。心如水,性犹水之静,情则水之流,欲则水之波澜"。"心,主宰之谓也。""心是

---

① 周敦颐:《通书》,载《周敦颐集》,中华书局,1990,第18页。

管摄主宰者，此心之所以为大也。"①依照朱子的说法，体现着"理"的"人心"这一本体存在，实具有四个高下不同的层次，即心→性→情→欲。比较而言，前两个层次的"心"与"性"，最接近于真善美的终极原则，是道德论、本体论和认识论的统一和至高表现，自然是合乎"理"的，是理性的；而后两个层次的"情"与"欲"则是"身"的特性，是五官之欲在"心"中的反映，是人兽共通的本能的显现。"情"与"欲"，如合乎"饮食男女"之礼、"是非善恶"之规，不但可以存在，而且必须存在，因为这已成为人类自身再生产的必然要求。但是，如果像动物那样肆无忌惮，人就会呈现出身心分裂和灵魂分裂的痛苦状态，在人类社会中具有终极意义的人际关系原则便会为之大乱，人类社会也将不复存在。在朱子的这种心性理论的引导下，人们便自然会对自身存在着的人性弱点产生清醒的认识。"人心自是能静的，其与静相反者则感情冲动也。感情冲动属身之事。……冲动（impulse）无疑地是身内机械运动的发作，感情（feeling）则不尽然。一般粗重的感情（可方于朱子所谓"情"和"欲"——引者注）当然联结到冲动，同为身之事；进于高尚深微的感情，离身愈来愈远，其境界便很难说了。"②体此，人就自然懂得了"人之所以为人"，关键还在于"心统性情"和"心统情欲"的道理，于是，对朱子以反淫欲、立天理为形式的对伦理原则的本体论高扬行为，便会从心底给予自觉的肯定和支持，因为它所体现的恰恰是人的自尊和质量。朱子云："仁、义、礼、智，岂不是天理？君臣、父子、兄弟、夫妇、朋友，岂不是天理？"③"学者须是革尽人欲，复尽天理，方始是学""圣贤千言

① 朱熹：《朱子语类》，载《朱子全书》，上海古籍出版社、安徽教育出版社，2010，第233页。

② 梁漱溟：《人心与人生》，学林出版社，1984，第111页。

③ 朱熹：《晦庵先生朱文公文集》，载《朱子全书》，上海古籍出版社、安徽教育出版社，2010，第2837页。

万语，只是叫人明天理，灭人欲"①。那么，"天理"在哪儿呢？王阳明说："天理在人心。"和朱子一样，他认为"天理人欲不并立"，对于淫靡之私欲，"才有一念萌动，即与克去，斩钉截铁，不可姑容"。有人在"知行合一"命题上给他提出了一个颇难作答的诘问："如今人尽有知得父当孝、兄当弟者，却不能孝，不能弟。便是知与行分明是两件。"他的回答是："此已被私欲隔断，不是知行的本体了。"②遂提出了"致良知"的命题。

人际关系哲学之所以能够被赋予心性本体论意义，有这样几个因素不可不察：一为"天理"的作用。所谓"天理"，实为自然之理。按照儒家的理解，父子、兄弟、夫妇、朋友是一种天然的伦理关系，其中所交织的，正是人际关系的天然情感网络；二为"天良"，这或可释为先天的"良知"，这种"良知"被孟子解释为"仁义礼智"之"四端"，是人际关系的先天原则——或称"社会本能"。客观的主观化和主观的客观化，导致主客观界限的消失，在这种浑圆无对的状态中，"良知"便自然成为"天理"无疑。同时，由于对人兽之别的特殊强化，遂使人际"天理"被赋予了神圣的形上意义，于是，王阳明所谓"良知是天理之昭明灵觉处，故良知即是天理"③"天理在人心，亘古亘今，无有终始；天理即是良知"④等理论观点，便自然产生了。他的以下论断，堪谓总结，即："至善是心之本体，只是明明德到至精至一处便是。"⑤何为"至善"呢？孟曰"人性本善"。善性表现在哪里呢？曰"四端"。"四端"者何？曰"良知""良能""良心"，曰"仁义礼

① 朱熹：《朱子语类》，载《朱子全书》，上海古籍出版社、安徽教育出版社，2010，第390、367页。
② 王守仁：《传习录》，载《王文成公全书》，中华书局，2015，第4页。
③ 王守仁：《传习录》，载《王文成公全书》，中华书局，2015，第89页。
④ 王守仁：《传习录》，载《王文成公全书》，中华书局，2015，第136页。
⑤ 王守仁：《传习录》，载《王文成公全书》，中华书局，2015，第2页。

智"。由于"良知"即是"天理",于是,代表天然人际伦理的仁、义、礼、智等儒家仪范和道德,因其"亘古亘今,无有终始"的终极和永恒属性,而终于被提升到了心本体的高度。显然,这是身心关系哲学在人生之道"终极关怀"中的至高体现,也是人生的意义与价值的最大实现,而"心"之能够成为本体,实乃对"身"的动物本能及相应于心中的"情"与"欲"的克服行为的不断进行的结果,即"心统情欲"和"身从心动"后所带来的终极景观。这种景观,按照王阳明的理解,只有"尽夫天理之极,而无一毫人欲之私者得之"[①]。某种意义上,这已经成为人类自身质量和进步的根本性标志,即"必若心主乎此身,身从心而活动,乃见其为向上前进;反之,心不自主而役于此身,那便是退堕了",而人际关系的有序亲和原则,正可以在身心关系上寻得根本性答案,即:"人与人之间从乎身则彼此分隔着乃至有排他倾向,从乎心则好恶之情可以相喻相通,乃至彼此亲合无间。人们所赖以互助协作共同生活结成其若大若小之群体者不端在此心乎?"[②]说虽有偏,但却充分证明了"心"在人际关系哲学中所占有的重要位置和所发挥的重大作用。

其次,看天人关系哲学的心性本体化过程。

"天人合一",是中国古代天人关系哲学的核心命题和终极目标。如前所述,它的确立,经历了"人合于天""天合于人"和"天人相合"三个阶段,而"天人相合"阶段的"天人合一"哲学,恰好完成于宋明"新儒学"时期。

显然,"身心关系"哲学在这个阶段里发挥了根本性的作用。与人际关系哲学在心性本体化过程中充分展现"心"的无限性相呼应,天人关系哲学在实现其心性本体化路途中,则充分地扩充了此"身"的广阔性和无限性。某种意义上,这里的"身"已成为全部实存世界的同义语。

在谈到"天人相合"时,我们曾引用过以下语录:

---

① 王守仁:《传习录》,载《王文成公全书》,中华书局,2015,第2页。

② 梁漱溟:《人心与人生》,学林出版社,1984,第217、174页。

> 天地之塞吾其体，天地之帅吾其性（张载）；
>
> 仁者，以天地万物为一体，莫非己也（程颢）；
>
> 大人者，以天地万物为一体者也。大人之能以天地万物为一体也，非意之也，其心之仁本若是。明明德者，立天地万物一体之体也。亲民者，达天地万物一体之用也。（王阳明）

以往仅具四体五官的渺小之身，这时，已扩展成为天地八荒和宇宙万物的集合体。显然，人与自然之间的界限已不复存在。"莫非己也"实即等于"均非己也"。这与庄子所谓"丧我"和"无我"并无二致。然而，庄子的"游心"体验，却让我们从这个硕大无朋、莫之与京的身体上，找到了他的对立项——"心"，有趣的是，一向与"身"不善协调的"心"，在这里却并未显现出与"身"有什么不谐，相反，"心"简直就是"身"，"身"也完全等同于"心"。由于"身"在某种意义上已扩展成为宇宙之域，因此，在此境界里的身心合一，便成为"新儒学""吾心即是宇宙"这一心性本体论的最高哲学命题。

显然，此"身"乃"心"的杰作，这毋庸讳言。但有一点却必须给予说明，即这一杰作的产生并非凭空捏造，而是有着广阔无限的客观物质实存为背景、为根据的。"吾心即是宇宙"的命题最早乃由陆象山提出，但从理论渊源上寻根，这其实是本孟子的"万物皆备于我"[1]而来。象山先生云：

> 四方上下曰宇，往古来今曰宙。宇宙便是吾心，吾心即是宇宙。千万世之前，有圣人出焉，同此心同此理也。千万世之后，有圣人出焉，同此心同此理也。东南西北海有圣人出焉，同此心

---

[1] 焦循：《孟子正义》，载国学整理社编《诸子集成》，中华书局，2006，第520页。

同此理也。①

若把"宇宙便是吾心，吾心即是宇宙"按照近代西方哲学概念中的唯物与唯心理论审而视之，这一命题就成了"物质就是精神，精神就是物质"。这一在西人看来似乎不可思议的判断，在宋明"新儒家"乃至现代新儒家那里，却是一种极自然的道理。因为在他们看来，精神与物质从来就不能够相与分离的，即：离开物质的精神不成其为精神，而脱离精神的物质，也不成其为物质，它需要这样一个理论前提，即对宇宙世界和人心所具有的客观真实性的坚信不疑。

王阳明认为，至善是心之本体。然而，这一貌似抽象的心之本体，"亦未尝离却事物"②。他的"格物致知"论，似乎就更是名副其实了：

> 然欲致其良知，亦岂影响恍惚而悬空无实之谓乎？是必实有其事矣。故致知必在于格物。物者，事也，凡意之所发必有其事，意所在之事谓之物。③

其实，这是由物的内化和心的外化活动所创造出的一种圆融浑一之美，在这个一体当中，"心"包含着所有的"物"，"物"则含有"心"的全部原理，二者是不可分的。王阳明的身心理论，可谓正得其旨，即"无心则无身，无身则无心"④。由于二者的密不可分，故心有时可以代表和包含全部事物及其道理，正是在这个意义上，他提出了"心外无物""心外无理"的命题：

---

① 陆九渊：《陆九渊集》卷三十四，中华书局，1980，第273页。

② 王守仁：《传习录》，载《王文成公全书》，中华书局，2015，第2页。

③ 王守仁：《大学问》，载《王文成公全书》卷二十六，中华书局，2015，第1118页。

④ 王守仁：《传习录》，载《王文成公全书》，中华书局，2015，第113页。

　　身之主宰便是心，心之所发便是意，意之本体便是知，意之
所在便是物。如意在于事亲，即事亲便是一物；意在于事君，即
事君便是一物；意在于仁民爱物，即仁民爱物便是一物；意在于
视听言动，即视听言动便是一物。所以某说无心外之理，无心外
之物。①

　　德国哲学家康德，在批判笛卡儿二元论时，提出了名曰"现象"的理
论。他认为，"现象"是即心即物的，心给了它形式，"自在之物"给了
它质料。每一现实之物均是一种呈现，是浑一的，心和物两种因素是对它
进行思辨的考察而从中分析出的。除了这种心物合一的呈现，其他意义的
所谓"物"，是毫无意义的。受这种理论的影响，当代新儒家第一批代表
人物之一的贺麟，对王阳明的心本体思想做了一番中西合璧与古今调和。
他说："严格讲来，心与物是不可分的整体。为方便计，分开来说，则灵
明能思者为心，延扩有形者为物。据此界说，则心物永远平行而为实体之
两面：心是主宰部分，物是工具部分。心为物之体，物为心之用，心为物
的本质，物为心的表现。……故唯心论者，不能离开文化或文化科学而空
谈抽象的心。若离开文化的陶养而单讲唯心，则唯心论无内容，若离开文
化的创造、精神的生活而单讲唯心，则唯心论无内容。"②就是说，所有
的现实存在物，都是心物合一体。没有无意识作用参加的纯粹之"物"，
也没有无物做其表现的纯粹之"心"。必须合心而言实在，合理而言实
在，合意义价值而言实在。未经过意识作用陶熔的物，皆非真实之物。贺
麟自言，他的这一思想，若套用中国哲学的话，就是"心外无物"③。实
际上，这等于说，世上没有无物之心，亦没有无心之物。"心即宇宙"，

① 王守仁：《传习录》，载《王文成公全书》，中华书局，2015，第7页。

② 贺麟：《近代唯心论简释》，《哲学与哲学史论文集》，商务印书馆，1990，第
132页。

③ 参见张学智：《贺麟的"新心学"》，《中国社会科学》1992年第5期。

心外自然无物；身同此心，身外复有何心？其实，由"心外无物"岂不正可推知"物在心中"？"心本体"云者，盖非尽为诬妄。

这样看来，"天人合一"的最高体现，从本质上说，是心与宇宙的相互涵摄和冥然而合。宇宙的终极原则是不变的，但它的恒定不变却是以不断地变化为前提、为条件的，这种变化在人类社会中的最集中体现就是人对自我身心关系的不断调整。宇宙超利害的公正原则，反映在人类身上，便是"直心为道""自然为理"。这些道理，或以人际关系原则的形式来调整社会秩序（有序亲和），或以天人关系原则为形式来调整天人之际（物我和谐）。这些，都可以在身心关系上获得显示。而"心"之所以能够最终成为万物之本体，首先，是因为"心"体现了"无对"的一体状态，即"仁者与物无对"的"一体之仁"。王阳明在《大学问》中，充分地说明了一体之仁的心本体特征："大人者以天地万物为一体也。其视天下犹一家，中国犹一人焉……大人之能以天地万物为一体也，非意之也，其心之仁本若是。其与天地万物而为一也。岂惟大人，虽小人之心亦莫不然，彼顾自小之耳。是故见孺子入井，而必有怵惕恻隐之心焉，是其仁与孺子而为一体也。孺子犹同类者也。见鸟兽之哀鸣觳觫而必有不忍之心焉，是其仁与鸟兽而为一体也。鸟兽犹有知觉者也。见草木之摧折，而必有悯恤之心焉，是其仁与草木为一体也。草木犹有生意者也。见瓦石之毁坏，而必有顾惜之心焉，是其仁与瓦石而为一体也。是其一体之仁也。虽小人之心，亦必有之。"其次，全息生物科学正在日益证明着"心是宇宙生命信息的最大透露者"理论的正确性。[1]恩格斯曾以低级生物为例，讲述过这个道理："生命是蛋白体的存在方式""我们所知道的最低级生物，只不过是蛋白质的简单颗粒，可是它们已经呈现了生命的一切本质的现象"。[2]而这种心本体的终极原则在人与人、人与自然之间则显得尤其重要："人与人之间，从乎身（此'身'多指生物本能之'身'——引者

---

[1] 参见台震林主编《宇宙全息统一论与中国传统文化》，山东人民出版社，1991年。

[2] 恩格斯：《反杜林论》，吴黎平译，人民出版社，1956，第82—83页。

注）则分则隔（我进食，你不饱），从乎心则虽分而不隔。……人类生命廓然与物同体，其情无所不到。凡痛痒亲切处就是自己，何必区区数尺之躯。"且"说人心之不隔，非第指其在人与人之间也，更言其无隔于宇宙大生命""在生物界千态万变，数之不尽，而实一源所出。看上去若此一生命彼一生命者，其间可分而不可分。说宇宙大生命者，是说生命通乎宇宙而为一体也"。①其在人人，则有序亲和；其在天人，则物我合一。是以"心本体"理论实为中国古代"终极关怀"哲学的最高体现。只是，对于此"心"，是不能机械比照西方近代的唯心论之"心"的，否则将拟于不伦。

二、"内圣外王"与身心关系学

"内圣外王"，是中国古代社会的文治理想。意为：内修心性以成圣人，外施仁政以成王者。该词最早出自《庄子·天下》篇："是故内圣外王之道，阇而不明，郁而不发，天下之人各为其所欲焉以自为方。悲夫！"庄子对圣王之道"阇而不明，郁而不发"的慨叹，表明"内圣外王"之学，在当时来说，曾一度成为时代精神也无疑，尽管道家的"外王"学说与儒家并非完全一致。这点，亦可从同样带有偏颇的荀子言论中看得出来："圣也者，尽伦者也；王也者，尽制者也。两尽者，足以为天下极矣，故学者以圣王为师。"②李学勤先生1992年来东北师大讲学，他

---

① 梁漱溟：《人心与人生》，学林出版社，1984，第86—87页。
② 王先谦：《荀子集解》，载国学整理社编《诸子集成》，中华书局，2006，第271页。

认为，根据考古发掘可知，《鹖冠子》一书，其成书时间不早于赵悼襄王死后，不晚于秦始皇"焚书坑儒"，为战国时作品。这一点，的确可以从该书内容当中，得到印证。《鹖冠子·泰录》篇云："内圣者，精神之原也。"张岱年先生认为，强调"内圣外王"的《大学》，并非秦汉时著作，而是战国时作品。[①]宋儒程颢，回望先贤之道，深有体悟。尝叹："尧夫，内圣外王之学也。"[②]

然而，从古来林林总总的议论看，所谓内圣外王之学，实乃身心关系哲学的又一表现形式，它是本体论、认识论与道德观、政治学的有相结合与统一，即所谓"圣王—身心"之学。这种表现，可分为前后两大阶段，即先秦诸子时期和宋明道学时期。前者是"圣王—身心"之学的胚胎期，后者则可视为"圣王—身心"之学的成熟期。

就孔子而言，《论语》里并没有"圣王"的概念，但"圣王—身心"之学奠基于孔子，却是不容忽略的事实。孔子为鲁人，而鲁乃一向是保存礼最丰富的国家，故春秋末期，礼废乐坏现象亦显得最为严重。这就是孔子最早感受到的文化问题。孔子见世风日下，人兽趋一，忧患之余，不能不深思其故。结果他发现，礼乐所以崩坏，问题出在人自己、出在人心上，即人心的堕落和麻痹，才是人的行为与文制之间产生疏离和脱节的主要原因。怎样解决这一问题呢？孔子认为，最基本的文制本身实属于符合天理人道、具有终极意义的自然法或准自然法，故改变现状的关键并不在于修整该意义上的文制，而是要从人心上入手，促使其道德之觉醒，在"人之所以为人"的意义上培养人的自我控制力，以重建依人类特有标准而建立的客观规范与身心之间的合理关系，故而提出了"克己复礼"的名言。而"克己复礼为仁，一日克己复礼，天下归仁焉"的讲法，恰好是对他"圣王—身心"之学的浓缩和完整把握，说明该学说的归宿应该是仁爱的"心"。

① 参见张岱年：《中国哲学史史料学》，三联书店，1982，第82—83页。
② 脱脱等：《宋史》，中华书局，1977，第127页。

　　到了孟子，则偏向于"内圣"之学的发扬，即对"心性"和"良知"的强化与放大。即便谈"外王"载体——大我之"身"，也均以"仁"为最高标准，由"仁爱"而"仁政"。诸如："亦有仁义而已矣""仁者无敌"①"仁则荣"②"居仁由义，大人之事备矣"③"修其身而天下平"④，等等。而"修身"，似乎在荀子那里，具有极其重要的位置。

　　与孟子"圣王—身心"之学的专注方向不同，荀子的"修身"理论，更偏重于"外王"。如果说，孟子从孔子那里吸取的，主要是内在的"仁"的思想，那么，荀子所取，则多半为"礼"的外在仪范。孔子曾经说过："非礼勿视，非礼勿听，非礼勿言，非礼勿动。"⑤曾子亦曾将外在的道德法则视为修身的主要手段："吾日三省吾身：为人谋而不忠乎？与朋友交而不信乎？传不习乎？"⑥荀子承孔学支脉，主张"木受绳则直，金就砺则利""吾日三省乎己，则智明而行无过矣"，认为"学至乎礼而止矣"⑦。为什么同为圣王之学，却一个主张"反观自照"、一个倡导"绳木砺金"呢？这关键在于孟荀对人性有着不同的理解。与孟子的乐观主义的"性善论"相反，荀子则对人性表现出极大的悲观，所谓"性

---

① 焦循：《孟子正义》，载国学整理社编《诸子集成》，中华书局，2006，第41页。
② 焦循：《孟子正义》，载国学整理社编《诸子集成》，中华书局，2006，第131页。
③ 焦循：《孟子正义》，载国学整理社编《诸子集成》，中华书局，2006，第546页。
④ 焦循：《孟子正义》，载国学整理社编《诸子集成》，中华书局，2006，第594页。
⑤ 刘宝楠：《论语正义》，载国学整理社编《诸子集成》，中华书局，2006，第262页。
⑥ 刘宝楠：《论语正义》，载国学整理社编《诸子集成》，中华书局，2006，第5页。
⑦ 王先谦：《荀子集解》，载国学整理社编《诸子集成》，中华书局，2006，第7页。

恶论",即缘此而来。正是该理论,堵塞了其学说中想从人之初的内圣萌芽——良心推出外王政治的一切途径并排除了实现纯孟子意义上的"身从乎心"的任何可能性。他认为:"今人之性恶,必将待师法然后正,得礼义然后治。今人无师法,则偏险而不正;无礼义,则悖乱而不治。古者圣王以人之性恶,以为偏险而不正,悖乱而不治,是以为之起礼义,制法度,以矫饰人之情性而正之,以扰化人之情性而导之也,始皆出于治合于道者也。"①这也是以下带有强制性的外在之礼所由以产生的逻辑根据。它们是:"道德之礼""法律之礼"和具体的"赏罚之礼"。"道德之礼"——"礼者所以正身也;师者所以正礼也。无礼何以正身?无师吾安知礼之为是也?""师以身为正仪"②"法律之礼"——"礼者法之大分,类之纲纪也"。③"国无礼则不正。礼之所以正国也,譬之犹衡之于轻重也,犹绳墨之于曲直也,犹规矩之于方圆也,既错之而人莫之能诬也。"④"赏罚之礼"——"虽王公士大夫之子孙,不能属之礼义,则归之庶人;虽庶人之子孙,积文学,正身行,能属于礼义,则归之卿相大夫"。⑤

表面看来,孟子、荀子所追求的都是"修身",但荀子强调的是进退揖让、庆赏刑罚之外在必然,而孟子更看重的则是仁义礼智、良知良能之内在所以然。荀子是在"修貌"(礼),孟子实乃"修心"(仁)。这

---

① 王先谦:《荀子集解》,载国学整理社编《诸子集成》,中华书局,2006,第289—290页。

② 王先谦:《荀子集解》,载国学整理社编《诸子集成》,中华书局,2006,第20页。

③ 王先谦:《荀子集解》,载国学整理社编《诸子集成》,中华书局,2006,第7页。

④ 王先谦:《荀子集解》,载国学整理社编《诸子集成》,中华书局,2006,第136页。

⑤ 王先谦:《荀子集解》,载国学整理社编《诸子集成》,中华书局,2006,第94页。

本来是一个问题的两个方面，是不能分而论之的，因为二者之别，无非是道德原则的内化与外化而已。正因为其本质的相通甚至相同，所以，孟子谈"仁"的同时，从未敢忽视过"礼"；至于荀子，虽倡王霸杂用，但最终还是归志于王道的，所以，他在大谈"礼自外作"的同时，竟也不时地讲出几乎是出自孟子之口的话来。如孟子说："今也制民之产，仰不足以事父母，俯不足以畜妻子；乐岁终身苦，凶年不免于死亡。此惟救死而恐不赡，奚暇治礼义哉？"[1]这等于说，比起衣食住行来，孟子肯定礼义之治是人类社会比较高级的文化需求；荀子则云："志意修，德行厚，知虑明，是荣之由中出者也，夫是之谓义荣。"[2]"积善成德，而神明自得，圣心备焉。"[3]

上述特征，自然导致了先秦时期在"圣王—身心"学领域的一次理论综合，这集中地体现在《礼记·大学》篇里的"三纲领"和"八条目"当中。它不但是一个最具体系化的理论构架，且标出了实现这一理想的具体步骤。

"大学之道，在明明德，在亲民，在止于至善。"什么是"大学"呢？朱熹解释说："大学者，大人之学也。"就是说，君子大人之学，就是"明明德"、"亲民"和"止于至善"，是所谓"三纲领"。其具体体现，便是朱熹所命名的"八条目"了。即：格物、致知、诚意、正心、修身、齐家、治国、平天下。"八条目"之间的逻辑关系是：

> 古之欲明明德于天下者，先治其国。欲治其国者，先齐其

---

① 焦循：《孟子正义》，载国学整理社编《诸子集成》，中华书局，2006，第57页。

② 王先谦：《荀子集解》，载国学整理社编《诸子集成》，中华书局，2006，第228页。

③ 王先谦：《荀子集解》，载国学整理社编《诸子集成》，中华书局，2006，第4页。

家。欲齐其家者，先修其身。欲修其身者，先正其心。欲正其心者，先诚其意。欲诚其意者，先致其知。致知在格物。

此为逆推序列，若乃顺序，则为：

> 物格而后知至，知至而后意诚，意诚而后心正，心正而后身修，身修而后家齐，家齐而后国治，国治而后天下平。

朱熹曾将"八条目"朝"三纲领"做过归类，他说："'修身'以上，明明德之事也。'齐家'以下，新民之事也。物格知至，则知所止矣。'意诚'以下，则皆得所止之序也。"并称，"'正心'以上，皆所以修身也，'齐家'以下，则举此而错之耳。"

看得出来，"修身"已被重点地凸显出来。原因很简单，因为它是其他条目的始基和根本，即："自天子以至于庶人，壹是皆以修身为本。"那么，"修身"之本又是什么呢？曰："诚意""正心"。就是说，诚欲"修身"必先"修心"，因为"心者，身之所主也"。而所谓"外王"，正乃"修心"后之"身"及其仁政事业，故曰"'齐家'以下，则举此而错之耳"。这较为明确地昭示了儒家身心关系之真实内涵，即心主身次，主立而次不废。依"八条目"之正常顺序，似乎"治国平天下"，才是人生之最高目标和最终目的，可从更根本的意义上讲，人生的最高目标和最终目的，却只在乎"诚意正心"而已。朱熹说："诚，实也。意者，心之所发也。""意既实，则心可得而正矣。"而正直与诚实，素为人心之本然特质，本然之理与自然通，格致得万事真理，方可显衬出含具万理的"直道"载体——人心。在这里，是则是，非则非，善则善，恶则恶，真则真，伪则伪，美则美，丑则丑，无自欺，故不欺人。朱熹说："实其心之所发，欲其一于善而无自欺也。"显然，它有效地抑制了无内圣功夫的"身"天然含具的有利害而无是非的动物本能弱点，从而在大于"身"

的时空中把握了"身"，于是，"外王"之业，则外推举措而已矣。梁漱溟指出："吾人有时率从自觉直心而行，不顾利害得失者，心主宰乎身；此时虽对外却从不做计较也。此不落局限性的心，无所限隔于宇宙大生命的心，俗不有'天良'之称乎，那恰是不错的。它是宇宙大生命廓然向上奋进之一表现，我说人心是生命本原的最大透露者正谓此。"①这样，再来审视朱熹对"八条目"在"三纲领"上的对号入座，很多问题便很容易得到解决了。首先，朱熹之所以将"修身"以上，视为"明明德"之事，是因为有以下道理存在："明，明之也。明德者，人之所得乎天，而虚灵不昧，以具众理而应万事者也。但为气禀所拘，人欲所蔽，则有时而昏。然其本体之明，则有未尝息者。故学者当因其所发而遂明之，以复其初也。""初"者何？曰"善"，曰"良知"，曰"天良"，这也是朱熹所设问的另一个问题，即何以"齐家"以下，为"新民之事"。显然，这是对内圣的"修心"工夫的一种外推，即以人本初的真善美去荡涤和清理蔽于利害而蒙污的众生之心，遂使经由"内圣"工夫之"身"臻至"外王"之境界。朱熹注云："程子曰：'亲，当作新。'新者，革其旧之谓也。言既自明其明德，又当推以及人，使之亦有以去其旧染之污也。"而第三个问题，即"意诚"以下何以为"所止之序"者所道出的，实乃人类社会的终极原则——"至善"。就是说，无论是"明明德"还是"新民"，其最终目的和最高目标，却正是最初、亦最基本的"本善"原则。它是天理之最，亦是人道之极，此如朱熹所释："止者，必至于是而不迁之意。至善，则事理当然之极也，言明明德，新民，皆当止于至善之地而不迁。盖必其有以尽夫天理之极，而无一毫人欲之私也。"而去私之心，必然无对无碍，其与宇宙大生命之交融，乃是"格物致知"之真谛："物格者，物理之极处无不到也。知至者，吾心之所知无不尽也。知既尽，则意可得而实矣。意既实，则心可得而正矣。"②心正者身正，心正则内圣，身正则

---

① 梁漱溟：《人心与人生》，学林出版社，1984，第128页。

② 以上引文均见《四书集注·大学》注。

外王。"圣王—身心"关系学的终极意义，也就是在正确把握本末终始的过程中抓取并明确的。《大学》云："物有本末，事有终始。知所先后，则近道矣。"

朱熹的解释，大体不离先秦儒学的主体精神，但毋庸讳言，其中也掺进了一些后人尤其是宋儒的"圣王—身心"观内容。

宋儒在谈到这个问题时，有继承更有发展。有这样一个基本特征不可不察，即宋儒的"圣王—身心"学更侧重于本体论的探究和格致，无论是"理"还是"心"，亦无论程朱还是陆王，概莫能外。由此亦得出一个判断是非曲直的至高准则——本真一元论。

程伊川尝作《颜子所好何学论》一文，兹节录如下：

> 圣人可学而至欤？曰：然。学之道如何？曰：天地储精，得五行之秀者为人。其本也真而静，其未发也五性具焉，曰仁义礼智信。形既生矣，外物触其形而动于其中矣。其中动而七情出焉，曰喜怒哀乐爱欲恶。情既炽而益荡，其性凿矣。是故觉者约其情使合于中，正其心，养其性，故曰性其情。愚者则不知制之，纵其情而至于邪僻，梏其性而亡之，故曰情其性。凡学之道，正其心，养其性而已。中正而诚，则圣矣。君子之学，必先明诸心，知所养，然后力行以求至，所谓自明而诚也。故学必尽其心。尽其心，则知其性，知其性，反而诚之，圣人也。……不求诸己而求诸外，以博闻强记巧文丽辞为工，荣华其言，鲜有至于道者。则今之学，与颜子所好异矣。[1]

其实，程颐宏论的根本宗旨，正是如何正确处理"身心"关系，亦即"内圣"与"外王"的关系问题。具体说来，它包括以下两个方面：一是生物本能与社会本能的关系；二是以"内圣"之"心"为准则，"外王"

---

[1] 程颢、程颐：《河南程氏文集》，载《二程集》，中华书局，1981，第577—578页。

而不假外求。

首先，程颐提出了性和情两种在本质上截然不同的现象："性"是"天地储精""五行之秀"在人心中的"本真"显现，此乃"良知"，"仁义礼智信"是也。此亦"良能"，形乎身之"良知"是也；"情"乃外物作用于此身后所引出的七种生理感觉和浅层次的心理反应，"喜怒哀乐爱欲恶"是也。显然，这里的"性"即是"心"，而"情"乃多为"身"之属性。前者当是人之社会本能，而后者则属于人类的生物本能范畴。"性"是人的本质的显现，而"情"则是人兽混一的标准。那么，如何处理好这两种本能之间的关系呢？程颐提出了两个基本原则：一是"性其情"，即以"性"节"情"；二是"情其性"，即以"情"灭"性"。他认为，"愚者"对七情六欲不知节制，结果是，"纵其性而至于邪僻，梏其情而亡之"，到头来，这种人不过是有人之形而无人之性的动物而已；而"觉者"的知行准则却应该是"约其情使合于中，正其心，养其性。故曰性其情"。显然，他最终还是把"性其情"当作处理好"身心"关系即"情、性"关系的唯一正确标准。

但是，本能总是低层次的，无论是生物本能还是社会本能。只有当人们不满足于"良知""良能"之萌芽的社会本能层次而致力于对体现着真善美之最高原则和终极价值的天理、人心做格致探求并止于"至善"的时候，人类才算找到了"不勉而中""从容中道"的万物本体——本真一元的宇宙原理和这一原理的最大透露者——"心"。此心非你心，亦非我心，而是宇宙公理和万有真理。其如陆象山所云："理乃天下之公理，心乃天下之同心。"[①]可因此，能将此"心"作"外王"工夫的"身"，便早已从"情"的"裹"中蝉蜕出来，而成为"心"这一宇宙原则的载体和忠实履践者。即：所谓"外王"，非外铄我也。我自铄者也。"然后力行以求至"云者，是讲"君子之学，必先明诸心，知所养"，然后才能推公正于天下，布真诚于寰宇，而公正与真诚，"不求诸己而求诸外"，则

---

① 陆九渊：《陆九渊集》，中华书局，1980，第196页。

"鲜有至于道者"。这也是程颐"身心"关系哲学的第二重内涵。

一般认为，王阳明乃心学之集大成者。但倘把此"心"理解成西方近代哲学认识论中之"精神"，那就大错而特错了。因为在王阳明看来，"心""物"是不二的，"知""行"是合一的，这才是他"心本体"和"心一元论"的真实内涵。他认为："良知者，心之本体。""心之本体即是天理。"①那么，"良知""心""天理"等，又以什么为"体"呢？他指出："心无体，以天地万物感应之是非为体。"②就是说，此本体，是裁判万物之是非的标准，是公理。正是在这个公理面前，王阳明的"圣王"关系哲学和"身心"关系哲学，才得以在"知行合一"的旗帜下实现了和谐和统一。这也是阳明"功夫学"的两大方面——致良知之本体的"心上功夫"和体验落实良知本体的"事上功夫"之和谐和统一。他说："知行本体，即是良知良能。"③那么，这"知行"功夫最集中地体现在哪里呢？他下面一句话堪称总结，即："天下之物本无可格者其格物之功，只在身心上做。"④对这种"圣王—身心"之合一情状，郭沫若先生指出，王阳明的一生是"在理想的光中与险恶的环境搏斗着的生涯。他努力净化自己的精神，扩大自己的精神，努力征服'心中贼'，以体现天地万物一体之仁的气魄"。⑤

作为"内圣外王"原则之根本的"修身"（实乃"修心"）观念和行为，在中国历史上已凝结成一个不容小视的象征——圣人。这是融宇宙公理和人文精神于一体并从中提取出来的用以判别人之高下的道德本体原则。在克服和矫正人际关系之异化方面，圣人每每具有最高的权威，尤其对公正无私的政治伦理建设，它曾经，亦必将继续发挥重大作用。

---

① 王守仁：《传习录》，载《王文成公全书》，中华书局，2015，第33页。

② 王守仁：《传习录》，载《王文成公全书》，中华书局，2015，第134页。

③ 王守仁：《答陆原静书》，载《王文成公全书》，中华书局，2015，第85页。

④ 王守仁：《传习录》，载《王文成公全书》，中华书局，2015，第148—149页。

⑤ 郭沫若：《郭沫若全集·历史编三》，人民出版社，1984，第289页。

　　显然，圣人是以"修身"亦即"修心"为要务的，它重在人格，而人格的高下之别，则因其修养程度而定。古来的内省工夫，乃是人格修养的前提和条件。《左传》僖公十九年称："盍姑内省德乎！"《荀子·修身》谓："内省则外物轻矣。"《庄子·让王》篇亦云："内省而不穷于道。"那么，到底"省"什么，又"修"什么呢？答曰修道、省德。古语有云："直心为道。"《说文解字》"德"字段注："《洪范》三德……一曰正直。"说明道德乃是真实与正直的代名词，明此，"修身""修己"便落到了实处。《论语·宪问》称："修己以安人""修己以安百姓""修己以敬"。《左传》闵公二年谓："修己而不责人。"《孟子·尽心上》的"修身以俟之"、《中庸》的"修身以道""修身则道立""修道之谓教""修身以仁"、《孝经》中的"修身慎行"、《左传》昭公二十年的"修德而后可"、襄公九年的"修德息师而来"等，都程度不等地将此身之德——人格，看成必修而后得的品质。这品质的最基本也是最高要求，即通过内省自修，以求不愧本心。《论语·颜渊》篇云："内省不疚，夫何忧何惧？"《中庸》称："君子内省不疚。"《吕氏春秋·慎人》篇的提法类似："内省而不疚于道。"《后汉书·班超传》亦云："内省不疚，何恤人言？"内省不疚，是因为内省者德正道直，无偏无私，纵然在待人待物时不免屈身以从俗，但内心的尺度却未尝扭曲。在这一点上，儒家的"天理""直心"原则与道家是相通的。如《庄子·人间世》云："然则我内直而外曲，成而上比，内直者与天为徒。"

　　这种以正直为特征、以圣人为载体的天理人道，积累既久，终于上升为全部人事事务当中的终极标准。在这个标准面前，任何其他的价值观念和行为准则都必须接受它的裁判和检验。比起圣人标准的凝重和永恒，人事的其他原则均显得空前的易变和不稳定。于是，一种特殊的文化现象，便悄悄地降临并笼罩了中国古代的社会时空，那就是：社会政治，只有在与"圣王—身心"原则相契合那一刹那，才可以成为人心所向、众望所归的象征和标志。遗憾的是，天然契合的毕竟是刹那间事，"理想"

的特质，使更多的契合必须尽"事上功夫"方可实现。因此，当政治不甚符合上述原则时，改变现状便成了"外王"事业的基本要求。然而，当政治走向与该原则背道而驰、完全脱节的时候，政治本身便会迅速失去它曾一度驻留于人心当中的神圣性与安全感，而堕为亟待清除的社会垃圾。这表明，在中国古代，比起"外王"来，"内圣"乃是更为根本的标准和尺度。它是中国人文化理想与社会理想的摇篮和港湾，"穷则独善其身，达则兼济天下"的进退模式，评价社会政治时的"有道""无道"判词以及相应的迎拒行为，终于使"圣王—身心"这一独立的价值体系高高凌驾于异化政治之上并在人心当中牢牢地树立起来。持续了几千年的道势之争，正可以从中得到合理的解释。

依照"圣王—身心"标准，春秋战国时期堪称"天下无道"。政治的腐败和社会组织的堕落，使从前的制度和准则，渐次失去了权威意义。孔子有感于此，认为人心之堕落和道德之沦丧才是社会悲剧的根本所在，于是便开始从内心深处来寻找合理社会原则的最基本感觉。他对自己的要求是"其心不违仁"，唯此，他对于自己的弟子颜回能做到"其心三月不违仁"而感到由衷的欣慰。但孔子并不满足于真理的发现，他认为："仁者，己欲立而立人，己欲达而达人。"①于是，从三十岁以后到五十五岁，孔子想利用政府这部机器来宣传真理并躬行力践。他先后担任过鲁中都宰、司空和司寇诸职，在任期间，移风易俗，政声远播，尤其在任司寇时，"与闻国政三月，粥羊豚者弗饰贾；男女行者别于途；途不拾遗；四方之客至乎邑者不求有司，皆予之以归"②。遗憾的是，从恶如崩的政治氛围，并没有使孔子的苦谏在喜好声色犬马的鲁定公身上发挥根本效验。国家机器的不可救药，使孔子终于放弃了"贯彻"式行仁的途径，他毅然辞职，开始了周游列国、深入民间、现身说法的生涯。从儒学后来的发展

---

① 刘宝楠：《论语正义》，载国学整理社编《诸子集成》，中华书局，2006，第134页。

② 司马迁：《史记》，中华书局，1982，第1917页。

盛况看，孔子不失为一位伟大的先觉者。但先觉往往与孤独相伴，孔子游说途中的全部遭遇，堪为佐证。政治的恶劣导向，使人心空前败坏，社会秩序亦为之大乱，孔子归国后，哀公惊惶地问："何为则民服？"孔子只留给他两条最简单亦最根本的原则："举直错诸枉，则民服；举枉错诸直，则民不服。"从孔子回鲁后不再求仕的态度分析，他对现行政治已深深绝望。"仁远乎哉！我欲仁斯仁至矣"的慨叹表明，对如此明了的、人人心中皆有的正直原则的提取和发扬，本非难事，而政治腐败和人心堕落得不可收拾，则只能解释为"我不欲仁"而已。也正是在平民的位置上，他通过专心授徒和删订诗书，终于建构起了独立于一切异化现象的价值原则——仁学体系。在这个体系当中，只有具备内圣之德的君子，才是最高的人格标准；只有"导之以德，齐之以礼"，且依"道"而行的政治局面，才堪称"天下有道"。而"朝闻道，夕死可矣"和"君子谋道不谋食"等导向性舆论，就使这种卓立于世的终极公正原则获得了历史性的强化和深入。"孔子修《尚书》，而文王周公显""孔子作《春秋》，而乱臣贼子惧"等社会反应，充分展示了"内圣"标准所具有的惩恶劝善、扶正祛邪的巨大功能。它使人感到，真正的"外王"，必须"内圣"，而优入圣域者则理应"外王"。后人所以称孔子为"素王"者，盖以此。太史公对孔子的赞语形象地道出了"圣王—身心"标准的至高无上和终极永恒："《诗》有之：'高山仰止，景行行止。'虽不能至，然心向往之。余读孔氏书，想见其为人。适鲁，观仲尼庙堂车服礼器，诸生以时习礼其家，余祗迴留之不能去云。天下君主至于贤人众矣，当时则荣，没则已焉。孔子布衣，传十余世，学者宗之。自天子王侯，中国言《六艺》者折中于夫子，可谓至圣矣！"①

在这一传统的影响下，到了孟子，道、势之争似乎更趋激烈。如果说，孔子在他生活的春秋时代里还有可能利用国家机器来矫治社会疾病，那么，到了孟子生活的战国时期，这种可能性已不复存在。孟子的孤独是

---

① 司马迁：《史记》，中华书局，1982，第1947页。

空前的:"道既通,游事齐宣王,宣王不能用。适梁,梁惠王不果所言,则见以为迂远而阔于事情。"原因很简单,因为大家都在忙于能够"立竿见影"的、非常实际的事务:"当是之时,秦用商君,富国强兵;楚、魏用吴起,战胜弱敌;齐威王、宣王用孙子、田忌之徒,而诸侯东面朝齐。天下方务于合纵连横,以攻伐为贤,而孟轲乃述唐、虞、三代之德,是以所如者不合。"①正因为如此,他一改孔子在政府头面人物——"尊者"面前一再示敬的谦恭态度,也不取孔子"为尊者讳"的习惯,而是以"圣人"人格为刀剑,直戳在位者的要害。他在梁惠王的殿堂上公开展示自己的最高标准:"亦有仁义而已矣",并直截了当地品判梁惠王,说他"不仁哉";也公开否定用以进退众生的朝廷官阶的价值和作用,认为"天爵胜于人爵",提出有"天爵"者才应有"人爵",单有"人爵"而无"天爵"者、不如无爵的否定现行政治的战斗性理论,从而也公开否定了并不代表真正权威的官本位制度。这种对腐败政治的痛恨和亟欲革除弊政的炽烈情绪,曾一度演变成他对革命的欢呼和肯定:"齐宣王问曰:'汤放桀、武王伐纣,有诸?'孟子对曰:'于传有之。'曰:'臣弑其君可乎?'曰:'贼仁者谓之贼,贼义者谓之残。残贼之人,谓之一夫。闻诛一夫纣矣,未闻弑君也!'"②他回忆汤伐夏桀时的情形时讲:"《书》曰:'汤一征,自葛始。天下信之。东面而征,西夷怨;南面而征,北狄怨。'曰:'奚为后我?民望之,若大旱之望云霓也。归市者不止,耕者不变。诛其君而吊其民,若时雨降,民大悦。'"③在孟子的思想中,有着非常浓厚的主权在民意识。这几乎一直是个令人困惑的问题。其实,这种观念,恰好符合他的理论逻辑:他认为:"人皆可以为尧舜。"之所以

---

① 司马迁:《史记》,中华书局,1982,第2343页。
② 焦循:《孟子正义》,载国学整理社编《诸子集成》,中华书局,2006,第86页。
③ 焦循:《孟子正义》,载国学整理社编《诸子集成》,中华书局,2006,第90页。

如此，是因为人人均有"良知""良能"。当统治者或统治集团行圣王之道时，君心亦即民心，"君主"亦即"民主"；可在君长或统治集团已丧此天良、推行恶政的情况下，"民主"便显现出了绝对的必要性。正因为民心具有与圣王之心相等的格位，因此，当圣王政治被邪恶势力所排挤的时候，国家的大事，就应该由民主断才是。比方说，在处决一个人时，"左右皆曰可杀，勿听；诸大夫皆曰可杀，勿听；国人皆曰可杀，然后察之；见可杀焉，然后杀之。故曰国人杀之也"①。正是在这一理论指导下，他才提出了"民为贵，社稷次之，君为轻"的著名论断。孟子这种公开用"圣王"原则与时政分庭抗礼的言行，把承自孔子的道德标准推到了一个前所未有的高度。它的独立性和至高无上性，也获得了空前的凸显。《四书集注·孟子序说》云："杨氏曰：《孟子》一书，只是要正人心，教人存心养性，收其放心。至论仁义礼智，则以恻隐、羞恶、辞让、是非之心为之端。论邪说之害，则曰：'生于其心，害于其政。'论事君，则曰：'格君心之非''一正君而国定'。千变万化，只说从心上来。人能正心，则事无足为者矣。《大学》之'修身、齐家、治国、平天下'，其本只是正心、诚意而已。心得其正，然后知性之善，故孟子遇人便道'性善'。……所谓率性，循天理是也。"

荀子亦是讲究"修身"的。但由于比起"内圣"的"修心"功夫来，他更重视"外王"的"修貌"。所以虽说他也提倡"志意修、德行厚"的所谓"义荣"，但他更看重的，则是"爵列尊，贡禄厚，形势胜，上为天子诸侯，下为卿相士大夫，是荣之以外至者也"的"势荣"。于是，他的所谓圣王或曰身心合一之道，便成为他心目中君子的特有品质："义荣势荣，唯君子然后兼有之。"②显然，与孟子那种和邪恶势力、暴君恶

---

① 焦循：《孟子正义》，载国学整理社编《诸子集成》，中华书局，2006，第86页。

② 王先谦：《荀子集解》，载国学整理社编《诸子集成》，中华书局，2006，第229页。

政不共戴天的处世态度不同，荀子则对恶人恶事也做了巨大的让步和妥协，主张要与他（它）们和平共处。这具体表现为：对暴君，要"调而不流，柔而不屈，宽容而不乱，晓然以至道而无不调和也，而能化易时关内之，是事暴君之义也"①。对恶人，也要敬，目的是消灾："人不肖而不敬，则是狎虎也""敬人有道：贤者则贵而敬之，不肖者则畏而敬之；贤者则亲而敬之，不肖者则疏而敬之。其敬一也，其情二也"②。就是说，君子的处世之道应该是这样的："君子……与时屈伸，柔从若蒲苇，非慑法也；刚强猛毅，靡所不信，非骄暴也。以义应变，知当曲直故也。"③很明显，荀子所做出的这些妥协和让步，完全是世道所逼。但是，他软中有硬、柔中带刚的诸多原则，却并没有使修养甚好的荀子失去自我，他的"敬一情二"和"柔而不屈"，令人感到指导荀子言行的最根本的尺度也是内在而非外在，是"道"而不是"势"。在君与民的关系问题上，他以民为重："天之生民，非为君也；天之立君，以为民也。"④而在君与道两种标准的最后选择上，他的态度则异常明朗，即："从道不从君。"韩愈的《进学解》，在谈及荀子死因时，有下面两句话："荀卿守正，大论是宏。逃谗于楚，废死兰陵。"点明荀子的"终极关怀"在本质上，与孔孟并无二致。

这种道势之争，到了董仲舒时代亦未尝消歇，尽管汉武帝已采纳了董仲舒的建议，"罢黜百家，独尊儒术"。帝王与学者，在道、势共同的准则——"天"的下面，似乎获得了一种形式上的合一。这是董仲舒的

① 王先谦：《荀子集解》，载国学整理社编《诸子集成》，中华书局，2006，第167页。
② 王先谦：《荀子集解》，载国学整理社编《诸子集成》，中华书局，2006，第169—170页。
③ 王先谦：《荀子集解》，载国学整理社编《诸子集成》，中华书局，2006，第25—26页。
④ 王先谦：《荀子集解》，载国学整理社编《诸子集成》，中华书局，2006，第332页。

聪明。因为从历史上看，除了"天"以外，君主政治实际上是很难容忍有其他准则凌驾于王权之上的。某种意义上这也是道义与君权经常性地处于对立状态的一个重要原因。这种理想与现实的矛盾，使儒家甚为苦恼。例如孔子，一方面提倡士人应"笃信好学，守死善道"①，为了"道"的实现可以"杀身以成仁"，而且自信："天生德于予，桓魋其如予何？"②但另一方面，在权贵面前，却又"踧踖如也""鞠躬如也""屏气似不息者"。③这种道、势之间的矛盾，被董仲舒在形式上予以解决。他说："道之大原出于天，天不变，道亦不变。"④对于"天"的附会，就使"道"取得一种合法地位。同时，由于"道"随着"天"的变化而变化，"天"的内容也就直接决定了"道"的内容，因此，"屈君而伸天"，便具有了"屈君而伸道"的意味。故董仲舒说："屈君而伸天，春秋之大义也。"⑤这实际上等于说，即使君主，也要顾及天理人道，否则一样会受到惩罚。董仲舒本人是"圣王—身心"原则的理论家和实践者："凡相两国，辄事骄王，正身以率下，数上疏谏争，教令国中，所居而治。""立学校之官，州郡举茂材孝廉，皆自仲舒发之。"⑥但由于"仲舒为人廉直"，不善阿谀，故每每遭嫉，接连受贬，终以疾病为由，去位归居。

魏晋前后，众多士大夫与官府间的拒不合作，构成了道势关系的新趋势。在这两百多年的时间里，中国政治空前黑暗，是非不辨，真假莫名，人心亦遭受了空前的蹂躏和践踏。正是在这种情况下，众多有良知、有理想的

---

① 刘宝楠：《论语正义》，载国学整理社编《诸子集成》，中华书局，2006，第163页。

② 刘宝楠：《论语正义》，载国学整理社编《诸子集成》，中华书局，2006，第147页。

③ 刘宝楠：《论语正义》，载国学整理社编《诸子集成》，中华书局，2006，第201—204页。

④ 班固：《汉书》，中华书局，1962，第2518—2519页。

⑤ 苏舆：《春秋繁露义证》，中华书局，1992，第32页。

⑥ 班固：《汉书》，中华书局，1962，第2525页。

知识分子，或谈玄论道，或寄情酒醪，或晤言一室之内，或放浪形骸之外，对无道的现实进行了深刻的批判和否定。这种观念和行为远绍东汉末年的党人义举，近承去伪存真的玄学体系，使公理和正义原则经受了一场组织检验和哲学训练，气势恢宏，哀感顽艳。在这场持续良久的冲突中，那些追求真善美原则的士大夫，有的死了，有的疯了，但那身傲骨、那份胆识和那份玉碎精神，却以"党人风范"和"魏晋风度"而永远地留给了后人。它再一次证实了这套独立而公正的价值体系所蕴含的匡正时弊的巨大能量。

传统的内圣之学，发展至王阳明时代，可谓登峰造极。可是，关于他为什么这样特殊强调"心性"的作用问题，迄今不得真解。以唯物、唯心的简单二分法强行套用，终因方枘圆凿而不能令人信服；前揭所论心含物、物含心，以"心内有物"释"心外无物"者，亦只能以纯哲学的角度给予思辨的解释而已。实际上，王阳明的哲学思辨未尝与现实政治有过片刻的脱离，他的心学理论之所以能倾倒朝野，独步一时，甚者取代程朱，超越象山，其根即深植于此。

王阳明生当武宗时代，这刚好是有明一代宦官擅政的最黑暗时期。太监刘瑾，本无异能，仅凭"日进鹰犬歌舞角抵之戏、导帝微行"等手段来讨取武宗欢心，而武帝亦果然"大欢乐之，渐信用"。于是，刘瑾等"八虎"假天子之威，横行宇内，无恶不作。"当是时，瑾权擅天下，威福任情"，为了维护这种全无正性的恶政，刘瑾又公开以东西厂特务组织，防口弭谤，屡兴冤狱，弄得天下百姓人人自危、噤若寒蝉。"东厂西厂缉事人四出，道路惶惧。瑾复立内行厂，尤酷烈。中人以微法，无得全者。又悉逐京师客佣，令寡妇尽嫁，丧不葬者焚之，辇下汹汹几致乱。都给事中许天锡欲劾瑾，惧弗克，怀疏自缢。'屡起大狱，冤号遍道路。'不少正直官员如刘健、谢迁、李东阳等向皇帝痛陈利害，结果是"骤谏不听"[1]"再请，不听"[2]。王阳明便正是在这种宦官专权、朝纲

---

① 参见《明史·宦官传·刘瑾》。

② 张廷玉等：《明史》，中华书局，1974，第200页。

不振的背景下步入政坛的。他以英异俊才，得授刑部主事；复因有将兵之能，旋迁兵部主事。王阳明第一次与刘瑾交手，是在正德元年："正德元年冬，刘瑾逮南京给事中御史戴铣等二十余人。守仁抗章救，瑾怒，廷杖四十，谪贵州龙场驿丞。"①

在王阳明的学术生涯中，"龙场悟道"的故事广为人知。一般认为，这是他从客观唯心主义走向主观唯心主义的重大转变。这一过程大致从他二十一岁格竹子失败时起，到三十七岁被贬到贵州龙场突然悟道时终。主客观唯心论说，令人难以苟同；说王阳明突然悟道，是因为有十五六年的渐悟积累所致②，亦恐为臆测。但遭贬后在龙场悟道这一时空定位，却是千真万确的事实。就是说，王阳明心性论之所以会迅速产生并很快依先贤哲学获得定型，实际上乃是在道势之争中恶势占了上风后，激酿于阳明心中的公正原则对丑恶政治的一种深刻否定。深夜悟道，悟出了这样的道理："圣人之道，吾性自足，向之求理于事物者误也。"③这无异于一份否定恶政合法地位的宣言书。它给持续千百年的道势之争赋予了这样一重意义：一朝之朝政，倘是代表公理与正义的"圣王"政治，它便具有了众望所归的外在标准意义；如果不是这样，那么，具有天然之公正属性的内圣之心，才堪称是真正的权威和最高的标准。王阳明是主张"知行合一"的，但倘若"行"不能合于"知"，那么，退而"致良知""破心中贼"，便成为第一要务。他的"心即理"理论固有"心理非二"之义，但"心才是理"，方为阳明学之真音。

龙场遭贬，给王阳明留下的印象是异常深刻的。由于他触犯了刘瑾，致使父亲王华亦蒙受牵累，由礼部左侍郎被贬为"南京吏部尚书，坐事罢。旋以会典小误，降右侍郎。瑾败，乃复故，无何卒"④。因正直而折

---

① 张廷玉等：《明史》，中华书局，1974，第5160页。
② 参见方克立主编《从孔夫子到孙中山》，中国青年出版社，1984，第261页。
③ 王守仁：《年谱一》，载《王文成公全书》，中华书局，2015，第1396页。
④ 张廷玉等：《明史》，中华书局，1974，第5159页。

者，又何止王氏父子两个人！为阻止刘瑾典掌东厂、西厂，刘健、谢迁、李东阳等犯颜直谏，因不听，"刘健、李东阳、谢迁乞去，健、迁是日致仕"[①]。而这些，都为王阳明所目睹。后来，他本人在沉浮宦海中亦饱受凌辱，积愤填膺。"赞曰：王守仁始以直节著，比任疆事，提弱卒从诸书生，扫积年逋寇，平定孽藩。终明之世，文臣用兵制胜，未有如守仁者也。"可如此显赫的军功，给他带来的却每每是谗疾和贬谪，即："名示迁而阴绌之。""守仁愤甚"惹得用僚亦为之不平："夫忠如守仁，有功如守仁，一屈于江西，再屈于两广。臣恐劳臣灰心，将士解体，后此疆圉有事，准复为陛下任之？"可结果却不过是"帝报闻而已"[②]。这一系列经历和所受到的非公正待遇，不能不对他的"心性之学"产生强烈的影响。事实表明，他的"外王"理论，在早已泯灭了良知和公理的腐朽政治集团中是无法行得通的，而阳明之"良知至上论"，就是为了抗衡、制衡、贬抑最后否定邪恶的外在权威的合法性。自然的，他选中了先秦时期的孟子和直承孟学的宋儒陆九渊。《明史·王守仁传》简要记录了他"心性之学"的确立及其学术归宗经纬："谪龙场穷荒无书，日绎旧闻，忽悟格物致知，当自求诸心，不当求诸事物，喟然曰：道在是矣！遂笃信不疑。其为教，专以致良知为主。谓：宋周程二子后惟象山陆氏简易直捷，有以接孟氏之传，……世遂有阳明学云。"

　　但是，与孟子不尽相同的是，他的"良知"说，所重点讨论的，乃是孟子的"四端"之一——是非之心。它反映了明王朝极其深刻的社会矛盾和集中表现这一矛盾的道势之争。他说："良知只是个是非之心，是非只是个好恶，只好恶就尽了是非，只是非就尽了万事万变。"[③]《王文成公全书》卷七《赠郑德夫归省序》中载有这样一段对话：

---

① 张廷玉等：《明史》，中华书局，1974，第200页。
② 张廷玉等：《明史》，中华书局，1974，第5168页。
③ 王守仁：《传习录》，载《王文成公全书》，中华书局，2015，第137页。

　　　　西安郑德夫问于阳明子曰：……是非孰辨乎？曰：子无求其
　　　是非于讲说，求诸心而安焉者是矣。曰：心又何以能定是非乎？
　　　曰：无是非之心非人也。口之于甘苦也，与易牙同；目之于妍媸
　　　也，与离娄同；心之于是非也，与圣人同。其有昧焉者，其心之
　　　于道不能如口之于味目之于色之诚切也，然后私得而蔽之。子务
　　　立其诚而已。

　　王阳明是以良知为内在准则的，但有一点必须给予充分的认识，即
"良知"绝非一己之"私心"，它是"天理"的内化，故一开始便具有普
遍性的品格。正是后者，决定了它只能是公是公非的标准："是非之心，
不虑而知，不学而能，良知之在人心，无间于圣愚，天下古今之所用也。
世之君子惟务致其良知，则自能公是非，同好恶。"[1]"天下古今之所
用"，点明了"天理""良知"的公正性所具有的超时空永恒特征："天
理在人心，亘古亘今，无有终始；天理即是良知，千思万虑，只是要致良
知。"[2]因为"是非邪正，良知无有不自知者"[3]。有学者指出，王阳明
"良知的评判，最终仍回归于横亘于天下古今的至上准则，主体的意见则
相应地统一于权威化的道"[4]。

　　然而，开创"道""势"之争最初局面的孔子及其某些主张，已经
被统治集团利用成为维护一姓之尊、化天下为私产的理论工具和象征。于
是，往曲阜亲祭孔子，便几乎成为历代帝王的法定程序。最早是汉高祖刘
邦。《史记·孔子世家》载："高皇帝过鲁，以太宰祠焉。"后有人对此
大肆宣扬，认为"汉家四百年命脉全在此"。其后，像北魏孝文帝、唐高

---

① 　王守仁：《传习录》，载《王文成公全书》，中华书局，2015，第98页。

② 　王守仁：《传习录》，载《王文成公全书》，中华书局，2015，第136页。

③ 　王守仁：《传习录》，载《王文成公全书》，中华书局，2015，第89—90页。

④ 　杨国荣：《从经学独断论到良知准则论——理学的权威主义原则及其内化》，
　　《齐鲁学刊》1993年第4期。

宗、玄宗、北周太祖郭威、宋真宗等，都亲往祭拜。据《明史·武宗纪》载，明武宗亦曾于"正德元年……三月甲申释奠于先师孔子"。他们的目的在祭文中竟然全无遮掩，如几为套语的"尚盗神化，祚我皇元""阐我皇风，四海永清"云云，至于对孔子的封号，就更是不胜枚举：汉平帝——褒成宣尼公；北魏孝文帝——文圣尼父；隋文帝——先师尼父；唐太宗——先圣、宣父；唐高宗——太师；武则天——隆道公；唐玄宗——文宣王；宋真宗——至圣文宣王；元武帝——大成至圣文宣王……。然而，为了维护"道"的至尊地位，为了揭去披在恶政者身上的伪善的外衣，王阳明勇取地用良知之是非来检验评判甚至否定统治集团用以粉饰恶政的假孔子，也否定了被他们所利用的朱熹的某些异化理论："夫学贵得之心。求之于心而非也，虽其言之出于孔子，不敢以为是也，而况其未及孔子者乎！求之于心而是也，虽其言之出于庸常，不敢以为非也，而况其出于孔子者乎！""夫道，天下之公道也；学，天下之公学也，非朱子可得而私也，非孔子可得而私也。天下之公道也，公言之而已。"[1]王阳明正是在弱化已经变了味道的圣人之权威的过程中，维护了以公道形式出现的真正而永恒的权威，后世之不以孔子是非为是非的李贽"童心说"，便是上述理论的一种极端发展。[2]

但是，回顾以往，人们都普遍注意到这样一种现象和一个事实，即：在"内圣外王"理想中，"内圣"多闻，而"外王"罕见；在"身心"关系中，身从心动者固有，但心为身役者亦实多；而在"道""势"相争时，"道"常在"心"中至高无上，而"势"却每每在事功上得胜抢先。"有道之世"的罕见和"无道政治"的多有，曾经困扰过几千年上百代有良知的人。这是不是说"内圣外王"的"身心"关系哲学毫无实用价值和客观意义呢？

以儒家为主的中国"心性之学"，从孔孟奠基始，经汉儒宋儒及至

---

[1] 王守仁：《传习录》，载《王文成公全书》，中华书局，2015，第93、94、97页。

[2] 参见韩东育：《关于阳明子"龙场悟道"的非学术寓义》，《史学集刊》1994年第3期。

当代新儒家等各个阶段两千多年的发展，似乎并没有在地位上发生过真正的动摇。因为人类社会的发展，证明它是人生的真理，是具有永恒的超时空意义的"终极关怀"。但是，"外王"或此"身"的修、齐、治、平，究竟在怎样的条件下，通过何种途径才能得到真正的或最为广泛的实现，却是一个人们关注两千多年的大问题。"圣、王""身、心""道、势"之间的关系特征和最终结果，是任何人都无法回避的真实。显然，简单地否定或毁灭有违"内圣"原则的客观现实，除了具有强化真理、捍卫真理的意义外，却也使千百年来的文治理想永远停留在了理想的水平上。在中国古代，一些笃信"内圣外王"之道的有识之士，曾不遗余力地提倡并躬亲实践着贤人政治理论。为此，他们也采取了一系列曾一度行之有效的措施。《周礼·地官》中有这样的记载："三年则大比，考其德行道艺，而兴贤者能者。"这种选贤任能制度，既是一种现实举措，也是上古大同理想的基本特征。由此，后世的中国，又相继出现了察举征辟制、选举制和科举制等选拔能够实现"圣王"理想的人才的制度，这的确可以使中国古代政坛经常出现人才济济的盛况，令人欣慰。但是，这些被征用的人才，到头来却不过是为一家一姓服务的仆人而已，他们的一切是掌握在封建帝王的手里的。汉武帝《求茂才异等诏》中早已直言不讳："夫泛驾之马，跞弛之士，亦在御之而已。"唐太宗见科举法帮助他笼络了那么多人才，也不自觉地吐出了心声："天下英雄尽入我彀中矣！"就是说，他的势力所及，是任何人也休想逃脱的。于是中国古代政坛也就经常出现这样一种局面，即：在最关键的问题上，政治的走向是要仰赖"圣裁"的。这时的"外王"，在政治上的唯一真实的体现，就是"帝王"。而"外王"事业的成败和优劣，便全仗帝王本人的素质和"内圣"程度的高低了。于是圣君贤相的出现，便每每成为人们寄予政治集团的最高期望，唐太宗和魏征的事迹之所以能"惹得后人说到今"，包拯和海瑞又之所以那样深入人心，原因均在于此。可是，反向的思考亦同步成立，即：百姓之所以为他们如此动容，却实在是因为这样的人太少了！唯其如此，在政治黑暗时代，士人便面临着两种选择：一种是与世浮沉甚至同流合污；另一种则是去官归里，独善其身。古诗中"在山泉水清，出山泉水浊""流出西湖载歌舞，回首不似在山时"云者，说的是做前一种选择的人；而频发"既自以心为形役，奚惆怅而独悲？悟已往之不谏，知来者之可追。实迷途其未远，觉今是而昨非"和"三绝诗书画，一官归去来"之感慨者，便自属后一种人了。结果，真正有志于"内圣外王"事业的士大夫们，多半被排挤于权力圈之外，故其道不得通；而与恶政同流合污者，则总是为虎作伥，助纣为虐，全失当年良知尚存时的本色。纵有一两个有识之士欲于恶浊中改革政治，振衰起弊，亦多半夭折，而很少有好结局者。"道""势"相争的结果，使"道"不得不经常性地游离于政治之外，而与下层平民发生广泛而深刻的联系和接触。事实是，"道"所体现的公正和公理，与平民所追求的均平、公道原则是两相契合的。民众所呼唤的是"等贵贱，均贫富"和"杀尽不平方太平"，而孔子的心声则是："有国有家者，不患寡而患不均，不患贫而患不安""财聚则民散，财散则民聚"，其间差别，无非粗精而已。但这种以同官方的分离为前提的士民亲和，却使"道"的走向从转轨伊始，即埋下了可以预料的伏危，这已从平民的口号中透露出了一丝恐怖。一个中国史上难以摆脱的"怪圈"便由是而形成了，即：上虽乱，而无人匡正；下虽愤，而无人顾及。上下不通，隔阂益深，每个王朝季世都必然爆发的民变，均无可奈何地被视为当然。这能否是"圣王"理想永远原地踏步的稍深一层的原因呢？因为事实告诉后人，"内圣"与"外王"之间是不可以直接过渡的。如果真的想实现千年梦想，似乎应该有某种崭新的制度做保障，而这一点是古人做梦也不敢想的。因为连最强调在法律面前人人平等的法家，也从来不曾怀疑过君主政治的至高无上和九五至尊。这也是部分政府官员及某些"开明人士"为了实现和维护贤人政治而满足于禅让、兵谏、清君侧等行为并咒骂农民起义为贼盗蜂起的主要原因。因此，如果说，"内圣"之道具有永恒意义的话，那么，这种意义的显现，在相当程度上，似应仰赖于制度的相应改变和进步。这一点，现代新儒家的格致探求，给人们提供了一定的借鉴。

现代新儒家，是远绍先秦儒学，近承宋明理学，在近现代西方文化冲击下而形成的新的儒家学派。该学派（主要指第二、第三代人）以中西合璧为旨归，提出了名为"内圣开出新外王"的口号。它的另一表达形式为"返本开新"。目的是"本中国内圣之学解决外王问题"。就是说要恢复儒家道统，在儒家"内圣成德之教"的道德价值精神的统摄下，将道统落实到"学统"和"政统"的外王事业之上，以实现传统儒家伦理向科学发展和民主建国的现代转化。牟宗三的《历史哲学》《政道与治道》和《道德的理想主义》等著作，较集中地阐述了这种观点。

以往对"内圣外王"的解释，均认为从"内圣"之体、之本、之始，可以直接推出引发"外王"之用、之术、之终，中间没有条件，也看不出有什么转折和曲成的过程。这被现代新儒家总结为"直通模式"。同为现代新儒家，老一辈的如熊十力、梁漱溟等人，虽已渐萌科学民主意识，但终未走出宋明新儒家的这种直通模式，这在熊先生的《原儒》和梁先生的《人心与人生》等著作中有比较明显的反映。它提供了这样的借鉴，即理论上的真实并不能取代实践上的真实。在先生们困惑的地方，牟宗三提出一个名为"曲通"的间接形态。他认为，要想充分而客观地实现"外王"，必须经过一个曲折，即"转一个弯，而建立一个政道，一个制度，而为间接地实现：此为外王之间接形态"。那么，怎么转弯，又如何曲折呢？他认为，中国文化与西方文化"分解的尽理之精神"有别，而表现为"综合的尽理精神"。"尽理"是指孟、荀的尽心、尽性、尽伦、尽制，即道德的、政治的和实践的。正是这种顺应"综合的尽理精神"的进化，才造成了以圣贤人格为终极目的，以圣君贤相为完美政治的"圣王"模式。在这里，人民仅是伦常上"道德的存在"，而非有政治自觉的"政治的存在"，尽管它能够对君主政治制度做出政治法律形态上的回应和制衡，但却不能走上民主之路。但如果经过"曲通"一途，即：使中国文化在"本原形态"上的"仁且智的精神实体"客观化、绝对化其自己，再披露

255

于国家政治和法律并成为国家政治、法律制度所赖以建立的蓝本，那么，中国的"圣王"之道就能够获得最大限度地实现。而在实现这个伟大理想的过程中，对具体内容的科学和民主在中国内圣心性之学中的对应位置问题，就不得不进行重新思索。为此，牟宗三又提出了"道德良知自我坎陷"说。

所谓"道德良知自我坎陷"，是指"道德良知"（理性）经自我限制或自我否定，"从动态转为静态，从无对转为有对，从践履上的直贯转为理解上的横列"。即由动态的成德的道德理性转为静态的成知识的理解理性，由无对的无执转而为有对的有执，由道德践履的直觉状态转为理解上的知性状态。这"有对"和"横列"，既能解决中国科技落后的问题，也具有政治权力上的制衡意义。因此他说，科学和近代化的国家、政治、法律"俱在此一曲折层上安立"。①刘述先认为："认识心的坎陷""是当代新儒家共同认识的。这个'致曲'的过程，也适用于政治的范围。譬如说君主、'圣王'是直的，为什么还要民主，就是因为实际上圣王太少，所以必须有所制衡，这就是曲折的过程，要用曲的架构去吸收进来。这样我们可以了解到，传统何以成为那个样子，就是因为思想上面有一种选择与评价，影响到它的实际。如果他不喜欢，他可以不去做，不去做也就很难有成就。可是，现在我们认为这个曲折，不只可欲，而且可能要彻底扭过来；但是现实上是不是扭得过来呢？那就要依靠好多不同的因素"②。而牟宗三、徐复观、张君劢、唐君毅联名发表的著名的《为中国文化敬告世界人士宣言》，则进一步通过对中国文化的回顾与前瞻，为"内圣外王"的实现提供了"操作性"借鉴。他们认为："以儒家之肯定天下非一人之天下，并一贯相信在道德上，人皆可以为尧舜，为贤圣，及民之所好好之，民之所恶恶之等来看，此中之天下为公，人格平等之思想，即为民

---

① 参见张立文：《内圣心性之学与科学民主新外王所面临的困境》，《孔子研究》，1993年第3期。

② 刘志琴编《文化危机与展望：台湾学者论中国文化》（下），中国青年出版社，1989，第537—538页。

主政治思想根源之所在，至少亦为民主政治思想之种子所在。"落实到政治组织，则要求"必将其所居之政治上之位，先公诸天下，为人人所可居之公位。然而肯定政治上之位，皆为人人所可居之公位，同时即肯定人人平等之政治权利，肯定人人皆平等的为一政治的主体，则依人人之公意而制定宪法，以作为共同行使政治权利之运行轨迹，即使政治成为民主宪政之政治，乃自然之事"①。

应该肯定，当代新儒家所做的理论构思和实践设计，具有相当的时代意义，它反映了我们民族欲独立于世界民族之林就必须在事功与体制上赶上西方的强烈愿望。然而，具有时代意义的知行模式却未必都具有终极意义。牟宗三把儒家的内圣之心分为两半：一半给了科学，另一半则给了民主。就是说，他一方面把"良知"转变为知识，另一方面则把"良知"的"一体"原则转变成"有对"模式。由有对而制衡，这确实可以导致民主制度的确立。但这种建立于"有对"模式上的民主制度，却从它控制政治局面的那一瞬间起，即已尽失了最理想的社会制度所应引为原则的良知心性基础，弄不好则颇有将起自笛卡儿的、以两元分立为原则的近代西方哲学机械东运之嫌。因为我们看到了与中国古代偏重"内圣"、难行"外王"的情形完全相反的另一个极端，即当代新儒家在设计"新外王"的同时，几乎丧失了他们亦十分肯定的具有终极和永恒意义的"内圣"本义。这样，有两个不可避免的新问题就要跳出来重新困扰人类：一是怎样才能保证人之所以为人之本质特征的社会性永远有效地克服人兽同一的生物性？二是怎样才能使政治手段抑奸邪于未萌？显然，单凭西方的"外王"政治制度，是无法解决这两大困惑的，其逻辑根据是："有对"原则作用于自然界，固可带来以"分析"为特征的科学的发达，但当它被置于人际关系时，就会使人与人、群与群之间产生矛盾和对立。人的天然欲望围绕可欲之物已本具争斗之势，倘复以"物竞天择"为政治理论导而诱之，则势必由"争而乱"，由"乱而穷""人之所以异于禽兽者几希"之慨叹，势必频频掀起。于

———————
① 封祖盛编《当代新儒家》，三联书店，1989，第32—33页。

是，法律便开始履行它的神圣职责。法律所固有的强制特征，具有极强的震慑功能，但遗憾的是，它能够把杀人犯绳之以法，却不允许把杀人妄想者投入大监。它的作用可发挥于已然，却难达于未萌。文化是个整体，拿来这个不要那个，不但肢解了别人，也同时肢解了自己。因为在那样一种哲学基础上建立起来的国家之所以能够相对安定和发展，不仅仅是哲学精神的自然凝结——民主制度在发挥作用，更有一个能够给人以形而上强化的，被蒂利希等神学哲学家称为"心灵之渴求"的宗教及其相应的道德伦理在有效地调整着人们的身心关系。它是全人类共同的需求，因为它既能够强化人性，又能够抑邪恶于未萌，"西方科技那么发达，可人却那么迷信"——这一困扰了很多中国当代唯物论者的"天问"，不知是否能从中得到解答。

然而，这类发问所透露出来的浅薄与无知，不仅极大地妨碍了中国向西方寻求真理的力度和深度，同时也导致了对自身优秀文化的漠视甚至遗忘。中国文化在当今世界舞台上所出现的"围城"现象，使我们不得不以极其审慎的态度来重新认识民族文化的根本意义和终极价值，也应该认真思考异域文化间相互交流过程中的利弊得失和是非长短。刘禹锡有一段话似最得要领：

> 天生人而不能使情欲有节，君牧人而不能去威势以理至有。乘天工之隙以补其化，释王者之位以迁其人，则素王立中枢之数，懋建大中；慈氏起西方之教，习登正觉。至哉！乾坤定位，而圣人之道参行乎其中，亦犹水火异气，成味也同德。轮辕异象，致远也同功。然则儒以中道御群生，罕言性命，故世衰而寝息；佛而大悲救诸苦，广启因业，故劫浊而益尊。……革盗心于冥昧之间，泯爱缘于死生之际，阴助教化，总持人天。所谓生成之外，别有陶冶，刑政不及，曲为调揉，其方可言，其旨不可得而言也。[①]

[①] 刘禹锡：《刘梦得文集》（六），载张元济主编《四部丛刊》初编，商务印书馆，1922，第76—77页。

　　刘禹锡所谈的，既是身心关系，也是圣王关系。但他的理论，却并没有把目光集中在某一固定的外在形式（硬件）上，而是投放在了能够使外在形式万变不离其宗的最根本的内在属性，即人类生命的意义和价值以及实践这一意义和价值的人群（软件）身上。他的道理是：天能生人，但天却不能够控制人的情欲。君能治人，可是却不能不利用威势来办事。天和君的作用，各有优长，但也各有缺陷。这就需要有一部分人出来，他们虽然也是人，但是，他们却能够弥补天的不及。他们虽无君位，但却能以一种教化改变人的心性，中国的孔子和西方的释迦牟尼，即此类人（素王）。孔子之教的要点是"大中"，佛教的要点是"正觉"。自从有了天地，这两种圣人之道就存于其间。它们的不同，如水、火有异，如轮、辕有别，但做饭肴时需水亦需火，车马行时需轮亦需辕。只是儒教用"中道"教人，不多讲性命，故世衰之际，儒亦渐衰；佛教以慈悲救人，脱离苦海，宣传因果报应，所以世道越衰它便越为人所信仰。它可以在人没有生的时候，就把他的贪爱之心消灭，也能在无形当中助政为教。其教化不单对人，亦普及于天。说明天地生成之外，另有一种造化；人群政治之外，还有一种教化。其具体表现可言，其根本精神，却是微妙不可言传的。而越是微妙不可言传者，就越是民族文化的真精髓，也越是该文化中所无法抛却的瑰宝。形式上的体制更迭并非难事，但欲求更根本意义上的"圣王—身心"理想在未来之中国社会获得实现，还需要人们付出艰辛的努力和相应的代价。

三、"终极文化"的交互认同

佛教，是前六世纪产生于印度的一门宗教。在一世纪左右传来中国。[①]汉明帝梦境中那金色的光环，从一开始就使佛教周身布满了神秘的氤氲。然而，当人们拨开这层带有宗教氛围的薄雾时，哲学的平实就使佛教在中国文化中迅速找到了它应有的位置，并终于成为中国古典哲学不可或缺的重要组成部分。

佛教的佛，又称佛陀，是觉悟者的意思。最早的佛陀即佛教的创始人乔达摩·悉达多（后人尊称为释迦牟尼），是北天竺迦毗罗卫国净饭王的儿子。据说，他身为太子时，曾一日之内在王城四门见到过生、老、病、死这四种不堪忍受的肉体痛苦和折磨，始知人生在世，不管门第如何显赫，地位又如何高贵，其实是谁也逃不出这无尽的痛苦的。于是，他放弃了继承王位的权利，二十九岁时跑进深山老林，苦修了六年，最后在一棵菩提树下，默坐沉思，终于悟出了"正果"——真理：人世间一切皆苦，苦海无边。人们要脱离苦海，就必须出世，必须摆脱肉体的束缚，来求得精神上的超脱，进入极乐净土。著名的"四谛"说，即本此而来。"谛"被认为是真理的意思，是神圣的真理，故又称"四圣谛"，具体表现为苦、集、灭、道这四个方面。苦谛，是佛对社会人生及自然环境所做的价值判断，认为人生一切皆苦；集谛，指造成人世痛苦的原因；灭谛，指断灭世俗诸苦得以产生的一切缘由；道谛，指超脱"苦""集"的世间因果关系而达到出世间的"涅槃"寂静的一切理论说教和修习方法。作为上述人类择向的前提和条件的"苦"，是佛教的较根本的概念，佛教也确实给它以更多的强调和渲染。所谓"八苦"说，就是最明显的表现。它认为，人生在世除了生、老、病、死这四种最基本的"苦"以外，还有"怨憎会苦"（指众生不由自主，不得不与不喜欢的人或事聚集在一起的痛苦）、

---

① 最近有一新说，认为佛教早在战国、秦时即已传入中土。参见唐玉田：《佛学初传与中国佛教的建立》，《史学集刊》1994年第1期。

"爱别离苦"（指众生不由自主与相爱的人或事离别的痛苦）、"求不得苦"（有所欲求而得不到满足的痛苦）和"五盛阴苦"（是由色、受、想、行、识五种因素构成，生灭变化无常，盛满各种身心痛苦）。显然，人自身以及受肉身感官所左右的人心的情、欲部分，在佛教那里已成为诸苦的集合体。那么，该怎样摆脱这八苦呢？佛陀认为，不能靠神、靠祭祀来解脱，人只有靠自己的觉醒才能救助自己，即自我的内在觉醒——自觉，才是达到以上目的的最根本途径和最主要方法，它既有工具性，更有目的性，是手段与目的的统一。可见，佛教理论中的关键性问题，是身心关系问题。其中，代表本能原欲的"身"，只能给人带来痛苦，而超本能、去原欲的"心"（主要指理性）的觉醒，不但能使个人澄明（自觉），而且也能让别人得到解脱（觉他）。在形式上，佛教不愧为人类精神彻底觉醒的标志，但这种觉醒却是以参透自身、看破万物为条件或代价的觉醒。显然，它也是主张"身从乎心"的，但这颗"心"却把身否定以后携入山林，成了陆沉和隐遁的理论根据和行为标准了，虽说这有些过分，但"心"的觉醒，毕竟是人类精神文明的伟大杰作，它是人从最根本的意义上认识自身价值的最关键步骤，日趋热门的心理学和超心理学的心灵学的研究，证明了这一点。梁漱溟先生本着心理学的意义，给了古代两大"先觉"者以身心关系之定位："最微妙复杂难知的莫过于人的心理，没有彻见人性的学问不能措置到好处。……世界上只有两个先觉：佛是走逆着去解脱本能路的先觉，孔是走顺着来调理本能路的先觉。"[1]

那么，印度为什么会产生佛教？其基本教义的最原初特征是什么？这里似乎有必要做一简单的回顾和考察。

在佛教产生之前的印度，曾有一个和中国春秋战国时代相类似的生产力大发展时期。铁工具的广泛使用，使农业进步，人口增多，手工业和商业也相应地有了长足发展，因为一个醒目的现象是，早已消失于印度河流域的城市，此时则再度崛起。在《佛本生经》里，即有大量的关于手工业

---

[1] 梁漱溟：《东西文化及其哲学》，商务印书馆，1923，第196页。

者、往来于各地之间的商队和城市的记载。大约在前八世纪以后的几个世纪里，和中国一样，以往天然的贵与贱的人际对立关系开始向重组的富与贫的人际关系方向转移。而这一点除了经济原因外，与血缘关系的空前松动和解体，是密不可分的。它所引发的人们要依经济政治实力来重新分配利益的观念和行为，又自然导致了印度内部小邦林立、相与攻侵的局面。种种尖锐复杂的矛盾，使摩揭陀、乔萨罗等邦间展开了长期争夺霸权的斗争，这些，均可从佛经故事中找到深刻的痕迹。从一个角度看，历史是在前进；但从另一个角度着眼，历史似乎也在倒退。因为尖锐复杂的斗争所引起的社会震荡，使曾经为人们所长期信守的、纯朴可爱的传统似乎变得不再有价值，而从传统中破土而出的新事物又往往显得贪婪、卑鄙和无情。几乎和孔子、孟子一样的现象是，在佛经中，人们可以看到佛陀曾率其弟子多次游行传道于各邦之间，其救世之殷诚，竟然受到了摩揭陀、乔萨罗等邦的多少已有暴君气息的国王的礼敬。[①]显然，社会变动中所产生的巨大而深刻的矛盾已渗入人的心中，变成了人们不得不认真加以对待和思考的大问题。

中国佛学的根本问题是"佛性"问题。那么，佛性一词，在印度佛学中的本初意义是什么呢？一般解释，佛性，指的是佛陀状态或质素。因此，前人推测其梵文原语可能是"buddhatā"或"buddhatva"，意即"佛陀性"或"觉性"。根据中国台湾学者霍韬晦先生的考察结果，证明以往认识并不准确。他参照日本高崎直道所著《如来思想的形成》一书指出，据现存有梵本对照的《究竟一乘宝性论》考察，"佛性"原语主要为下列三个：1. "buddha—dhātu"（直译是佛界）；2. "buddha—gotra"（佛种姓），3. "buddha—garbha"（佛藏，即如来藏）。而用得最广泛的是"buddha—dhātu"，著名的《大般涅槃经》中所说的"一切众生悉有佛性"的佛性原语，可能就是它。"dhātu"（界）的原意，有两解：一是领域义；二是本元义。由第一义，"buddha—dhātu"的意思便是指佛的

---

① 参见刘家和：《论古代的人类精神觉醒》，《北京师范大学学报》1989年第5期。

全幅领域，众生修行至此，佛境界已成，于中统摄无限之德，皆依佛的智慧心灵而起，而遍一切法。客观上说，这也就是"法性"，即存在的本尔状态（真如），为佛智慧所如实观照的对象。一切经验界的概念如生灭、因果、来去等，至此均用不上。但是，这样的一个佛境界，在现实之上而不是现成，它虽然真实，却尚非众生可一时体得者，而只能是实践后的果地。从众生而言，"buddha—dhātu"，不是领域，而是本元。从本体的观点看，一切法的存在都是法性，众生亦以法性为依。虽然在现实上众生不是佛，但其存在本质推原到最后还是与佛不二。由此，"buddha—dhātu"遂从领域义转出了第二义——本元义，即"buddha—dhātu"乃众生的存在依据，众生通过修行实践的活动就会把它呈现出来。由隐而显，这样就有了因果意味：隐是因位，显是果位；隐是众生，显为佛陀。而所谓成佛，其实即是"buddha—dhātu"的呈现，"buddha—dhātu"乃为众生生命中所自有的东西。

由于"buddha—dhātu"具有这两方面的内容，所以以此为根据的汉译"佛性"概念亦有了复杂的含义。《大般涅槃经》说佛性有因、有因因、有果、有果果，但跟着又说非因非果名为佛性，佛性是空、是中道、是如来等。学案虽铺排甚多，但实质上却不外由"buddha—dhātu"的两义开出。若从因果观点看，此两义中之领域义为非因果性，但本元义则尚在因果范围中，需通过因地的活动来显发它。在印度，沿着"佛界"所指示的方向，渐渐分出两个概念：一是众生皆以"buddha—dhātu"为本元的佛性义，二是众生修行以造佛境（或显佛境）的佛性义。

在中国方面，有关佛性的讨论每每成为佛学界争论的焦点。据隋代吉藏的《大乘玄论》记载，围绕佛性问题，有人以为正因佛性（即成佛主体之佛性）指人，有人以为正因佛性指心，等等。[①]经过长期的发展，特别是经过三教合流以后，"正因佛性为心"的理论终于占据了统治地位。

---

① 参见韦政通主编《中国哲学辞典大全》"佛性"条，台湾水牛出版社，1988，第337—340页。

从佛教在东汉时期进入中国后，就有了所谓"三教"，即儒道释三家并存的局面。到了隋唐宋明阶段，又出现了"三家合流"的说法。有人认为，三教合流确实是指儒道释三大宗教在中国取得了一致。也有人不同意这种看法，认为"三教"之"教"指的是"教化"，而非"宗教"，"三教合流"是儒道释三家哲学思想的殊途同归。其实，以民间的角度看，所谓三教合流，亦并非全无根据，它指的是与道家有别的道教、与佛学有别的佛教和与儒家有别的儒教（如丧葬、祭祀等）在民间的渗透与合一。某地同时供奉孔子、老子、释尊的"三圣宫"内，信者络绎，香火不绝，可谓明证。同时若以士大夫的角度着眼，所谓三教合流，严格地说，应该叫"三家合流"，因为这里所指实乃儒、道、释三家在哲学上的趋一。前者之合远早于后者之合：

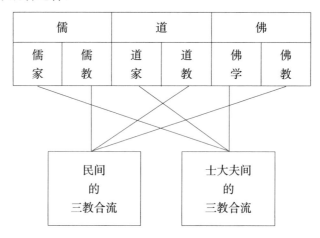

当然，这里所要探讨的，是后者而非前者，但有时由于哲学与宗教多杂糅在一起，很难彻底剥离开来，因此也经常见到一些介于二者之间的思想流派和观点。

佛学在中国的确立，经过了复杂而曲折的过程。但经过儒道诠佛和佛诠儒道，终于使三家在交互认同的过程中走到一起并结出一颗中国古代最有价值的哲学果实——道学。

佛教初来中国，就面临着一个艰巨的理论任务，即如何对中国传统的命定说（宿命论）给予令人信服的解释。"命"的理论固有哲学探讨价值，但流布于民间者，则往往染上了浓重的迷信色彩，因为人们总是把"命"赋予以个人命运的意义，并认为"命"本身不是由自己掌握的，而是由天地予夺的。《庄子·知北游》中有一段话最能代表这一观念："舜问乎丞曰：'道可得而有乎？'曰：'汝身非汝有也，汝何得有夫道？'舜曰：'吾身非吾有也，孰有之哉？'曰：'是天地之委形也。生非汝有，是天地之委和也；性命非汝有，是天地之委顺也……'"正由于"性命非汝有"，故人便没有能力自己改变自己的命运，所以《庄子·天道》篇又称："性不可易，命不可变。"而"否泰有命，通塞听天"①这样的话，也就成了大部分人无可奈何时的自我安慰。但是司马迁当年以"倘所谓天道，是耶非耶"②的愤懑向老子之"天道无亲，常与善人"命题所发出的高声质问，一直在人们心中回荡着。王充以信命的语调吐出的"才高行洁，不可保以必尊贵；能薄操浊，不可保以必卑贱"③等话语，便是对这种质问的一个回声。但是，佛学的"三业"理论，似乎暂时从一个新的角度"解开"了这一疑团。按照这一理论，人的活动大致有三种，即"三业"：一种是人的所作所为，这叫"身业"；一种是人口里所说的和笔下所写的，这叫"口业"；第三种是心里所想的，这叫"意业"。总之，人的每一个行动，每一句话，甚至每一个念头，都成了"业"。业是因，有了一种因，就要引出一个果，这个果就是报应。最早把这一理论介绍到中国并加以修改补充的，是东晋时期的高僧——慧远。他在《三报论》中说："经说：业有三报，一曰现报，二曰生报，三曰后报。现报者，善恶始于此身，即此身受。生报者，来生便受。后报者，或经二生、三生、百生、千生，然后乃受。受之无主，必由于心。心无定司，感事而应。应有迟速，故报有先后。先后虽异，咸随所遇而为对。对有强弱，故轻重不

① 葛洪：《抱朴子》，载国学整理社编《诸子集成》，中华书局，2006，第184页。

② 司马迁：《史记》，中华书局，1982，第2125页。

③ 王充：《论衡》，载国学整理社编《诸子集成》，中华书局，2006，第1页。

同。斯乃自然之赏罚，三报之略也。……世或有积善而殃集，或有凶邪而致庆。此皆现业未就而前行始应。故曰祯祥遇祸，妖孽见福，疑似之嫌，于是乎在。'"①

慧远的因果报应论，不应简单地判为迷信。从哲学的意义上讲，他以离奇的形式接触到了世界上客观存在的普遍联系和因果联系的问题。因为无论是迷信的因果报应论还是强调因果联系的哲学理论，都是对世界事物间普遍因果联系的一种反映。正是通过这套理论，人们开始怀疑以往命定说那种认为人间不平等现象诸如贫富不均等均由天意决定，而个人却无力回天的由天或神从外面来主宰人生命运的说法。也开始相信，人自己的行为和活动决定了今世和将来的命运的全新理论。然而，不管三世轮回说如何动听，它都离不开这样一个最基本的理论前提——形神关系问题。就是说，人要真的能转世轮回，就必须有一个永远不死的非肉身的实体世世传承，慧远的《神不灭论》即试图从哲学上给予解答。

以往的理论每每以"烛火之喻"来解释"形神之系"。桓谭认为："精神居形体，犹火之燃烛矣。如善挟持，随火而侧之，可毋灭而竟烛。烛无，火亦不能独行于虚空，又不能后燃其地，地犹人之耆老，齿堕发白，肌肉枯腊，而精神弗为之能润泽，内外周遍，则气索而死，如火烛之俱尽矣。"②王充接过了这个话题："天下无独燃之火，世间安得有无体独知之精？"③慧远心里很清楚，要想真正确立他的轮回理论，就必须从理论上否定以往的形神关系学说，他把"烛火之喻"巧妙地转化成了佛典中的"薪火之譬"。鸠摩罗什所译《中论》里，有《燃可燃品》一篇，谓"燃是火，可燃是薪"，认为二者"非一非异"，既不是一，也不是不

---

① 释僧佑：《弘明集》（二），载张元济主编《四部丛刊》初编，商务印书馆，1922，第135—137页。

② 释僧佑：《弘明集》（二），载张元济主编《四部丛刊》初编，商务印书馆，1922，第98页。

③ 王充：《论衡》，载国学整理社编《诸子集成》，中华书局，2006，第204页。

一。故慧远说："火木之喻，原自圣典"。于是代圣人立言道："火之传于薪，犹神之传于形；火之传异薪，犹神之传异形。前薪非后薪，则知指穷之术妙。前形非后形，则悟情数之感深。惑者见形朽于一生，便以谓神情俱丧，犹睹火穷于一木，谓终期都尽耳。此由从养生之谈，非远寻其类者也。"①而他在《明报应论》中认为，人的善恶之报，关键在于如何处理好身心关系，它决定于是无明还是明觉，是贪爱还是无私，而能否自觉的"心"乃是本根的原因："无明为惑网之渊，贪爱为众累之府。二理俱游，冥为神用，吉凶悔吝，唯此之动。无明掩其照，故情想凝滞于外物；贪爱流其性，故四大结而成形。形结则彼我有封，情滞则善恶有主。有封于彼我，则私其身而身不忘。有主于善恶，则恋其生而生不绝。……恶积而天殃自至，罪成则地狱斯罚。此乃必然之数，无所容疑矣。……是故心以善恶为形声，报以罪福为影响，本以情感而应自来，岂有幽司由御失其道也？然则罪福之应，唯其所感。感之而然，故谓之自然。自然者，即我之影响耳。于夫主宰，复何功哉？"②它阐述了这样一个道理，即身之贪爱是一切痛苦、一切罪恶，也是一切恶报的来源，而心之明觉乃是一切幸福、一切善行，也是一切善报的根据。而所有这一切，"心"都是发挥着根本和决定作用的。显然，慧远已发现了人的本心的问题，即人性善恶问题。这个关键一经寻出，便迅速在他的学说中占据了要位并使他的其他理论变得不再具有终极意义。因为有这样一个现象很值得人们深思，即一直热衷于三世三报宣传的慧远，已经由厌恶那些期冀转世者"私其身而身不忘""恋其生而生不绝"的形体贪爱本性，转而提出了要"超脱轮回""摆脱形体"以进入佛的永恒精神境界——涅槃的新理论，神灭神不灭之争的不了了之，证明了这一点。如果说，轮回报应说，确有一些适俗

---

① 释僧佑：《弘明集》（二），载张元济主编《四部丛刊》初编，商务印书馆，1922，第118页。

② 释僧佑：《弘明集》（二），载张元济主编《四部丛刊》初编，商务印书馆，1922，第131—132页。

的迷信色彩的话，那么，对心性说的高扬，却具有十足的哲学意义，它预示着一个新的佛学理论阶段的即将到来。方立天先生指出，经过神灭神不灭之争，"中国佛教学者把理论建设的重点从形神关系转移到身心关系，从论证灵魂不灭转向成佛主体性的开发，着重于对佛性、真心的阐扬，此后中国佛教哲学也就转到心性论轨道上来"①。而"佛性""真心"以及所谓"实相""法性"等，便把印度佛教所固有的"本元""本体"说正式提了出来，并展开讨论。

晋宋之际的竺道生，开中国佛性论之先河。他比较正确地阐述了基于"佛性"或"实相"本体的佛性学说。首先，他认为："一切众生，皆有佛性。皆有佛性，学得成佛。"其次，他指出，"佛有真我"，是唯一真实的存在，也是宇宙变化的真本，即所谓"大化不泯，真本存焉"②。第三，他认为，人皆有佛性，即皆有"善根"，虽"一阐提人（指极恶之人——引者注）皆得成佛"，所谓"禀气二仪者皆是涅槃正因。三界受生盖唯惑果。阐提是含生之类，何得独无佛性？盖此经度未尽耳"③。最后指出，作为人人皆有的最后的真理、最善的本性、最高的智慧和宇宙之本性的佛性，乃是宇宙和人世的"终极关怀"："泥洹永存，为应照之本"④"苟能涉求，便反迷归极，归极得本。而似始起，始则必终，常之以昧。若寻其趣，乃是我始会之，非照今有。有不在今，则是莫先为大。既云大矣，所以为常。常必灭累，复曰般泥洹也。"⑤显然，这一理论与印度佛教固有的"buddha—dhātu"之本元义毫无二致。而早在慧远时，就

---

① 方立天：《心性论——佛教哲学与中国固有哲学的主要契合点》，《社会科学战线》1993年第1期。

② 释僧祐：《出三藏记集》，中华书局，1995，第235页。

③ 日本宗法师：《一乘佛性慧日抄》，载高楠顺次郎《大正新修大藏经》第70册，大正一切经刊行会，1930，第173页。

④ 释僧祐：《出三藏记集》，中华书局，1995，第235页。

⑤ 释宝亮等集：《大般涅槃经集解》卷第一《大般涅槃经义疏序》，载高楠顺次郎编《大正新修大藏经》第37册，大正一切经刊行会，1926，第377页。

已经阐解过这个道理："至极以不变为性，得性以体极为宗。"①说明偏重身心关系，尤其是心性之学理论的这支中国佛学队伍，并没有偏离印度佛学的基本轨道。他们已经形成了这样一种共识，即世间万有，包括人的形、体，都是一种假象和幻影。唯有"佛性""实相"才是真实的。人们学佛之目的，就是要保证人人皆有的佛性，返归"佛本体"。人人皆有，说的是出发点，而返归本体，说的却是归宿。"而似始起，始则必终"，说的就是这个道理。这样，有没有业，有无来生，便都显得不那么重要了，即"虽然没有来生，但是他的'法性'仍然存在，他的法性才真是他自己，这就叫'涅槃不灭，佛有真我'。"②谢灵运发现了这一问题，他在比较儒佛之别时指出："六经典文，本在济俗为治耳。必求性灵真奥，岂得不以佛经为指南耶？"③

　　译于南朝和唐之间的《大乘起信论》，曾经在中国社会发生过广泛而深刻的影响。该佛典据说由古印度马鸣所作，有南朝梁真谛和唐实叉难陀两种译本。可是，据近人考证，在印度并没有这部书的梵文原本，加之有唐玄奘曾将此作重译成梵文、反之印度一事，故而得出了此书乃南北朝时人伪撰这一结论。但据20世纪70年代后期中国台湾学者考辨得知，民国初年中国方面掀起的那场真伪之辨，表面看是考据问题，实质上是受唯识宗思路影响的支那内学院不能接受《起信论》的主体的真妄相依的模型所致。若能分别两家思想的入路不同，则这一辩论是可以消弭的。④而若从内容来看，《起信论》似乎非但未乖离佛学本义，而且还有光大发扬之功，其功劳，简而言之，即对"佛性"所做的愈加深刻的内心归宿。

_____

① 释慧皎：《高僧传》卷六，汤用彤校注、汤一玄整理，中华书局，1992，第218页。
② 冯友兰：《中国哲学史新编》第4册，人民出版社，1986，第236页。
③ 释僧佑：《弘明集》（四），载张元济主编《四部丛刊》初编，商务印书馆，1922，第111页。
④ 参见《大乘起信论考辨》，载《现代佛教学术丛刊》，台湾大乘文化出版社，1978年。

《大乘起信论》的主要理论集中在《立义分》篇中："摩诃衍者①，总说有二种。云何为二？一者法，二者义。所言法者，谓众生心。是心则摄一切世间、出世间法。依于此心，显示摩诃衍义。何以故？是心真如相，即显示摩诃衍体故。是心生灭因缘相，能示摩诃衍自体相用故。所言义者，则有三种。云何为三？一者体大，谓一切法，真如平等，不增减故。二者相大，谓如来藏，具足无量功德故。三者用大，能生一切世间善因果故。"

这一大摊笔墨，谈出了三个平实而深刻的道理：1. 佛法就是心法；2. 个体之心即宇宙之心；3. 此心乃宇宙之本体。在这个理论框架中，"真如"也自然成为"宇宙之心"，这一点，就与把"真如"释为"个体之心"的玄奘的"成唯识宗"划清了界限。

对"buddha—dhātu"之本元义的最彻底的阐发者，要推唐中叶的禅宗。其主要代表的六祖慧能有一个奇怪的做法，他居然以"呵佛骂祖"的毁佛方式来拯救佛学。而更令人称奇的是，他引来的这股清冽泉水，竟也真的创下了还佛教事业以真命脉的奇迹，以至"禅"在中国古代中后期几乎成了佛教和佛学的同义语。其实，禅宗的高招秘诀也只有一个，即对佛本心的直接体认和顿悟。

和以往泥守参禅打坐、诵经不迭之修行模式相反，禅宗主张废止一切固定形式，打倒一切佛教经典，其知行根据在于：一个人的心就是佛，从一个人心中直接发出的声音，比任何经典都具有权威性。

显然，《坛经》中提出的"心即佛"思想，概括了禅宗哲学的立意本旨。慧能回忆他当年从老师弘忍接受衣钵的经过时讲过下面一段话：弘忍"为说《金刚经》，至应无所住而生其心，惠能言下大悟，一切万法，不离自性。遂启祖言，何期自性本自清净，何期自性本不生灭，何期自性本自具足，何期自性本无动摇，何期自性能生万法。祖知悟本性"②。本性

---

① 摩诃衍，梵文译音，意为"大乘"。

② 《坛经·自序品》。

即本心，亦即宇宙心，本心既为宇宙心，又有何不备，复何须外求？所谓"本性自足""万法在心"者，正得其旨。

禅宗的"心"，从感觉上看，至少有这样两个特征，一是离自己最近，二是最最平常。《古尊宿语录》卷三二中有这样一偈："山前一片闲田地，叉手叮咛向祖翁。几度卖来还自买，为怜松竹引清风。"意思是说，本是自己的田地却不自知，结果买来卖去，不知所为。禅宗称此现象为"骑驴找驴"[1]。由于最近，因而此"心"也是最平常的。"师问南泉：'如何是道？'泉云：'平常心是道。'"[2]"道流，佛法无用功处。只是平常无事，屙屎送尿，著衣吃饭，困来即卧，愚人笑我，智乃知焉。"[3]既如此，那么，怎样才能把握住这原本属于自己的那份佛性、那份本心呢？禅宗在设定了"不道之道"和"无修之修"这个基本修炼原则后，提出了以"明心见性"为目的的四种方法，它被浓缩在四句偈语中，即："教外别传，不立文字，直指人心，见性成佛。"[4]

所谓"教外别传"，是说禅宗的教化乃是有别于所有教门的、脱离经典语言并能以心传心的佛法。其基本要求是自性体悟。他认为，所有的外在经书，都只是一种助力而已，而绝非主力。主力的自悟无法以外力替代，它完全是一种"如人饮水，冷暖自知"式的体验。禅师讲法都是一样的，但听在每一个人的心中，就会有不同的反应：有人能当下了悟，有人却迟迟不悟。据载，慧能受衣钵后第一次接引弟子惠明时问他：你不要想到善，也不要想到恶，就在此时请问：什么是你的真面目？像这样一段话许多人也不过听听而已，但陈惠明却一下顿悟了。[5]这就是说，一切佛经典则，虽不离口角，但倘不用智慧，那么，佛经将永远只是佛经而已，而

---

① 赜藏编《古尊宿语录》，上海古籍出版，1991，第368页。

② 赜藏编《古尊宿语录》，上海古籍出版，1991，第135页。

③ 赜藏编《古尊宿语录》，上海古籍出版，1991，第41页。

④ 参见《五灯会元》卷一《佛祖》等。

⑤ 尚荣译注《坛经》，中华书局，2010，第27—28页

绝对进入不了人的内心，也绝对体悟不到"我心自有佛，自佛是真佛，自若无佛心，向何处求佛"的真谛。所谓"心迷法华转，心悟转法华"，恰到好处地说明了经典与自性的关系特征。

"不立文字"，是指不执着于悟道时的辅助工具——文字形式。慧能本身并不反对文字，但文字如果阻碍了人们的求道，那么文字就应该放弃。由于自悟是心性之悟，而"心"所具有的只可意会、不可言传的无法用符号来真实记录的特性本身，就使着了文字相的佛经在自悟的最关键时刻显得苍白无力，而这时若一味地咬文嚼字，则不但无益自悟，而且连文字相上所携带的一点佛性信息也尽失无遗。当然，慧能也担心这样做会导致的另一重后果，即反对执着的执着。例如，当他讲到"自性真空"时，生怕别人执着了"空"字，就赶忙解释说：各位听到我说"空"字时，可千万不要执着于"空"，执着于"空"的人主张抛弃一切文字，如果真的抛弃文字，那么连"不立文字"的话也该抛弃才是，因为这句话本身也着了文字的相。

慧能的"直指人心"，乃是指人的自性而言。自性即本体，是绝对的善。但人心中的一切却未必尽善，因此，这一条，就是要人从自性的观点来提升心，使心能焕发出其全部的善，如此才能使心进入清净光明的涅槃境地。所以慧能在谈到心时，不仅谈到净心、善心、平心、直心、道心及菩提心，也谈及不静心、不善心、邪见心、烦恼心和诳妄心等。慧能指出，心不全是静，也不全是动，所以，心时而纯净，时而混浊，时而平稳，时而湍急，而心的很多不良特征每每是受身影响的结果。他在听弘忍讲《金刚经》时之所以会对"应无所住而生其心"产生顿悟，一是因为他认识到了心的重要性，同时也因为他摆正了身心位置，这也是"何期自性本自清净"和"何期自性本无动摇"的真实内涵。可以说，慧能的全部思想，都是从此"心学"展开的。唯其如此，欲求得自性，不一定要拘泥于外在的某种形式，比方说"坐禅"。其实坐禅只是帮助自性显现的一种形式而已，倘执着于此法，势必影响心的自由，妨碍自性的提升。他的顺口溜"生来坐不卧，死去卧不坐，一具臭骨头，何为立功课"①，既反映了他对束缚身体的法规戒律的厌倦情绪，也透露出他在身心关系上的价值取向，即重心而轻身。它要求在修行过程中必须身从心动、身后心先。所以，"酒肉穿肠过"不要紧，只要"佛祖心中留"。慧能甚至都说出了这样的话：若欲修行，在家亦得，不必在寺！把个人净土宗气得不辨东西，摸不着头脑。

最后看"见性成佛"。在慧能的眼中，所谓"见性"，就是"成佛"，而"成佛"就是"见性"。两者实乃一而二、二而一的事。他曾说："本性是佛，离性无别佛。"又说，"自性能含万法是大，万法在诸人性中。"又道，"三世诸佛，十二部经，在人性中本自具有。"他把"性"与"真如"合而为一，即"一真一切真""我心自有佛，自佛是真佛"。目的无非是要人自觉。传统的佛学有三宝，谓佛、法、僧，但慧能的三宝则是觉、正、净。此乃见性成佛的彻底主张。照禅宗的说法，他们的教门直承于释迦牟尼的秘密传授，被称为"密意"或"心法"。这个"密意"或"心法"，在印度传了二十七代，到梁武帝时由达摩传到中国，又经过五代，传给了慧能。虽说一般认为禅宗基本上是由慧能创始的，但若从心性之学与"buddha—dhātu"的本元义几乎完全一致的情形看，禅宗的所谓附会，似乎也不是毫无根据。本着自己的三宝，慧能认为，所谓修行，其实是"内调心性，外敬他人，是自归依也"。同时指出一般人之所以会迷，而且执迷不悟，就是因为不了解内向自求的意义。而一旦明白过来，就会立即"见性"，亦即"成佛"了，这就叫"顿悟"。

佛教的哲学理论，经过数代禅师的艰苦努力和推波助澜，终于在中国文化圈内掀起了巨大的心性学浪潮。这一浪潮的波及范围之大、之广，影响之深、之远，都是以往哲学思想史领域所从未见到过的。因为我们看到，一直视佛教为附庸，偶尔还对其采取镇压手段的道教，现已开始"敛衽而赞述焉"；而从来都以正统自居的儒家舆论，这时也念起佛来。

---

① 参见《坛经·顿渐品第八》。

　　道教是一门经典明确，但观念复杂的杂家式宗教。里面既有老庄哲学的玄虚无为，也有阴阳五行和巫卜方术。它是不知不觉间形成的，因此，没有人知道它确切的诞生时日。其组合特征，则使该教经常性地介于学派和宗教之间，但金丹大药、导引屈伸、长生不死、念咒画符等，则又是道教出没于民间的基本形象。二世纪三十年代，方士中有一位叫张道陵者，集神秘之大成，在四川鹄鸣山修炼。他常用鬼符圣水为人治病，据说还能呼风唤雨、飞沙走石，于是，他创立了一个道门叫"太平道"。追随者均要献上五斗米，故又称"五斗米道"。但直到三百年后即五世纪时，名道士寇谦之才最终冠之以"道教"的名称，并确定尊奉李耳为教主、《道德经》为经典、张道陵为先知。北魏帝国皇帝拓跋焘、宰相崔浩等，都是虔诚的道教徒。这使北魏整个成了一个道教帝国，以至皇帝登基时，都采用道教仪式，由道士祝福。但是，道教毕竟是迎合民间迷信和人们不切实际的奇迹心理的一种宗教。老庄"恍兮惚兮"的"道"的哲学境界除了能给它在施魔法时造成一种缥缈神秘的恐怖幻境外，却从未被它视为哲学本体论的东西而进行过任何有价值的研究。结果，真正的道家哲学继承者的庄子心学，并没有在道教传播的过程中受到重视，当然也就自然中绝了。然而，宗教虽有神秘感，但却不是捉摸不定的东西。要想使宗教在人们心中驻足、生根，则必须有哲学或准哲学的介入方可，某种意义上说，这也是求长生的道教要求得教门长生的根本保障。凭实而论，佛教的心性理论，曾经给道教以强烈的冲击和震撼，它使道教界的很多名人都受到了深刻的感染。南朝刘宋著名道教学者陆修静，即深觉佛学之身心理论甚有借鉴研习的价值，经过潜心体悟，得出一整套以佛学更新道教的理论和措施。他在所撰《受持八戒斋文》中讲："求欲受持八戒，清斋一日一夜，用以检御身心、灭诸三业罪恼者。故《洞神经》十二云：夫斋以齐整身心为急，身心齐整，保无乱败，起发多端。"他又对"三业"课以不同的要求："身为杀盗淫动，故役之以礼；口有恶言绮妄两舌，故课以诵经；心有贪欲嗔恚之念，故使之以神思。用此三法，洗心净行。"南宋以后，道教的一些新兴学派则力图依佛学甚至儒家的合理成分来改造道教，主张三教结合，并以"道德性命"之学为立教之本。新起的最大道派"全真道"，即对此主义身体力行，广泛铺张。据载，"金大定初，重阳祖师出焉，以道德性命之学，唱为全真，洗百家之流弊，绍千载之绝学，天下靡然从之"①。老庄心学的重见天日，与"绍千载之绝学"不无关系。唐李翱曾明确指出："佛法之所言者，列御寇庄周言所详矣。"②

　　儒家理论，自董仲舒以来，一直居于中国纲常伦理的正统位置。由于与政治的结合过于紧密，结果使原本具有很强的人性根据和哲学依托的儒家思想，逐渐变成了僵死的条条框框。理想的政治化结局造成了政治的理想化迷信，于是，丧失了天理与人性之本初意味的假名教，便一度成为束缚和践踏人性的恶魔。是魏晋玄学，才把儒家建立在人生之道"终极关怀"基础上的社会理想高扬到了自然、本真的哲学本体论层次，而它在拯救了儒学的同时，也暴露了通行于世的儒学的弱点，即儒学的政治化已造成了它本体意义的严重缺失。众所周知的孟子心性学，也正是在上述过程里中绝的。而这一中绝，在佛教的佛性理论及由此而导出的身心关系哲学所造成的冲击面前，竟使儒家一时间陷入了疲于奔命的狼狈境地。魏晋以后，儒学在人心中的位置下滑，特别在隋唐时期走入低谷，均与心性本体论哲学的中绝和缺失有着内在、本质和必然的联系。社会政治理想的本体论高扬固然重要，但政治原则的人性依据就更加重要，特别是当政治原则已严重地偏离了自然本真的本体论原则而对社会与人生构成威胁的时候，对代表着人性之本然状态之心性哲学的本体论高扬，便具有了至为重要的意义。正是在佛教文化的冲击下，儒家发现了这个问题，并通过历史的回顾与现实的学习，终于创造出了兼容佛道、吸纳百川的新儒学——道学。

① 李鼎：《大元重修古楼终圣宫记》，载长春真人编《正统道藏》第605卷，台湾新文丰出版公司，1985，第35页。
② 李翱：《李文公集》，载张元济主编《四部丛刊》初编，商务印书馆，1922，第64页。

　　"道学"是中国封建社会后期的新儒学。它始于唐代,成于宋明,以继承孔孟"道统"、宣扬"性命义理"之学为主。元朝人写《宋史》,把这类哲学家归入一类,列为《道学传》,收入了像周敦颐、二程、张载、朱熹等二十余人,范围偏窄。冯友兰先生的看法是,就时间而言,"道学"之"道",源于韩愈《原道》之"道",而明代的王阳明心学,实亦"道学"发展的继续,因此,道学的时间段应该是唐至宋明;而就内容来看,道学的名称出现早于理学,它包含了理学和心学。如果将道学与理学通用,那么,理学这个名称就容易被人误以为是与心学相对的那种理学,因而,不容易分别道学中的程朱和陆王两派的同异,只有用道学才能概括理学和心学。[①]

　　然而无须回避的是,道学的产生和发展,是佛教冲击的产物,这种冲击给儒学带来的第一个明显变化,是经典结构的调整。和第一次拯救儒学的玄学经典结构(《论语》加"三玄"——《周易》《老子》《庄子》)不同于汉代删成的"五经"结构一样,第二次挽救儒学的"道学"经典结构也发生了重大的变化,即与人性理论有关的《孟子》《大学》《中庸》(韩愈、李翱首倡)和《论语》(朱熹补入)等著作被重点提出,从而构成了崭新的《四书》经典结构。[②]不过,这种对本民族经典的反观自照和重新确证,一方面发掘了在先觉们所处的时代里不可能被认可的最有价值的文化遗产;而另一方面,也证明了佛学认知方法所具有的真理性意义,即"我心自有佛,自佛是真佛"。中国哲学在外来文化的挑战面前,迎头崛起,充分显示了它吸纳吞吐的宏大气派,而这种吸纳和吞吐,却自始至终都是不离"自性"的。

　　一般认为,韩愈是中国历史上的一员排佛悍将。这话若从形式上理解,或许是成立的。可是倘若从更根本的文化与哲学的意义上看,这种讲

---

① 参见冯友兰:《中国哲学史新编》第5册,人民出版社,1988,第23—24页。

② 参见冯菊盛、草草:《佛学对儒家价值理想建构的影响》,《世界宗教研究》1993年第2期。

法就不一定正确了。因为事实上，真正在文化与哲学上首先肯定和接纳佛教的，恰恰就是韩愈。这一方面是因为他参透了佛理之真谛而发起了向自身求道的"古文运动"，同时也以融摄外来哲学的方式首次在中国为佛教找到了一块真正意义上的安身立命场所。和禅宗为自己创设"以心传心"的"心法"体系曾经七佛、二十八祖的哲学传统一样，韩愈首先在中国历史上整理出了起自尧、传于舜、禹、文、武、周公、孔子及至孟轲的儒家哲学"道统"。他的唯一遗憾，是孟轲死后"不得其传焉"①但遗憾之余，却兀地生出一份自信："韩愈之贤，不及孟子。……使其道由愈而粗传，虽灭死万万无恨。"②显然，他是以孟子"道统"的继承人身份来说这番话的。

除《孟子》以外，韩愈把视角投向了与《孟子》思想相通的《大学》。后世道学家们言必称之的"三纲领"和"八条目"的大部分内容，第一次在韩愈的《原道》里被大量征引并特殊强调出来。有人认为，韩愈的排佛，由于没有接触到哲学的根本问题，所以其理论并不能把佛教真正驳倒。这话并不错，但有一点需要辩白，即韩愈的排佛，从一开始就没有想从哲学上否定佛教的意图，他对佛教的所有攻讦之所以一直停留在经济政治层面，一个根本的原因就是他从未对佛教哲学的真理性意义表示过怀疑。这也是我们无法在他的著作中找到这方面言论的理由和根据。

与韩愈相类似的另一个人物是李翱。他在向道学过渡过程中的主要贡献是对《中庸》的提升、阐扬和超圣入凡。他认为《礼记》当中的《中庸》，是一篇讨论"性命之学"的儒家的一部根本性经典。为了阐解这一原理，他作了三篇《复性书》。上篇为性、情及圣人总论；中篇讨论了通过修养以成圣人的方法；而下篇所论，则是修养之必要。他说："人之

---

① 韩愈：《昌黎先生集》卷十一《原道》，影国图宋刻本，东北师大图书馆藏，第3页。

② 韩愈：《昌黎先生集》卷十八《与孟尚书书》，影国图宋刻本，东北师大图书馆藏，第7页。

所以为圣人者，性也。人之所以惑其性者，情也。"明确地提出了主于"心"的"性"和主于"身"的"情"的根本不同。认为普通人和圣人的根本差别，就在于如何处理这差异甚大的身心关系。其实，百姓的"性"与圣人的"性"并没有什么本质上的差别，所不同的，无非是圣人能抵御和控制生之于"身"的"情之所昏"，而常人弗能耳。只要去掉"情之所昏"，则常人亦圣人矣。这就叫"复性"——恢复人的"自性"。①他认为，这些道理虽与佛近，但更是孔门之教、"尼父之心"。他曾充满自信地说："夫子复生，不废吾言矣。"②

历史上，儒佛间曾有过相当激烈的争执。但如前所述，那不过是经济政治上的争执而已。如实地讲，韩愈是并不反对佛教心性之学的。但是，他却反对沉浸于心性之学而忽视天下国家的行为。他对此确有相当的不满："然则古之所谓正心而诚意者，将以有为也。今也欲治其心而外天下国家。"③肯定地说，这正是黑格尔所讲的"扬弃"，即保留了佛教的心学，而抛弃了它的弃世观。也正是通过这一扬弃，中国道学才完成了本体学的伦理化和伦理学的本体化过程，从而实现了返归本原的终极关怀与发扬人生之道的终极关怀之有机结合，即"内圣而外王"。其实，对佛教和儒学，到底应该肯定什么否定什么，在当时已大体取得了共识。李翱在否定了人们对佛教所采取的两种错误态度的同时也昭示了佛教的精华和糟粕，即"惑之者溺于其教，而排之者不知其心"④。也有人在误批韩愈的时候道出了取舍标准。柳宗元说："浮图诚有不可斥者，往往与《易》《论语》合。

① 李翱：《李文公集》卷第二，载张元济主编《四部丛刊》初编，商务印书馆，1922，第5a—5b页。
② 李翱：《李文公集》卷第二，载张元济主编《四部丛刊》初编，商务印书馆，1922，第8a页。
③ 韩愈：《昌黎先生集》卷十一《原道》，影国图宋刻本，东北师大图书馆藏，第3页。
④ 李翱：《李文公集》，载张元济主编《四部丛刊》初编，商务印书馆，1922，第66页。

诚乐之。其于性情，爽然不与孔子异道。……吾之所取者，与《易》《论语》合，虽圣人复生，不可得而斥也。退之所罪者，其迹也，曰：髡而缁，无夫妇、父子，不为耕农蚕桑而活乎人。若是，吾亦不乐也。"[1]

　　这个传统就这样被继承了下来。周敦颐、二程、张载、朱熹、陆九渊、王阳明等人，都成了道学在各个不同时段的杰出代表。程颐也曾说过，程颢是道学的真正传人。他在为程颢所作的《墓表》中讲："周公没，圣人之道不行；孟轲死，圣人之学不传。道不行，百世无善治；学不传，千载无真儒""先生（指程颢——引者注）生千四百年之后，得不传之学于遗经，志将以斯道觉斯民。"[2]这林林总总的上古溯源，反映了人们强烈的返璞归真愿望，其如韩愈的"原道"、李翱的"复性"、程颐的"真儒"不一。与此同时，佛教的"心性"理论包括某些带有典型意义的概念名词，也开始为道学家们广泛引用。朱熹尝引程子语云："不偏之谓中，不易之谓庸。中者，天下之正道；庸者，天下之定理。此篇乃孔门传授心法，子思恐其久而差也，故笔之于书，以授孟子。"[3]阳明亦谓："致良知"亦即"真圣门正法眼藏。"[4]

　　表面看来，儒、道、佛三家，在身心关系问题上各有不同的看法，特别在"身"上，观点之差异似特为尤甚：儒家讲身心合一，道家讲身心分离，而佛家则重心轻身，但是在心性的本体意义上，三家却出人意表地走到了一起。这是一种特异的文化现象，因为如果说生长于同一国度的儒道两家在心性问题上存在着较一致的看法尚属情理中事，那么，这种现象出现在一个与中国文化没有任何血缘关系的异域文化流派——佛学身

---

① 柳宗元：《增广注释音辩唐柳先生集》，载张元济主编《四部丛刊》初编，商务印书馆，1922，第128页。

② 程颢、程颐：《河南程氏文集》，载《二程集》，中华书局，1981，第640页。

③ 朱熹：《中庸章句》，载《朱子全书》，上海古籍出版社、安徽教育出版社，2010，第32页。

④ 王守仁：《年谱二》，载《王文成公全书》，中华书局，2015，第1456页。

上，便自然要让人暗暗称奇了。太精致的答案恐怕一时难以得出，但有一点是肯定的，即全人类的"终极关怀"最终都要凝聚在身心关系上，而透露着宇宙大生命之真信息的人心，便自然体现着人的本性和本质，亦即体现了宇宙的本性和本质，而这便是终极而永恒的价值所在。因而实际上，在身心关系问题上，三家之"身"，最终都是在"从乎其心"的状态中实现了"身心合一"的。道学对儒道释三家的成功合并，其秘密亦悉在此"心"。明代著名佛教学者真可说过下面一段发人深省的话：

> 学儒而能得孔氏之心，学佛而能得释氏之心，学老而能得老氏之心，……且儒也，释也，老也，皆名焉而已，非实也。实也者，心也。心也者，所以能儒能佛能老者也。……知此乃可与言三家一道也。而有不同者名也，非心也。①

亦知此，就会理解为什么日后佛家在应俗上虽强调尊君事亲，却并未害及佛性，而儒家高扬心性之学，也不曾上下失序的道理了。"理一分殊"的时代精神，便正是在这种"心同此理"的哲学基础上君临了东方时空的。

先看"理一"。朱熹说："宇宙之间，一理而已。"②这显然是站在时代的高度审视万有的真理意义而从中提炼出来的时代精神，因为道学家们的意见在这个问题上表现出了高度的一致性。由是，儒、道、佛三家关于宇宙自然和人类社会的终极原则便在这种合一的时代氛围中汇集拢来，化而为一。其实，无论从形式还是从内容上看，儒、道、释三家的终极概念都是相通的。朱熹说："盖天地之间，只有动静两端，循环不已，更无余事，此之谓易。而其动其静，则必有所以动静之理焉，是则所谓太极者

---

① 紫柏真可：《长松茹退》，载明学主编《紫柏大师全集》卷九，上海古籍出版社，2013，第216页。

② 朱熹：《晦庵先生朱文公文集》，载《朱子全书》，上海古籍出版社、安徽教育出版社，2010，第3376页。

也。"①邵雍云："道为太极"②"太极道之极也"③。朱熹也讲："道是太极。"④又云，"理在人心，是之谓性。"⑤陆九渊说："宇宙便是吾心，吾心即是宇宙。"⑥具体说来如下：

1. 天人关系。朱熹说："吾之性，即天地之理。"⑦"所谓天者，理而已矣。"⑧王阳明道："人者，天地之心。天地万物，本吾一体者也。"⑨

2. 人际关系。朱熹说："仁者心便是理。"⑩王阳明云："礼也者，理也；理也者，性也；……其在于人也谓之性，其粲然而条理也谓之礼，其纯然而粹善也谓之仁，其截然而裁制也谓之义，其昭然而明觉也谓之知，其浑然于其性也，则理一而已矣。"⑪

3. 身心关系。朱熹说："心即理，理即心。"⑫又说，"心、性理，

① 朱熹：《晦庵先生朱文公文集》，载《朱子全书》，上海古籍出版社、安徽教育出版社，2010，第2071页。

② 邵雍：《皇极经世书》，中州古籍出版社，1992，第328页。

③ 邵雍：《皇极经世书》，中州古籍出版社，1992，第438页。

④ 朱熹：《朱子语类》，载《朱子全书》，上海古籍出版社、安徽教育出版社，2010，第3145页。

⑤ 朱熹：《朱子语类》，载《朱子全书》，上海古籍出版社、安徽教育出版社，2010，第3305页。

⑥ 陆九渊：《陆九渊集》，中华书局，1980，第273页。

⑦ 朱熹：《朱子语类》，载《朱子全书》，上海古籍出版社、安徽教育出版社，2010，第3312页。

⑧ 朱熹：《楚辞集注》，载《朱子全书》，上海古籍出版社、安徽教育出版社，2010，第65页。

⑨ 王守仁：《传习录》，载《王文成公全书》，中华书局，2015，第98页。

⑩ 朱熹：《朱子语类》，载《朱子全书》，上海古籍出版社、安徽教育出版社，2010，第1372页。

⑪ 王守仁：《文录四》，载《王文成公全书》，中华书局，2015，第294—295页。

⑫ 朱熹：《朱子语类》，载《朱子全书》，上海古籍出版社、安徽教育出版社，2010，第618页。

拈着一个，则都贯穿。"①王阳明云："身、心、意、知、物是一件。"②

　　与一般、共相和普遍性相对的个别、殊相和特殊性，构成了"分殊"的基本特征。但是，每一个"分殊"，又都包含着"全理"。周敦颐在《太极图说》中讲："太极动而生阳，动极而静，静而生阴。静极复动，一动一静，互为其根。分阴分阳，两仪立焉。阳变阴合而生水火木金土，五气顺布，四时行焉。"在《通书》中，他进一步精致了这一思想："一实万分，万一各正，大小有定。"这一规律性认识，至程颐时，被正式提炼为"理一分殊"的命题。朱熹对此理论最感兴趣，他的解释似也最得要领。他说："一理之实，而万物分之以为体。故万物之中，各有一太极，而小大之物，莫不各有一定之分也。"③其实，道学家的"理一分殊"说，乃是对儒、道、释三家共同的思维定式的一个概括和总结。老子在讲完"圣人抱一为天下式"后，便马上阐述了这"理一分殊"但却"殊不离一"的道理，即"道生一，一生二，二生三，三生万物。万物负阴而抱阳，冲气以为和"。就是说，"道"所生的"一"含具着阴阳，而阴阳合能万物生，但万物却又"负阴而抱阳"，即离不开阴阳，更离不开两者间的"和"。抱朴子曰："余闻之师云，人能知一万事毕。知一者，无一之不知也。不知一者，无一之能知也。……一能成阴生阳，推步寒暑。春得一以发，夏得一以长，秋得一以收，冬得一以藏。其大不可以六合阶，其小不可以毫芒比也。"④佛家亦复如此，唐代的高僧法藏大师，为了说明他"一即一切，一切即一"的命题，具体说来，即为了说明宇宙之心与个体之心的关系，想出一个繁复但却能说明问题的好方法。他用十面铜镜置诸十面（四方、四角、上下）相去各丈余，中间安尊佛像，复燃一支蜡

①　朱熹：《朱子语类》，载《朱子全书》，上海古籍出版社、安徽教育出版社，2010，第223页。

②　王守仁：《传习录》，载《王文成公全书》，中华书局，2015，第113页。

③　周敦颐：《通书》，载《周敦颐集》，中华书局，1990，第32页。

④　葛洪：《抱朴子》，载国学整理社编《诸子集成》，中华书局，2006，第92页。

烛。于是，在这十面镜子中，每一个镜面，不仅有其他铜镜之影，且有其他镜中的影中之影。①这也就是所谓的"因佗罗网境界"。因佗罗网是一面珠网，每一珠中现一切珠，又现一切珠中所反映的一切珠，以此类推，至于无限。

这些道理，均为道学家所吸收，而吸收本身也是对本民族文化的一种肯定和印证。在《永嘉证道歌》中，禅宗僧侣玄觉，提出以下命题："一性圆通一切性，一法遍含一切法；一月普现一切月，一切水月一月摄。"朱熹研习了一番以后，道："这是那释氏也窥见得这些道理。"②并以中国固有的太极说，对佛教"月印万川"的命题进行了充分的发挥："本只是一太极，而万物各有禀受，又自各全具一太极尔。如月在天，只一而已；及散在江湖，则随处而见，不可谓月已分也。"③

"理一分殊"至少昭示了这样一种认知规律，即终极原则既凸显为超凡入圣的崇高，也袒呈为俯拾即是的平凡。《庄子·知北游》中有这样一段故事："东郭子问于庄子曰：'所谓道，恶乎在？'庄子曰：'无所不在。'东郭子曰：'期而后可。'庄子曰：'在蝼蚁。'曰：'何其下邪？'曰：'在稊稗。'曰：'何其愈下耶？'曰：'在瓦甓。'曰：'何其愈甚邪？'曰：'在屎溺。'东郭子不应。庄子曰：'夫子之问也，固不及质。……周、遍、咸三者，异名同实，其指一也。'"佛家的禅悟体会，与庄子的道理特别相似。他们认为，圣人的生活无异于常。一旦说破点穿，道理实在简单。舒州法师云："参禅唤作金屎法。未会一似

---

① 赞宁：《宋高僧传》（全二册），范祥雍点校，中华书局，1987，第89—90页。
② 朱熹：《朱子语类》，载《朱子全书》，上海古籍出版社、安徽教育出版社，2010，第607页。
③ 朱熹：《朱子语类》，载《朱子全书》，上海古籍出版社、安徽教育出版社，2010，第3167页。

金，会了一似屎。"①范文澜称"（慧能）的始祖实际是庄周"②，不能说没有道理。

其实，不单是儒道两家发现佛教肖己，佛学自身，亦时觉与儒道酷似。华严宗代表人物宗密即深有体会："真性虽为身本，生起盖有因由，不可无端忽成身相。但缘前宗未了，所以节节斥之。今将本末会通，乃至儒道亦是。"③儒、道、释三家哲学，正是在这种彼此"亦是"的氛围中合流为一的，它凝聚着中国古代"终极关怀"思想的精髓——真、善、美。

老子认为，最质朴的才是最真实的；而只有真实的，才是永恒的。他理想中的人应该"见素抱朴，少私寡欲"，应"归其根""复归于朴"，这需要以道修身，即"修之于身，其德乃真"。道之为物，"其中有精，其精甚真，其中有信"。古人认为："归真反璞，则终身不辱。"④佛教亦大谈此"真"。竺道生即说："佛有真我，故圣镜持宗，而为众圣中王。"⑤《大乘起信论・立义分》讲，佛即"真如"，是宇宙之心："唯是一心，故名真如""当知一切法，不可说，不可念，故名为真如"。儒家讲的"诚"，就是"真"，"正心诚意"也就是"真心实意"。

三家也都讲求"善"。老子说："圣人无常心，以百姓之心为心，善者吾善之，不善者吾亦善之，德善。"佛教认为，任何人都有"佛性"，有"善根"，纵使至恶的"一阐提人"亦不例外。佛性论即性善论。其人生价值观，如诸恶莫做、诸善奉行、业报轮回、因果报应等，几乎成了惩恶劝善的符咒。而儒家，早在孟子时代就已经有了较完备的性善论。佛教的"真"与"善"之间关系很密切，方立天先生指出："佛教所寻求的

---

① 赜藏编《古尊宿语录》，上海古籍出版社，1991，第383页。
② 范文澜：《唐代佛教》，人民出版社，1979，第68页。
③ 终南山草堂沙门宗密述：《原人论》，载国学整理社编《佛学丛刊》第一辑之十四，世界书局，1937，第7页。
④ 刘向：《战国策》，上海古籍出版社，1998，第414页。
⑤ 释僧佑：《出三藏记集》卷五，中华书局，1995，第235页。

'真实'，并不是从知识和科学方面讲的真实，而是从伦理道德方而讲的'善'"。①对此，道学家总结说："至善者性也，性元无一毫之恶，故曰至善。止之，是复其本然而已。"②"我今说个'知行合一'，正要人晓得一念发动处，便是行了。发动处有不善，就将这不善的念克倒了，须要彻根彻底不使那一念不善潜伏在胸中：此是我立言宗旨。"③

至于"美"，恐怕就更是三家所共同追求的价值了。先秦时期的庄子，可谓美学大师。鲁迅曾赞美过他，夸他的文章"汪洋恣肆，仪态万方"。在庄子的文章中，有无限大，也有无限小。但有一个特征，却是必须给予认识的，即"至大无外，至小无内"。禅宗的"顿悟"，对中国的文学艺术产生过巨大而深远的影响，这其中至为关键的东西，也就是这个合天地人宇宙万物的瞬间一体和永恒，即内在情感与外在景物交融合一的艺术境界。这种境界，必须是一种整体的感受，而且很多时候，只能意会，不可言传；只可体悟，不可分析。然而，中国人能迅速接受这种"顿教"的思维方法，更根本的原因还在于我们民族在历史上曾长期受到过这方面的训练，早已形成了一种创作心理定式。比方说，中国人写文章习惯于有头有尾、层次分明、起承转合、来去有踪。"叙辞→命辞→占辞→验辞"，这是甲骨文的完整格式；"唯王×月既霸……子子孙孙永宝用"，此乃金文的写作规矩。人物描写也以整体刻画为特色。"宋华父督见孔父之妻于路，目逆而送之，曰：'美而艳。'"④"北方有佳人，绝世而独立，一顾倾人城，再顾倾人国。"⑤怎么个美法呢？只能由你自己去体悟。这种思维定式，使古人的艺术创作具有高度的抽象性和概括性，绘画

---

① 方立天：《儒佛人生价值观之比较》，《中国社会科学》1990年第1期。

② 王守仁：《传习录》，载《王文成公全书》，中华书局，2015，第32页。

③ 王守仁：《传习录》，载《王文成公全书》，中华书局，2015，第120页。

④ 杜预集解，孔颖达等正义：《春秋左传正义》，载阮籍校刻《十三经注疏》（清嘉庆刊本），中华书局，2009，第3778页。

⑤ 班固：《汉书》，中华书局，1962，第3951页。

艺术上的"散点透视"原则，在中国古代早已被应用于铜器的装饰上，发展到后来，竟可使三峡七百里一览于尺幅之间，竟会产生"敕勒川"这样恢宏博大的诗篇！

透过这种思维习惯，有很多古人的创作之谜，就会从中找到答案了。若从根上讲，比较明显的，乃如《诗经》创作的赋、比、兴原则。《小雅·天保》篇云："如月之恒，如日之升，如南山之寿，不骞不崩。如松柏之茂，无不尔或承。"这是在用高山、日月、松柏来比附国家的安定与稳固；又如《国风·桃夭》："桃之夭夭，灼灼其华。之子于归，宜其室家。"前一句应为主诗的"兴"。我们看，日、月、南山、松柏，与国家实际上并无政治经济联系，桃花之"夭夭"与"灼灼"，亦并不关乎"之子于归"，可在"天人合一""情景合一"的思维方式下，它们之间却被有机地连在一起了。而佛教的"不立文字""不可知、不可念"，则每每与"道"的美意境相谐趣。曾经使老子很难把握而"强为之名曰大"的"道"，发展到极致，竟变成了"大道不称"。其"大辩不言""大象希形、大音希声"，均释放着一种不可描摹的魅力。"得意忘言"，使人们进入了只可意会、无法言传的神奇境界，而这种境界，从美学的角度看，则是那样的含蓄、隽永和余味无穷，它塑造了数代、数十代、上百代中国人的审美观，成为人类艺术宝库中的最灿烂的明珠。

儒道释的交互认同，使"心"在中国古典文化中被赋予了永恒意义和终极价值。儒家的"孔颜之乐"，道家的"至乐"和佛学的"极乐"，均不离此心。天人、人际、身心之学之所以归极于心，更体现了人之所以为人的本质特征，它含具万理，以至心外无理、心外无道、心外无佛。《坛经》中记录下来的慧能短偈，凝聚了这一真谛："菩提只向心觅，何劳向外求玄？听说依此修行，西方只在眼前。"王阳明说："心虽主乎一身，而实管乎天下之理，理虽散在万事，而实不外乎一人之心。"① "人的良知，就是草木瓦石的良知""岂惟草木瓦石为然，天地无人的良知，亦不

---

① 王守仁：《传习录》，载《王文成公全书》，中华书局，2015，第52页。

可为天地矣。盖天地万物与人原是一体，其发窍之最精处，是人心一点灵明"①。如果了解了阳明之"心"并非近代西方哲学之所谓"唯心"之"心"，又深晓人心是宇宙生命本原和终极原则的最大透露者，那么，黄宗羲的总结也就不再神秘，即："盈天地间皆心也。"②

---

① 王守仁：《传习录》，载《王文成公全书》，中华书局，2015，第133页。
② 黄宗羲：《明儒学案》，中华书局，2008，第7页。

读者须知

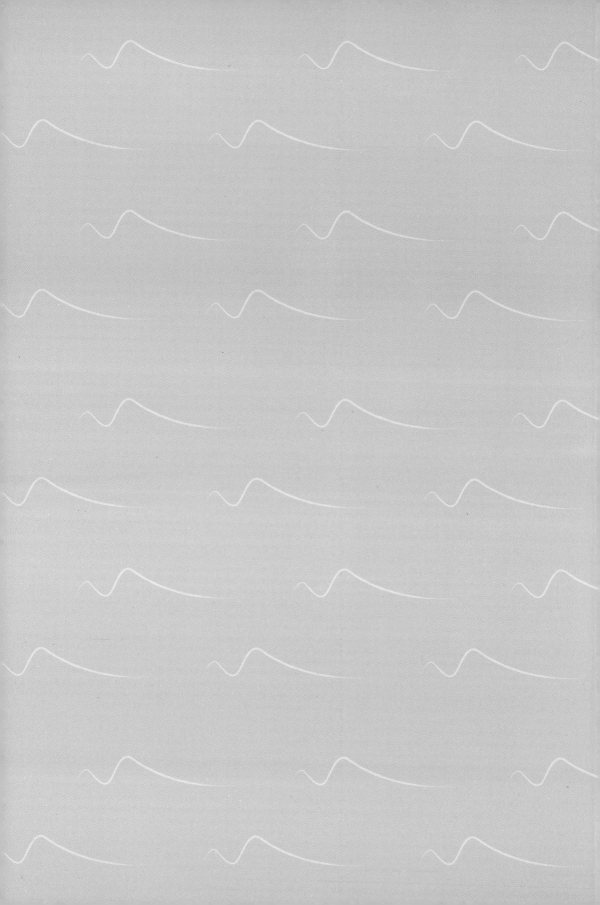